제26회 전태일문학상 수상작품집

방아쇠수지증후군

제26회 전태일문학상 수상작품집

방아쇠수지증후군

2018년 11월 10일 초판 1쇄 인쇄
2018년 11월 15일 초판 1쇄 발행
지은이 강성남 외
펴낸이 윤철호
펴낸곳 (주)사회평론아카데미
편집 고하영 · 고인욱 · 임현규
디자인 김진운
마케팅 최민규
등록번호 2013-000247(2013년 8월 23일)
전화 02-2191-1128
팩스 02-326-1626
주소 03978 서울시 마포구 월드컵북로12길 17
이메일 academy@sapyoung.com
홈페이지 www.sapyoung.com

ISBN 979-11-88108-86-2 03810

제26회
전태일문학상
수상작품집

방아쇠수지 증후군

강성남 외 지음

사회평론

머리말

시대의 약자와 아픔에 공명하는 '전태일 정신'의 후예들

'우분투'라는 아프리카 말이 있습니다. '당신이 여기 있기에 내가 있다'라는 뜻으로 넬슨 만델라 대통령이 사용해 널리 알려지기 시작한 말입니다. 어느 날 한 인류학자가 아프리카를 연구하던 중 한 부족의 아이들에게 게임 하나를 제안했습니다. 근처 나무 아래에 맛있는 과일이 가득 든 바구니를 놓고 먼저 도착한 사람에게 모두 주겠다고 했습니다. 그런데 아이들은 각자 뛰어가지 않고 모두 손을 잡고 가서 그것을 함께 먹었습니다.

아이들의 행동이 궁금해진 인류학자가 물었습니다. "먼저 가는 사람이 다 차지할 수 있는데 왜 함께 갔지?" 그러자 아이들은 큰 소리로 "우분투!"라고 합창하듯 외치며, "다른 사람이 모두 슬픈데 어째서 한 명만 행복해질 수 있나요?"라고 대답했습니다. "우! 분! 투!" 당신이 여기 있기에 내가 있습니다. 이역

만리 떨어진 아프리카 부족 아이들의 작은 일화에서 1970년 11월 13일 청계천 평화시장에서 시대의 약자와 아픔에 공명하며 연대의 삶을 실천했던 '전태일 정신'을 떠올립니다.

올해도 어김없이 전태일재단과 전태일문학상운영위는 놓치지 말아야 할 사람들의 소중한 이야기와 삶의 연대의 기록을 우물가에서 우물을 긷듯이 넉넉한 기쁨으로 끌어 올렸습니다. 부문별로 치열한 경쟁을 뚫고 선정된 작품들은 시대의 약자와 아픔에 공명하는 '전태일 정신'을 이어 나가는 데 조금의 부족함도 없었습니다.

제26회 전태일문학상엔 시 173명 750편, 소설 87명 106편, 생활·기록문 83명 104편이 접수되었습니다. 시부문은 김성규·허은실 시인이 예심을, 그리고 김해자·맹문재 시인이 본심을 맡아주셨습니다. 당선작인 「방아쇠수지증후군」은 평면적인 구성과 산문체의 문장이 언뜻언뜻 보여 긴장감이 부족하게 여겨질 수도 있지만, 체험을 구체적으로 담아 작품에 힘이 있었습니다. 비유와 상상력의 사용으로 작품의 건조함을 극복했고, 세계를 끌어안는 인식으로 휴머니즘의 가치를 심화시켰습니다.

소설부문은 하명희·원종국 작가가 예심을, 그리고 김별아·김종광 작가가 본심을 맡아주셨습니다. 당선작인 「악어」는 세련되며 작품성도 높았습니다. 파푸아뉴기니의 미지의 부족 마을을 배경으로 굵직굵직한 이야기들이 촘촘히 전개됩니다. 단순하게는 한국인이 순진한 부족을 꼬드기고 이간질시켜 악어가죽을 수탈한다는 스토리로 보이지만, 문명의 발전, 자본의 침투, 권력의 발생, 노동자의 출현, 권력계급과 노동계급의 대결 등을 핍진하게 그려냈습니다. 한편 당선은 아니지만 장편에서 좋은 작품들을 많이 만났습니다. A4지로 736쪽 분량이 넘는 작품을 응모한 분도 계셨습니다.

생활·기록문 부문에선 신정임·최규화 르포 작가가 예심을, 그리고 박일환·임성용 시인이 본심을 맡아주셨습니다. 당선작인 「유성기업 이야기」는 단순한 자동차 부품 제조업체를 넘어, 이제는 원·하청 관계, 노조파괴 등의 고통스럽고 아픈 노동문제들을 함축한 곳의 이야기를 작가의 시선에 따라 기록한 르포르타주입니다. 그날 이후 7년째 현재 진행형인 투쟁 현장을 조명하며, 그 현실 속의 사람들을 충실하게 다루었습니다.

제13회 전태일청소년문학상엔 시 131명 453편, 산문 128명 133편, 독후감 36명 36편이 접수되었습니다. 시는 김현·신철규·박소란 시인이 맡아주셨고, 산문은 김대현 문학평론가·신혜진·조해진 작가님이 맡아주셨습니다. 독후감은 신지영 아동청소년문학작가와 유현아 시인이 맡아주셨습니다.

청소년 문학상 시부문은 노동하는 사람들의 삶을 깊이 이해하고 공감하며, 자신의 눈으로 보고, 자신의 귀로 듣고, 자신의 입으로 말하기 시작한 작품들에 높은 점수를 주었습니다. 산문의 경우 시험이나 왕따, 부모님이나 친구와의 갈등 같은 청소년 세계에서 확장하여 외국인 노동자라든지 다문화가정, 비정규직의 현실 등 사회전반의 다양한 문제를 다루고 있었습니다. 좋은 독후감이란 뭘까요? 책을 읽은 후에 자신의 삶이 어떻게 변화되었는가를 다루며, 또한 그 과정이 자신의 언어로 육화되는 경우입니다. 특히 그 책이 많은 사람들의 삶을 변화시킨 『전태일 평전』이라면 더욱 그래야 할 것입니다. 독후감 부문 수상작들은 이 조건을 모두 만족시켰습니다.

끝으로 제26회 전태일문학상 예심과 본심을 맡아주신 심사위원, 함께 주최하는 경향신문사, 매년 수상집을 출간해주시는 사회평론, 그리고 후원해주시는 민주화운동기념사업회와 한국작가회의에 깊은 감사를 드립니다. 청소년문학상에 도서를 후원해주시는 출판사 걷는사람과 창비에도 감사드립니다. 아쉽게도 이번에 당선이 되지 못한 응모자와 작품들 또한 '오늘의 현실을 읽어내고 사람들에게 보다 나은 사회에 대한 꿈과 의지를 심어주는 힘찬' 열매로 발전하여 마침내는 그 자신만의 고유한 빛깔을 세상에 마음껏 내뿜기를 바랍니다. 아울러 수상자 분들의 앞날을 기쁘게 기대합니다.

2018년 10월 13일

전태일문학상 운영위원

안재성, 맹문재, 유현아, 김인철, 김동수, 차형근, 박미경

차례

머리말 시대의 약자와 아픔에 공명하는 '전태일 정신'의 후예들 4

시 부문 당선작

강성남 · 방아쇠수지증후군 외 11

수상 소감 20

소설 부문 당선작

권행백 · 악어 23

수상 소감 112

생활 · 기록문 부문 당선작

일곱째별 · 유성기업 이야기 115

수상 소감 164

제26회 전태일문학상 심사평

시 부문 인간답게 살아갈 수 있는 세상을 이루고자 하는 고민이자 열정 168

소설 부문 '오늘의 현실을 읽어내고 사람들에게 보다 나은 사회에 대한 꿈과 의지를 심어주는 힘찬' 소설 170

생활 · 기록문 부문 기록의 힘을 믿는 이들에게 응원을 보내며 173

제13회 전태일청소년문학상 수상작

문화체육관광부 장관상

전수현 · 언니의 감정 179

전태일재단 이사장상

시 부문 이예니 · 벽 외 2편 195

독후감 부문 윤상인 · 18세의 그늘 201

경향신문 사장상

시 부문 이준 · 대한통운 외 2편 208

산문 부문 신슬기 · 밤의 활주로 214

독후감 부문 윤정아 · 바보들이 만든 사회 231

한국작가회의 이사장상

시 부문 한고은 · 허들링 외 3편 237

산문 부문 조소연 · 휘파람 245

독후감 부문 신승희 · 당신의 죽음을 헛되이 하지 않기 위해 263

사회평론사 사장상

시 부문 고수정 · 언니의 반달 외 2편 269

산문 부문 강예은 · 노래를 못 하면 장가를 못 가요 275

독후감 부문 신소민 · 살아 있는 횃불 '전태일 평전'을 읽고 292

제13회 전태일청소년문학상 심사평 297

전태일문학상 제정 취지 306

시 부문 당선작

강성남

•

방아쇠수지증후군 외

강성남

1967년 경북 안동 출생 • 한국방송통신대학교 국어국문학과 졸업 •
2009년 농민신문 신춘문예 시 당선

방아쇠수지증후군

오른쪽 엄지가 말을 듣지 않는다
일자로 굳어 구부러지지 않거나, 기역자로 구부러진 채
펴지지 않기를 반복한다
억울한 맘이 들었는지 자다가도 심통을 부린다

손가락 하나를 지나치게 부려먹었다
힘줄이 부어 마디와 마디 소통이 안 된다
물건을 집는 것은 물론 매듭을 풀거나
펜을 잡는 일, 문 여는 일조차도 힘겹다

힘줄 몇 가닥이 손목과 어깨,생활 전체에 통증을 준다
주사를 맞고, 레이저 시술 10분, 파라핀 요법 20분
탈니플루메이트 정, 에렉신 정, 아르티스 정
약 부작용이 있다하니 페니라민 정까지 처방해 준다

낫으로 무(無)를 자르다가 검지를 잘랐던 어머니
국문과에 가고 싶다는 내게, 동생들은 어떻게 하냐고
내 꿈을 단칼에 자르셨다
나는 떨어진 지골이 되어 팔딱팔딱 뛰며 울었다

손에 화농이 잘 드는 큰동생, 어머니의 첫 번째 손가락이다
이혼 후 새 가정을 꾸린 둘째
다니던 직장 나와 뒤늦게 자격증 준비하는 막내
모두 어머니의 아픈 손가락이다

오해의 톱날에, 가난 때문에
한 순간의 실수로 잘려나간 손가락들을 생각한다

왼손 엄지 정맥혈을 과도로 자른 적이 있다
솟구치는 피를 백지로 받았는데 동백이, 해당화가 피었다
누군가의 꽃이 되기도 했다

손가락 하나에는, X-ray로도 초음파로도 알 수 없는
비밀이 있다
온몸의 통점이 모여 있는 손가락 때문에
목숨의 방어벽이 무너지기도 한다

폐암 말기인 아버지는 손을 다쳐 손을 쓸 수 없어,
옷에 이불에 똥칠을 하셨다
다음 날로 요양병원에 보내야 했다

손은 짝을 잘 만나야 한다, 손가락에도 눈과 귀와 감정이 있다

자신만의 주관과 고집이 있다

사랑했지만 그런 줄 몰랐던, 아꼈지만 가장 소홀히 했던
그는 내 오른쪽 엄지였다

분홍 목장갑

옥상 위에는 세탁소에서 막 찾아온 듯한
베이지색 원피스 구름이 걸려 있다

기암괴석을 두른 북악산과 남산 타워가 닿을 듯 가깝고
발아래는 운명을 점쳐준다는 철학관들 즐비하다
개운산을 한 바퀴 돌아온 낮달이
아리랑 고개로 산책을 다녀온다

강북을 한눈에 조망하기 좋은, 이곳은
바람을 임대하는 아파트
16층 여자가 복도 밖으로 내다 넌, 목장갑 두 짝
햇살이 수거해 가는 걸 목격한다
경비원은 같은 자리에서만 몇 번째라고 한다

주중엔 카드사, 주말엔 보험회사 콜센터로 알바 뛰는 접시꽃
애인들이 줄 섰다는 옆집 칸나꽃
실거주자는 아이들과 나 홀로 노인, 돌아온 싱글들이다

저녁이면 일 끝내고

성북 20번 평창 마을버스 타고 귀가하시는 어머니
빨랫줄에 널린 식구들을 집게로 단단히 물린다

오름세도 내림세도 필요 없는 반석 위의 아파트
권금성 촛대바위처럼 우뚝하다
몇몇 새들은 새 아파트로 이주를 꿈꾸며
바람의 대세에 몸을 싣는다

빵과 골목

거대한 초승달이 떠오른다, 운석을 닮은 빵이다
제빵사는 외계의 종족임이 틀림없다
빵에 생명을 불어 넣는다
마음이 가난한 자에게 복이 있나니!
은총과 별빛으로 구워진 빵은 터치감과 상상력이 풍부하다

반죽을 발효시키는 밀실로 교신이 날아든다
우유와 설탕과 버터, 바닐라향 속에 생일과 기념일이 있다
은유와 상징이 배합된 모카빵은,
군거생활을 하는 돼지의 포낭 같다

고등한 동물일수록 빵을 주식으로 삼는다
그러나 소비자 대부분은 가난한 소외계층이다
빵 냄새로부터 자유롭지 못하다
우리에게 일용할 일자리를 주옵소서!
가게들은 고객의 입맛에 맞는 빵을 개발하느라 분주하다

앞쪽엔 A베이커리, 뒤쪽은 T베이커리
왼쪽은 P베이커리, 오른쪽은 C베이커리

가끔 실험정신이 강한 빵들이 태어나기도 하는데
서민의 입맛을 사로잡는 건 역시 팥소 가득한 단팥빵이다

폭염이 슈가향을 치즈처럼 녹이는 골목
잘 팔리던 가게 두 곳은 이미 빵이 떨어졌고
가난한 소년이 지키는 빵집은 한산하다
나는 중년부부가 하는 빵집에서 남은 빵 두 개를 산다

함박눈이 지붕들을 생크림케이크처럼 장식할 때면
불황에 허덕이던 이 골목도
다시 홍성한 빵 냄새로 부풀 것이다
마당에서부터 골목 끝까지, 사람들이 줄을 설 것이다

수상 소감

유례없는 폭염 속에 유난히 힘겨운 여름을 보냈습니다. 늦깎이 문청으로 시의 길에 첫 걸음을 뗀 후, 10여 년이 되어갑니다. 반은 생활에 걸치고, 반만 문학에 기댄 채 치열하게 살지 못했습니다. 변변한 스펙도 없이 밥벌이와 글쓰기 사이를 오가며 현실과 이상 어느 쪽도 최선을 다하지 못했다는 자괴감이 들곤 했습니다.

함께 출발한 문우 중 누구는 소설집을 냈고 또 누구는 그 사이 한두 권의 시집을 냈습니다. '그 많은 시간 나는 무얼 했던가.' 달팽이처럼 지나온 날들을 돌이켜 보았습니다. 어렵게 구한 직장을 그만두고 골방에 들어앉았습니다. 백 년만의 폭염이라는 사상 최악의 더위와 씨름하며, 더위보다 힘든 건 미래에 대한 불안감이었습니다.

경제적 기반을 다지지도, 그렇다고 문학적 성과도 없는 현실 앞에 좌절감이 엄습했습니다. 더 늦기 전에 한국어교원 자격증이라도 따두겠다고 사이버대 한국어문화학과에 입학했습니다. 한 학기 중반쯤 지난 후 내린 결론은 시와 함께 끝까지 가야겠다는 다짐이었습니다. 시를 쓸 때에만 가슴이 뛰고 살아 있음을 느낍니다.

몸과 맘이 지칠 대로 지칠 무렵 당선 소식을 받았습니다. 잠결에 연락을 받고 믿어지지 않아 확인전화를 하고서야 사실임을 실감했습니다. 부족한 작품에 손을 들어주신 김해자, 맹문재, 김성규, 허은실 네 분 심사위원 선생님께 고개 숙여 감사드립니다. 첫 시집 나오기를 고대하는 가족과 친구들, 멀리서 격려해주신 김두안 선생님과 고광식 선생님 그리고 문우들이 있어서 행복합니다. 무엇보다 제 글쓰기를 말리시던 어머니께 수상 소식을 전할 수 있어 더없이 기쁩니다.

몇 년 전, 꿈을 꾸었습니다. 시를 처음 만나게 해주신 장석남 선생님과 같은 버스를 타고 달리는 꿈이었습니다. 선생님은 몇 좌석 앞에, 저는 몇 좌석 뒤에 앉아 명동을 지나 동대문 쪽으로 가고 있었습니다. 생각해보니 오늘 이 자리를 위한 예지몽이었던 것 같습니다. 만남의 축복을 예비해주신 하나님께 감사드립니다.

시가 삶을, 타인의 아픔을 위로할 수 없다면 무슨 소용이 있을까 제 자신에게 되묻곤 합니다. 실험정신과 개성도 중요하지만 누군가의 눈물을 닦아줄 수 있는, 생명을 살리는 시를 쓰고 싶습니다. 이웃의 아픔을 외면하지 않고 몸소 시대의 횃불이 된 '전태일 정신'에 누가 되지 않도록 열심히, 정직하게 쓰겠습니다.

제가 쓴 한 편의 시가 누군가의 따뜻한 밥상이 될 수 있기를 기도합니다.

소설 부문 당선작

권행백

•

악어

권행백(본명 권용주)

- 정읍 내장산 기슭에서 태어났다.
- 경희한의대를 졸업하고 한방부인과학으로 박사학위를 받았다.
- 개업의 생활과 국제의료봉사단장직을 병행, 일중독으로 고생하다 캐나다로 갔다.
- 십여 년 만에 고국으로 돌아와 진화생물학에 기초한 『이기적 유전자 사용매뉴얼』 등 네 권의 과학철학서를 썼다.
- 2015년 단편소설 「샤이레이디」(한국소설 신인상)로 등단했다.
- 2016년 신춘문예 2관왕(불교신문, 광남일보)을 했다.
- 2017년 신예작가(한국소설가협회)로 뽑히고, 경북일보 문학대전 금상, 재외동포문학상 우수상을 받았다.
- 2018년 장편소설 『한옥마을 남쪽 사람들』을 출간했다.

숲 그림자가 뒷덜미를 덮쳐왔다. 정수리 위에서 빽빽한 우듬지들이 아침햇빛을 빨아들였다. 보트의 엔진을 끄자 사위가 조용해졌다. 나는 장대 끝으로 잔잔한 수면을 뚫어 강바닥에 깊숙이 찔러 넣었다. 물비늘을 찢으며 솟아오른 방추형의 생명체가 굵은 허리를 꺾어 은빛 포물선으로 낙하했다. 물방울이 거칠게 튕겨나간 쪽에서 소나무껍질 같은 얼굴이 길게 드러났다. 짐승의 눈동자에서 노랗게 세워진 엷은 빛이 반사되어 차갑게 되돌아왔다. 사타구니에 소름이 돋았다. 나는 손아귀에 힘을 주어 오른쪽 물가로 뱃머리를 붙였다. 이름 모를 새가 덤불 위로 푸드덕 날아올랐다. 빨갛게 날리는 깃털 옆으로 뾰족한 창끝이 보였다.

두 사내가 낯익은 모습을 드러냈다. 허리띠에 주렁주렁 매달린 악어이빨 부딪히는 소리와 온몸에 새긴 해골문양엔 여전히 적응이 쉽지 않았다. 수시로 긁어 만든 피부의 거친 돌기들은 악어의 힘을 얻으려는 그들 부족만의 오랜 전통이었다. 머리띠에 깃털 두 개를 꽂은 사내가 고개를 꼬아 주위를 두리번거린 뒤 턱 끝으로 신호를 했다. 깃털 하나의 또 다른 사내가 바나나 이파리로 싸맨 물건을 내 보트의 갑판 위에 부려놓았다. 나는 이파리를 빠끔히 벌려 수를 헤아린 뒤 고개를 끄덕여 주었다.

다시 장대를 세워 강바닥을 밀었다. 물을 따라 하루를 서두르면 포트모르즈비에 닿을 터였다. 한참을 흐르다 좁은 목을 빠져나왔다. 더뎌진 물살 위에서 긴장을 털어낸 나는 엔진에 시동을 걸고 뒤를 돌아보았다. 섬 중앙에 삿갓처럼 솟아오른 아랫마을 돌산이 주먹만큼 작았다. 상류의 물줄기가 섬을 에워싸고 내려오다 재결합하는 오른편으로 윗마을의 언덕이 아스라했다. 튀어나온 언덕의 이마쯤에서 투투가 나를 지켜보고 있을 것만 같았다.

*

투투와의 인연은 7년 전에 시작되었다. 내가 일하던 피혁제품 회사가 인도네시아 현지 공장을 파푸아뉴기니로 옮긴 뒤였다. 돌이켜보면 자카르타에서 포트모르즈비의 한적한 외곽으로 이전한 것도 기실 인건비 탓만은 아니었다. 인도네시아를 동남아의 후진국 정도로 얕보고 덤벼든 후과였다. 거긴 인구만 해도 2억이 넘는 대국이었다. 한국인들의 선부른 투자열기에 환경보호는 뒷전이었다. 원피를 가공하는 우리 공장도 사정이 비슷했다. 문제가 발생해도 서울 본사는 대충 뭉개는 쪽을 선택했다. 무두질에 필요한 크롬황산염 등이 독성물질이라는 건 상식이었고 폐수와 악취를 막을 시설을 갖추자면 별도의 예산이 필요했지만 사장은 부러 외면했다.

내가 지루한 비행을 무릅쓰고 정기적으로 출장을 나가 돌아본 공장 뒷마당엔 개천으로 뚫린 하수구가 있었다. 나는 먼발치에서 둘러보는 시늉만 하다 코를 쥐고 되돌아왔다. 그렇게 몇 해가 흘렀다. 공장엔 현지 공무원이 수시로 드나들었다. 인도네시아인 공장장을 시켜 담당 공무원을 다독이던 끝에 이윽고 사달이 났다. 환경 감시팀이 들이닥쳤고 생산라인이 멈춰섰다. 공장장은 자취를 감췄다. 사장은 충분한 떡값을 보내줬는데도 약발이 먹히지 않았다며 배달사고를 의심했다. 공장장과 한통속이던 공무원은 구속되었다.

서울 본사는 파푸아뉴기니의 신설 공장에도 친환경시설을 갖추려 하지 않았다. 오염물질 규제가 헐거운 나라에 굳이 그럴 필요까지 있겠냐는 것이었다. 현지교민이던 늙수그레한 공장장은 몇 달을 버티지 못했다. 피혁공장의 역겨운 화공약품냄새를 견디기 힘들었을 터, 원주민 노동자들을 다루기 힘들다며 그가 출근을 거부하자 내가 졸지에 빈자리를 메우게 되었다.

불황에 일거리가 줄어든 서울 사무실에서 빈둥거리다 찍힌 거였다. 중앙정부의 통제를 거부하는 원주민부족들의 나라, 그 후텁지근한 땅에 몸을 담는 일은 처자식 없는 노총각의 몫이었다.

원주민 노동자들도 공장장처럼 조만간 떠날 것 같았다. 열악한 근무환경 탓이었다. 나는 인건비를 올려주는 조건으로 공장인력을 사십 명으로 줄였고 노동자 대표 겸 협상 파트너로 눈이 부리부리하고 제법 충직하게 보이는 사내를 임명했다. 그가 바로 투투였다. 당시 서른여섯 살이 되었다던 그는 나와 동갑이었다. 부족을 떠나와 도시에서 현대식 교육을 받은 그는 영어를 읽고 쓸 줄 알았으며 나와의 소통에도 불편이 없었다. 가부장적 부족사회에서 자란 그가 나를 형처럼 따라주는 건 지휘체계 유지에 도움이 되었다. 나는 라면발 같은 머리카락에 고집스런 턱선을 가진 그에게 한살 올린 내 나이를 알려주었다. 한국나이였다. '형이라고 불러.'

부족신앙이 제각각 힘을 쓰는 파푸아뉴기니에서 한국인 근로자들을 현지 문화에 적응시키는 게 급선무였다. 투투와 나의 파트너십은 필수였다. 말썽부리는 한국인 기술자들의 사고 뒷수습을 위해서도 그가 적임자였다. 술주정이나 성추행으로 이슬람의 감옥을 구경하는 얼치기들 탓에 골치깨나 앓던 인도네시아에서의 경험을 되풀이할 순 없었다.

나는 투투에게 노조위원장이라는 감투를 씌워주었다. 사측에서 만들어준 완장이었지만 노동운동의 개념이 희미한 동네라 반발도 없었다. 오히려 그는 영문으로 그럴 듯하게 타이핑한 임명장을 받으며 턱이 불룩하게 어금니를 깨물고 코를 벌름거렸다. 나중에 안 사실이었지만 그건 그가 심각한 결심을 하고 있다는 뜻이었다. 그는 출신부족이 제각각인 직원들의 감정을 내게 여과 없이 전달했고 나는 그를 통해 불만들을 조정하고 잠재웠다. 늙다리 전임공장장이 한심하고 딱하게 생각된 것도 모두 부족들의 경계를 넘나드는 투투의 리더십 덕분이었다. 그가 큼지막한 콧방울을 벌름거릴 때 나는 곧바로 오우케이를 외치며 오른손 엄지와 중지를 비벼 딱 소리를 내주곤 했다. 그의 고집이 엉뚱한 방향으로 튀지 않도록 하는 예방책이었다. 원주민 직원들의 불만으로 이따금씩 추가 비용이 들어갔다. 하지만 그들이 벌어주는 액수에 비하면 푼돈에 불과했다.

우리는 함께 일하는 동안 주말이면 관광객들이 흥청대는 시내로 나가 술을 마셨다. 얼큰해질 때면 그는 속마음을 털어놓았고 나는 형제애 같은 걸 느꼈다. 내게 이국땅의 외로움이 작용했는지도 몰랐다. 투투는 그의 부족민 중 유일한 문명세계 경험자였고 그 점은 그에게 긍지이자 십자가였다. 그는 자신의 부족이 아직도 석기시대에 머물고 있다고 중얼거리듯 말했다. 아직도 그런 원시인들이 있을까. 믿을 수 없었지만 그의 진지함 앞에서 나의 궁금증이 옹색해졌다. 부족 마을이 둘로 갈라져 앙숙이 되었다는 대목에서 그는 더 무르춤해졌다. 마치 부끄러운 고백을 하는 사람의 표정이었다. 사연을 설명하며 그는 눈물까지 글썽거렸다.

공장이 자리를 잡아갈 무렵 서울에서 전화가 걸려왔다. 차상무가 오랜만에 출장을 나온다는 거였다. 뱉은 말이 곧바로 법이 되던 그의 위세는 본사와 현지 공장을 구분하지 않았다. 그에게 내 능력을 제대로 새겨줄 기회였다.

차상무를 모시고 공항에서 포트모르즈비 외곽의 호텔로 향했다. 바닷가에 자리 잡은 호텔이 가까워지자 도시의 모퉁이를 핥고 내려온 강물이 넘실거리며 하구의 폭을 드러냈다. 승용차 안의 침묵이 거북했다. 나는 현지공장제품의 완성도를 허풍에 비벼가며 자랑하기 시작했다. 4년간의 적응이 결코 쉽지 않았음을 알아주길 바라면서…. 그가 가로막듯 손을 올려 내 말허리를 잘랐다.

— 여자들 눈이 얼마나 매서운 줄 알지? 악어지갑 하나가 얼만데, 천만 원짜리 핸드백은 두말하면 잔소리지. 아무래도 손재주 나은 데로 옮겨야 될 것 같아. 거긴 잔업에 특근, 야간수당까지 다 줘도 한 달에 십만 원이면 떡을 치는데 말도 안 통하는 이 동네에 미련가질 거 없잖아 그지?

더 싸고 질 좋은 인력을 제공받을 수 있는 곳, 통역도 필요없고 인력관리까지도 그쪽에서 알아서 해주는 공단에 드디어 입주하게 되었단다. 이미 입주한 중소기업이 백 하고도 오십 개가 넘는다고 했다.

— 지금 서두르지 않으면 끼어들기 힘들 거야.

— 위험하지 않을까요?

— 개뿔 위험은 무슨, 개나 소나 못 들어가서 안달 난 거 몰라? 그게 걱정이면 우째 통일부 앞에 줄을 서겠나, 안 그래?

비좁은 뒷좌석에서 그가 몸을 틀어 두터운 입술을 내 귀에 바투 댔다. 니코틴에 절은 구취가 바짝 다가왔다.

— 이건 우리끼리 얘긴데… 들어갈 수만 있으면 공장 돌리는 거야 솔직히 땅 짚고 헤엄치기지.

잽싸게 계산기를 돌려보았다. 물론 내 처지를 중심에 놓은 셈법이었다. 머릿속이 복잡해졌다.

— 노조도 없어, 거긴 흐흐.

차상무는 천국이라도 발견한 얼굴이었다. 그곳에선 굳이 투투 같은 일꾼을 찾아내려고 애쓸 필요가 없을 것이었다. 퍼뜩, 새로 입주하는 공단으로 조만간 내가 발령받을 수도 있겠다는 생각이 들었다.

— 여기 물 좋은 데 없나? 자네가 뚫어놓은 데 좀 가보자구.

차이나타운 뒷골목 야간업소 몇 군데가 호황을 누리고 있었다. 손바닥만 한 교민사회로 밀고 들어온 한국 기업인들 덕분이었다. 노래방과 룸살롱을 적당히 섞어놓은 불그스름한 불빛 아래로 차상무를 안내했다. 불콰해진 얼굴로 그가 계속 떠들었다. 그의 손이 가무잡잡한 여자들의 미니스커트 안을 더듬어댔다.

— 거기서 떼돈 못 벌어오면 빙신이더라고, 흐흐.

그가 맥주에 위스키를 회오리로 섞으며 다시 바람을 잡았다.

— 입주기업들이 앓는 척 해대지만 그거야 웃기는 소리고. 돈 냄새 풍기다가 남측 정부에 세금으로 왕창 뜯길까 봐 다들 쉬쉬하는 거지.

후텁지근한 열대의 공기가 에어컨 도는 룸 안으로 밀려들어 왔다. 폭탄주가 몇 순배 돌았다. 내가 그쯤 흘렸으면 그도 내게 뭔가 비전을 보여주는 게 순서였다. 내겐 산전수전에 밀림전까지 견뎌온 자부심이 있었다. 그간 고생 많았으니 자네도 옮길 때가 되지 않았나, 라든가 자네한테는 여기보다 그 쪽이 더 어울리겠어, 정도를 기대했다. 나는 겸손을 가장해 용기를 냈다.

— 아무나 그런 데서 일하긴 좀 그렇겠죠? 재수 없이 붙들리기라도 하는 날엔…, 특히 저 같은 겁쟁이는…, 흐흐.

그곳이 얼마나 민감한 곳인가. 그동안 동남아에서 한국인 간부가 현지인들을 어설프게 다루다 생긴 마찰을 자주 겪어온 터였고 그런 상황을 슬기롭게 해결하려면 나 같은 경험자가 필요하지 않겠냐는 말을 속으로 되작거렸다. 내 질문에 그가 턱을 좌우로 돌리며 비릿한 웃음을 흘렸다. 별 촌놈을 다 보겠다는 표정이었다. 땀이 밴 그의 손바닥이 내 손등 위로 겹쳐졌다.

— 자넨 여기서 그대로 원자재라인을 돌려주면 되는 거야.

그는 사장의 친동생이었고 그의 결정이라면 이미 사장의 결재가 난 것이나 다름없었다. 그러니까 거칠고 더러운 작업들, 냄새나는 무두질을 요하는 원자재생산라인은 놔두고 디자인대로 꿰매어 완제품을 만드는 산뜻한 공정만 쏙 뽑아가겠다는 거였다.

파견된 한국인 기술자들이 먼저 짐을 쌌다. 드로잉 작업을 하던 유씨가 내 손을 오래 잡았다. 가족과 떨어져 힘들어하던 그가 막상 돌아가려니 남은 직원들이 눈에 밟히나 보았다. 그가 그려주는 대로 가죽을 잘라 바느질을 하던 현지인 보조들은 일자리를 잃었고 투투도 이내 고향으로 돌아갔다. 중간관리자의 역할이 사라진 현장에서 그가 뾀쭘한 얼굴로 여러 날을 보낸 뒤였다. 열 명 남짓으로 원자재라인을 돌리며 한 해를 더 버텼지만 공장은 결국 문을 닫았고 나는 공장장 자리를 잃었다.

— 원피 수입선을 다른 데로 돌렸어.

공장정리를 위해 포트모르즈비를 다시 방문한 차상무가 공항을 빠져나오자마자 던진 선언이었다. 여기보다도 더 싼 악어피를 따로 구할 수 있다는 뜻이 아니었다. 본사가 소량 고가전략을 버리고 대량생산이 가능한 소가죽 제품으로 방향을 틀었단다. 새로 입주한 공단에서 짝퉁 악어가방을 만들겠다는 계획이었다. 소가죽에 볼록무늬를 찍어 악어피처럼 만들어낸 핸드백도 유명 브랜드만 붙여놓으면 백만 원을 호가하는 세상이었다. 사장이 그간의 독자라벨을 버리고 이태리 대기업과 계약했다니…, 주문자상표 부착방식이었다. 그게 다 악어 원피를 구하기 어려운 탓이었다. 차상무가 한국으로 돌아가던 아침, 나는 심란한 얼굴로 떨떠름한 배웅을 했다. 공항 출국장에 덩그마니 남겨진 내게 그가 다가와 속삭였다.

— 자네가 여기서 원피 납품업체를 하나 세워보지 그래, 내가 얼마든지 사줄 테니까.

들으나마나 한 소리였다. 내가 직접 정글 속 늪으로 기어들어가 사냥이라도 하지 않는 한 그가 원하는 단가에 맞추긴 불가능했다. 내가 입을 다물자 그가 뱀눈을 하고 말을 바꿨다.

— 계약직은 어때? 구매담당자로.

무늬만 회사소속으로 남을 거냐고 떠보는 거였다. 그건 해고의 또 다른 방식일 뿐 황량한 공간에 홀로 버려진다는 사실엔 변함이 없었다. 일주일 후 회사는 내게 이메일을 보냈다. 퇴직금 정산내역이었다. 돈을 받고 우울해지긴 처음이었다. 하소연이라도 하고 싶었다. 본사로 돌아가서도 여전히 그림을 그리는 유씨가 축축한 목소리로 전화를 받았다. 나보다 일곱 살이나 더 먹은 그에겐 여전히 내가 공장장님이었다. 그닥 위로가 되진 않았다.

나는 지도와 가이드북을 사 모았다. 곧바로 귀국하면 두고두고 후회할 것 같았다. 정글탐험은 오랫동안 별러왔던 계획이었다. 한국으로 돌아가면 술자리에서 떠벌릴 얘깃거리가 필요했다. 곧 죽어도 나는 해병대출신 아닌가. 중학교 동창생 녀석이 특전사 개구리복을 입고 첫 휴가를 나와 거들먹거리던 모습에 부아가 치밀어 자원입대한 해병대였다. 만용의 결과는 고난의 연속이었다. 후회를 곱씹으며 만기제대를 했지만 어느새 내가 부쩍 자라있었다. 원시부족의 나라에 들어올 땐 람보라도 된 기분이었다. 산악훈련 때 배워둔 생존기술을 되살린다면 까짓 정글탐험쯤이야. 하지만 호기심과 두려움 사이를 오락가락하는 날이 반복되었다.

오랜만에 만나는 친구들 앞에서 백수의 추레함을 덮어줄 만한 무용담을 궁리할 때쯤 반가운 얼굴과 맞닥뜨렸다. 투투였다. 그가 귀향하기 전 함께 술을 마시던 야시장 포장마차 앞이었다. 우린 다시 취했고 그를 못 본 시간의 틈새가 순식간에 메워졌다. 우리는 표정만으로도 통했으므로 휘청거리는 영어는 액세서리에 불과했다.

— 설탕 사러 나왔어요. 한 달에 한번 씩 이걸 갖고 나오지요.

그가 탁자 밑으로 내려놓은 물건을 끌어당겼다. 긴 풀이파리로 엮은 자루가 어린애 몸피만 했다. 주둥이를 묶었던 끈이 풀리자 알록달록한 물건들이 모습을 드러냈다. 코코넛열매를 반으로 잘라 속을 파내고 만든 그릇들이었다. 겹쳐진 모양으로 보아 수백 개는 되어 보였는데 시장에서 하나에 1달러씩 팔린다고 했다. 오목하게 다듬어 광을 낸 안쪽이 거친 바깥쪽과 대조를 이루었다. 대단한 손재주였다. 미적 감각은 물론이고 악어나 뱀을 연상시키는 원색의 문양에서 원시성이 꿈틀거렸다. 그가 테이블 위에 여러 개를 늘어놓았다. 과자나 사탕을 담기에 적당할 것 같았다.

— 이 그릇들을 어디서 만드는지 아세요?

내가 그의 눈을 들여다보자 그가 다시 말을 이었다.

— 그걸 여기서 실천했죠.

언젠가 나는 우리 회사가 옮겨간 공단에 대해 그에게 설명했었다. 그 당시 나는 그를 해고시켜야 했으므로 매우 곤혹스러웠고 취중에 주저리주저리 많은 말을 했다. 그러니까 먼 나라의 교류협력 정책이 그의 가슴으로 날아와 꽂혔다는 거였다. 기억은 안 나지만 그가 내 이야기를 듣는 동안 콧구멍을 한껏 벌름댔을 거였다.

투투가 우리 공장을 떠나 자신이 태어난 윗마을로 찾아들었을 때 추장이 '어린 투투'를 기억하고 있더란다. 그가 고향을 떠날 당시 이인자(二人者)였던 지금의 추장에겐 위스키와 설탕으로 환심을 샀다. 외부세계와 단절된 고향에 가져온 도끼나 삽등도 썩 좋은 선물이었다. 단단한 물건은 힘의 상징이었고 아직도 창끝에 돌을 갈아 끼우는 그들에게 쇠로 만든 물건은 특별했다.

투투는 추장을 설득하여 아랫마을에 작업장을 만들었다. 불신을 없애고 두 집단 간의 잦은 싸움을 멈추게 할 묘수가 되리라 믿었다. 그가 추장의 밀사로 강 안의 섬으로 들어갔다. 아랫마을 추장을 설득하는 일도 순조로웠다. 그 역시 섬사람들이 병을 옮기는 악령이라는 오해에서 벗어나길 바랐다. 전염병이 오래전에 사라졌다는 걸 윗마을에 알려 명예를 회복할 기회였다. 작업의 대가로 받아낼 식량도 무시할 순 없었다. 척박한 땅에서 부족민들의 허기를 채워주는 건 지도자의 의무였다. 하지만 설득의 관건은 역시 전략적 관점이었다. 섬 안에 윗마을의 작업장이 생기고 윗마을 관리자들이 들어오면 저절로 인질을 붙잡아두는 효과가 생긴다는, 그러므로 작업장이 굴러가는 한 전면전에 대한 걱정은 접어도 된다는 투투의 귓속말이 가장 솔깃했을 것이었다. 윗마을 추장에게는 작업장에서 만드는 공예품이 매달 위스키로 바뀌는 게 더 중요했다. 잦은 분쟁으로 인한 인명 손실을 줄일 수 있다는 투투의 열변을 그는 귓등으로 흘렸다. 바깥세상이 두려운 마을사람들을 대신하여 투투가 그 업무를 도맡았고 투투의 인기는 입소문을 타고 상승했다.

— 이걸 도매상에게 넘기고 생필품으로 바꾸죠. 위스키가 인기상품이에요. 우리 추장님이 제일 좋아하니까요.

그가 입꼬리를 올리며 엄지손가락을 세웠다. 투투는 추장뿐 아니라 자신의 부족민들에게도 없어서는 안 될 인물이 되어있었다.

*

푸드득 소리에 놀라 백일몽을 빠져나왔다. 보트로 날아든 새의 꽁지깃을 통과한 햇빛에 눈이 부셨다. 투투의 작업장을 구석구석 떠올리며 더딘 물길에 붙잡힌 시간을 죽이던 참이었다. 포트모르즈비로 내려가는 강폭이 그새 제법 넓어져 있었다. 나는 꼿꼿해진 아랫배를 문지르며 숨을 골랐다. 장끼를 닮은 새의 선홍색 깃털 때문이었나. 아침에 만난 아랫마을 전령들이 눈앞에서 어른거렸다. 그들이 나타날 땐 어깨 높이의 덤불에서 붉은 깃이 먼저 솟았다. 그들은 내가 도시로 내려가는 강가에서 길목을 지키다가 내 보트에 악어가죽을 실었다. 아랫마을 추장도 이미 섬의 반대쪽에 자기만의 작업장을 만든 거였다. 접촉이 늘자 전령들의 허리에 매달린 악어이빨과 으스스하던 해골문양이 오히려 반가웠다. 대체로 아랫마을에서 가져온 가죽의 품질이 더 좋았다. 천연 식물성 탄닌과 백반을 사용한다는 뜻이었다. 가죽을 다루는 그들의 전통방식이었다. 나는 양측의 추장을 교대로 부추겨 소득을 올렸고 그들은 내게서 구입한 무기로 권력을 다졌다.

신기하게도 윗마을에 납품하는 물건을 상대편에서도 금세 알아냈다. 짐작이야 못할 바 아니었지만 그 역시 내 소관과는 멀었다. 두 지역의 통치자들 사이에 적대적 협력관계가 빠르게 형성되고 있었다. '적의 힘을 부풀리는 공포감 조성은 효과적인 통치수단이며 때로 적은 동지보다 나은 협조자다.' 라는 인류사적 경험이 여기서도 되풀이되고 있었다. 그렇다면 내게도 힘의 균형을 맞춰가며 재미를 볼 때가 오지 않았나. 켕기는 구석이 없지 않았으나 그게 어디 나뿐이랴 싶었다.

그 와중에 마을 사람들이 노력봉사에 내몰렸다. 추장들은 엿과 매를 동시에 들었다. 처음엔 배급량을 조절하며 사람들을 구슬렸고 창고가 바닥을 보이면 채찍에 힘을 실었다. 그렇더라도 누구에게나 똑같이 나눠 주던 부족의 오랜 전통을 감히 깨뜨리진 못할 것이었다.

독재는 무력으로 유지되기 마련이었고 그럴수록 내 비즈니스는 빛을 발하겠지만 내 가슴 한쪽이 못내 무거워지고 있었다. 이율배반의 감정에도 사업을 멈추고 싶진 않았다. 고지가 잡힐 듯했고 한국에 빈손으로 돌아갈 순 없었다. 결심을 굳혔다. 차라리 멋지게 한탕 하고 깔끔하게 끝내자.

꼬박 이틀을 거슬러 올라온 보트를 나무둥치에 묶었다. 언덕마루에서 지켜보던 투투가 한 걸음에 내달려왔다. 내게서 생필품 보따리를 건네받은 그가 문득 다가와 내 귀에 속삭였다.

"형! 위스키병을 봤어요. 아랫마을에서요."

놀랄만한 소식이었다. 우연의 일치가 아니라면 그건 분명 내가 윗마을에 던져준 물건이었다. 추장들은 서로를 믿지 못하는 와중에도 핫라인을 가동 중이었다. 위스키가 양쪽에서 측근들의 충성심을 유도하는 수단으로 사용되고 있었다. 나는 주로 시바스리갈을 구해다 주었다. 가격도 무난했지만 어디서나 구하기 쉬웠다.

내가 위스키를 떠올릴 때면 그걸 마시다 비명횡사한 대통령이 그 상표와 함께 이내 한 덩어리가 되었다. 나는 이따금씩 그의 마지막 모습을 그려보았다. 그가 옆구리에 끼고 있었다는 여대생이 희미한 윤곽으로 어룽거렸다. 내 사춘기의 한 구석은 시바스리갈을 공손히 따르는 여자의 야릇한 이미지로 채워졌고, 대입준비생의 호기심은 권력의 은밀하고 농염한 향기에 끌렸다. 나는 정치학과를 선택했다. 육군 중령으로 군 생활을 마감한 아버지에게 효도하는 길이기도 했다. '이 세상은 말이다, 대장이 못되면 졸병인 거야. 중간은 없어.' 가훈처럼 그렇게 가르치던 아버지는 도의원선거에 세 차례나 떨어졌고 우리 식구는 더 이상 줄일 집이 없었다. 장군의 아내를 그리며 남편 뒷바라지에 젊음을 바친 어머니의 소원은 이사 좀 그만 하자, 였다. 나는 학자금대출로 간댕간댕 졸업을 하고 월급쟁이가 되었다. 시바스리갈을 마시면 대장은 아니라도 팀장은 될 것 같았다.

서울본사에서 근무하던 시절, 나는 차상무에게 시바스리갈을 종종 선물했다. 그의 생일이 하필 만우절이라 적어두지 않아도 되었다. 나는 위스키의 왕자로도 불린다는 그 물건이 언젠가는 제 힘을 보여주길 기대했다. 공장장급인 팀장으로의 승진은 그놈이 내게 증명한 첫 위력이었다. 하지만 밀림의 나라에서 마침내 나는 낙오병이 되어 있었다.

포트모르즈비 시장골목에서 투투와 재회한 이태 전의 그 밤에도 내겐 그 위스키가 필요했다. 취기가 오른 나는 확신 없는 사업 아이템을 주저리주저리 떠들어댔다. 내가 차상무 흉내를 내고 있었다. 끈 떨어진 처지를 잊고 싶었지만 효과가 없었다.

투투는 빙긋이 웃기만 했다.

이튿날 새벽, 숙취에서 겨우 빠져나온 나는 투투에게 도움될 만한 아이디어를 굴리며 짐을 꾸렸다. 특별히 불편하지 않으면 그의 고향마을에서 한두 달 머물면서 머리나 식혀볼 생각이었다. 비상식량, 필기도구, 손전등, 야전삽과 함께 투투의 체면도 세워줄 겸 추장에게 선물할 정글칼 하나를 따로 챙겼다. 밀림 속에서 짐만 될 휴대폰 따윈 잊기로 했다. 흔쾌히 허락한 투투를 따라나선 길이 멀었다. 도시 외곽을 싸고 바다로 흘러가는 물길을 거슬러 상류로 올라가야 했다. 굵은 통나무의 속을 파낸 카누를 그는 능숙하게 다뤘다. 물살이 센 곳이 자주 나타나진 않았으나 이런 곳을 혼자서 어떻게 다녔는지 모를 일이었다. 출발한 지 한나절 만에 정글 안으로 배가 들어갔다. 대낮에 하늘이 뚫린 듯 소나기가 한 차례씩 쏟아졌다. 그때마다 나는 배의 중간을 둥그렇게 덮은 천막 안으로 몸을 피했다. 투투는 온몸으로 비를 맞았다. 그에게 천막은 단지 물건을 젖지 않게 하려는 창고일 뿐이었다. 천막 안으로 기어드는 내게 그는 두툼한 입술을 벌려 웃음을 보였다. 그는 노를 젓다가도 바위가 울퉁불퉁하고 물살이 센 곳에서는 장대로 강바닥을 밀어 길을 잡았다.

포트모르즈비 시내에서 고등학교까지 다닌 그는 숲에 관심이 많았다. 그는 내가 묻지도 않은 설명을 하느라 바빴다. 동식물의 이름은 말할 것도 없고 일용할 도구나 음식, 그리고 숲에서 천연약물을 구하는 노하우까지 꿰뚫고 있었다.

날이 저물자 우리는 물가로 배를 끌어올렸다. 강가에서 좀 떨어진 공터에 마른 나무를 모아 모깃불을 피웠다.

— 형! 저기.

투투의 손가락 끝이 예닐곱 걸음 떨어진 둔덕을 가리켰다. 토끼만 한 짐승 한 무리가 경계의 눈빛으로 우리를 지켜보았다. 열 마리가량이 뾰족한 주둥이로 끽끽거리며 땅구멍 주위에 오종종 모여 있었다. 일가족인 듯싶었다.

— 저놈들이 바로 투투예요.

태어난 아기의 이름을 주변의 동식물에서 따오는 게 부족의 전통이었다. 투투가 두 손등을 턱밑으로 끌어올려 동물 흉내를 냈다. 첫 대면에 자신을 우스꽝스럽게 소개하던 동작이었다.

— 혈육을 위해 기꺼이 희생한다고 했던가?

나도 기억력을 자랑할 겸 그에게서 들은 이야기를 끄집어냈다. 그렇잖아도 한 놈이 앞발을 들고 키를 바짝 세워 우리를 살피는 중이었다. 두더지 같은 얼굴이었다. 녀석들은 땅굴을 파고 가족단위로 모여 산다고 했다. 나이든 수컷이 주로 망을 보는데 큰 짐승이 나타나면 가족을 재촉하여 굴속으로 대피시킨다. 그러고는 자신은 소리를 지르며 굴에서 멀리 도망친다. 사냥꾼을 자기 쪽으로 유인하여 주의를 분산시키는 것이다. 나는, 목숨을 걸고 나갔다 돌아오는 녀석과 제 발로 귀향하여 부족의 하인이 된 투투를 번갈아 바라보았다.

나도 교대로 노를 젓느라 피곤한데다 허리와 어깨까지 쑤셨다. 나뭇잎을 깔고 누웠다. 투투는 뱀을 조심하라고 했지만 피할 방도가 딱히 없었으므로 걱정은 꿈속에 묻어버렸다. 눈을 뜨자 아침이슬이 내려앉은 숲 바닥에 동전만한 볕 조각들이 어른거렸다. 나무 위에서 불그스름한 털을 가진 얼굴이 나를 내려다보았다. 오랑우탄이었다. 투투는 거의 다 왔다는 증거라고 했다. 그렇게 꼬박 닷새가 걸렸다. 반나절쯤 더 거슬러 올라갔다. 투투가 가리킨 손가락 끝에서 모래톱이 나타났다.

— 섬이에요. 우린 아랫마을이라고 불러요.

물줄기가 양쪽으로 갈라져 내려오는 길쭉한 섬의 한가운데 우뚝 솟은 바위산이 우리를 내려다보고 있었다. 산의 중턱쯤부터 그 아래로는 나무가 울창한 숲이었다. 눈길을 물가로 끌어내리자 사람의 손을 탄 계단식 밭이 시야에 들어왔다. 섬은 멀리서도 한 눈에 잡히지 않았다. 투투의 설명대로라면 이 섬은 서울의 여의도보다 더 큰 듯했다.

— 이백 호 남짓 되는데 아이들이 많아요. 원래 사람 살 곳이 못되었지요. 우기에 물이 넘치면 섬의 절반이 휩쓸리거든요.

척박한 섬 안에 천 명 가까운 인구가 모여 산다는 의미였다.

— 원래는 모두 강 건너 윗마을에 살았어요.

귀향을 한 그의 눈에 제일 먼저 들어온 건 교회 첨탑이었다. 백인천사에 대한 믿음이 여전하더란다.

— 정말 어이가 없는 게 뭔 줄 아세요? 도시로 나온 뒤에 선

교사의 피부에 발진이 생겨났어요.

— 그도 옮았나?

— 옮은 게 아니고 그가 옮겼던 거예요. 전염병에 자주 노출되었던 유럽인들은 면역성이 강했고 잠복기도 길었던 거죠. 처음에 증상을 보였던 마을 처녀들은 선교사와 동침한 여자들이었어요.

투투를 데리고 마을을 떠날 때까지도 그에게서 이상 징후가 보이지 않았으니 그 후로도 마을사람들은 감히 그를 의심하지 않았던가 보았다. 그가 오른쪽으로 팔을 뻗어 오래전의 기억을 끄집어냈다. 당시만 해도 지금의 아랫마을인 섬 안에 사람이 살지 않았으므로 이야기가 시작되는 배경은 윗마을이었다.

마을에 백인 선교사가 들어왔다. 열한 살 투투는 선교사의 복사가 되었고 그로부터 영어를 배웠다. 그의 마을엔 얼굴 하얀 천사가 오면 세상이 바뀔 거라는 믿음이 신화처럼 전해져 내려왔다. 백인선교사는 원주민들의 도움으로 교회를 짓고 손쉽게 교세를 확장했다. 투투가 선교사의 충실한 보조원이자 통역 노릇을 하던 중 전례 없는 돌림병이 생겨났다. 마을처녀들의 피부에 붉고 가려운 반점이 돋아났다. 선교사는 그녀들에게 고해성사를 요구하며 축복을 내렸다. 그녀들은 마을 사내들에게도 축복을 옮겨주었다. 젊은 사람들이 죽어나갔다. 마을 원로회의의 결정으로 환자와 가족들이 쫓겨났다. 강 안의 섬은 유배지가 되었다. 불안해진 주민들이 곧이어 환자의 친척들까지 몰아냈고 점차로 그 범위가 환자의 친구들로 확대되었다. 주민들은 창을 들고 교대로 보초를 섰다. 아무도 섬을 빠져나와 윗마을쪽 뭍에 오를 수 없었다. 투투의 이모에게서도 증상이 나타났다. 투투의 어머니뿐 아니라 전 가족이 밤중에 짐을 싸야 했다.

그 시각 투투는 교회에 있었다. 교회는 선교사의 허락 없이는 누구도 들어올 수 없는 신성한 곳이었다. 윗마을에서 섬으로 넣어주는 식량이 늘 부족했고 갇힌 자들은 해를 넘기기도 전에 죽어갔다. 처음엔 죽은 자를 공터에서 태웠으나 시체가 쌓이자 그냥 강물에 흘려보냈다. 악어들이 몰려들었다. 반대편으로 강을 건너 숲으로 달아난 사람들도 있었으나 생사는 확인할 수 없었다.

질병의 회오리가 지나간 뒤에도 굶주림은 여전했다. 섬은 윗마을 사람들에게 악령의 땅이었다. 그들의 기억에 각인된 불안과 공포가 쉬 가시지 않았다. 야음을 틈타 음식을 훔치러 강을 건너오는 도둑들이 해묵은 골칫거리였다. 허리춤을 넘지 않는 건기의 강물도 도강을 도왔다. 붙잡힌 도둑은 돌팔매질로 죽임을 당했고 시신은 또다시 악어 밥이 되었다. 젊은 여자들을 살려주는 예외도 없진 않았다. 그녀들은 추장의 집에서 잡일을 돕고 인구를 늘리는 용도로 사용되었다.

섬으로 내몰린 인구의 절반이 사라진 뒤, 섬에도 평화가 찾아왔으나 두 마을 사이의 왕래는 여전히 허용되지 않았다. 두

배로 보복을 하는 인습 탓에 조그만 싸움도 두 집단 사이의 큰 싸움으로 번지곤 했다.

— 그래서 식구들은 어찌 됐어?

나와 마주앉아 노를 젓던 투투의 시선이 하늘을 향했다. 그의 눈이 붉어졌다. 배가 오른쪽 물길을 거슬러 천천히 올라갔다. 나는 바닥에 놓인 장대를 집어 들고 뒤에서 배를 밀었다.

투투가 추장에게 나를 소개했다. 오십 대라는 투투의 말과는 달리 그는 머리가 하얗고 얼굴에 골이 잔뜩 팬 노인이었다. 추장이 벌떡 일어나 내 손을 잡았다.

— 흰 얼굴을 반가워하는 거예요.

추장이 투투의 영어를 알아듣지 못하는 게 다행이었다. 볕에 그을리긴 했지만 내 피부의 바탕색이 허여멀겋다는 사실이 새삼스러웠다. 뱀가죽 허리띠에 매단 악어이빨들이 서로 부딪히는 소리가 쇳소리처럼 오싹했다. 그는 길고 하얀 깃털을 머리둘레에 잔뜩 세우고 있었는데 자세히 보니 머리띠 모양의 관이었다. 주변에 늘어선 사내들의 것은 파랑이었고 길이도 짧았다. 그들에겐 흰색이 권위의 상징이었다. 추장의 가슴엔 사람의 손으로 보이는 뼈가 목걸이처럼 매달려 있었다. 무심한 척 눈여겨보았다. 다섯 개의 손가락까지 한 벌을 모두 갖추고 있었다. 나는 그것이 오랑우탄이나 침팬지의 것이기를 바라며 부질없는 관심을 털었다. 이번엔 추장의 허리띠에서 배꼽 아래로 이어진 대나무통이 눈을 찔렀다. 남근을 끼워 넣는 통의 외피가 오래된 이발소의 면도용 가죽처럼 반들거렸다. 투투가 얼른 어깨를 기울여 내게 귀띔을 했다.

— 저건 풍요의 상징이자 지배자의 권위죠. 절대로 먼저 웃으면 안돼요.

나는 터져 나오려는 웃음을 누르며 내려놓은 가방의 지퍼를 열었다. 가죽으로 만든 칼집을 천천히 벗겼다. 뱀이 풀잎을 스치는 소리와 함께 팔뚝보다 긴 정글칼이 제 몸을 온전히 드러냈다. 잘 갈린 날이 문틈으로 들어온 뿌연 빛줄기를 잘랐다. 코끝이 갈고리처럼 안으로 휜 곡선에서 살기가 빠져나왔다. 칼자루를 추장에게 내밀었다. 추장은 칼날에 손끝을 대보며 한참을 들여다보았다. 이윽고 그가 누런 이빨을 드러내 미소를 보였다.

나는 투투를 따라 짐을 옮겼다. 추장의 배려로 얻은 숙소는 원두막처럼 생긴 통나무집이었다. 외부인의 발길이 없는 외딴 마을에서 객을 위한 공간일 리는 없었다. 몽골인의 게르를 닮은 부족민의 집들은 둥그런 광장 주위에 성곽처럼 에둘러 있었으므로 내게 허용된 울타리 안쪽 집은 평소 추장의 관사나 별채로 쓰이는 듯했다. 여섯 개의 나무기둥을 땅에 박고 어른 키만큼 올린 구조라 짐승들의 공격을 피하기 좋았다. 나는 기대어둔 사다리를 밟아 올랐다. 밖에서 올려다보았을 때보다 내부가 제법 넓었다. 사면으로 뻥 뚫린 창이 바람을 통과시켜 땡볕 더위를 식혀주었다.

밖을 내려다보았다. 광장은 축구장만 했고 추장의 숙소 겸 집무실은 광장의 후미에서 산을 등진 위치였다. 강을 향해 열린 전형적인 배산임수였다. 내 숙소에서 사오십 미터쯤 떨어진 추장의 집도 광장의 테두리 안이어서 주민들의 보호를 받는 전략적 위치였다. 광장의 중심은 나이를 가늠할 수 없을 만큼 자란 카카오나무 한 그루가 지키고 있었다. 그 나무그늘 밑은 마을의 공동 곳간이었다. 광장의 후미로 빠진 내 숙소와 추장의 집을 밑변으로 이등변삼각형을 그리면 길게 빠진 꼭짓점이 바로 그 곳간이었다. 교회탑처럼 뾰족한 곳간 지붕이 얼핏 추장의 집보다도 높아 보였다. 공동생산 균등분배의 원칙을 지켜온 원시부족의 상징이었다.

— 가끔씩 저 곳간 앞에서 부족회의가 열려요. 노인들끼리 하는 원로회의가 있고 부족 전체가 모이는 대회의가 있지요.

투투의 말대로라면, 부족의 운명이 달린 문제는 추장이 대회의를 열어 결정한단다. 입 달린 자들을 큰 마당에 몽땅 모아 한 마디씩 떠들어댈 기회를 주나 보았다. 나처럼 의심 많은 문명인은 고개를 갸웃거릴 수밖에 없는, 그 옛날 그리스에서 했다던 직접민주주의를 구경할 모양이었다. 좀 전에 만났던 추장의 음흉한 눈빛이 자꾸만 어른거렸다.

— 인민대회란 게 원래 힘 가진 놈이 선동으로 끌고 가는 것 아녀?

내가 입을 삐죽거리며 비아냥대자 투투가 멋쩍은 표정으로 웃어넘겼다. 광장 뒷산을 휘둘러보았다. 키 낮은 관목 사이로 난 휘움한 흙길이 야트막한 언덕을 가르마처럼 오르다 중간쯤의 평평한 땅에 멈췄다. 거기에도 사람 사는 모습들이 오종종하게 모여 있었다. 눈대중으로 훑은 오두막이 사오십 개는 되었다. 거기서 다시 계곡을 따라 불그스름한 길이 언덕 너머로 이어졌다. 그 뒤쪽에도 사람이 사는 것 같았다. 투투는 윗마을에 모두 삼백여 호쯤 산다고 했다. 어림잡아보았다. 윗마을 추장의 어깨에 걸린 입들도 천 개를 족히 넘길 것이었다.

어깨를 반대로 돌려 툭 터진 방향으로 시선을 펼쳤다. 광장을 빠져나간 완만한 내리막은 수레가 다닐 만한 폭이었다. 길게 뻗은 길이 뱀처럼 구부러지던 꼬리를 강변에 내려놓았다. 횡으로 펼쳐진 모래밭을 우측으로 훑어 올리던 시선을 한 점에서 멈췄다. 아스라한 상류 쪽에 다리 하나가 엎드려 물을 가로질렀다. 경비가 삼엄하다는 그 다리 저쪽이 아랫마을이었다.

밤에는 추장의 집에서 기침소리가 건너왔다. 서로를 감시하기 좋은 위치였다.

인기척이 들렸다. 첫날부터 내가 늦잠을 잤나 보았다. 창틀 위의 안개는 이미 걷혀 있었다. 문을 열고 내려다보니 투투였다. 그의 어색한 미소 곁에, 배꼽 아래로 중요부위만 겨우 가린 여자와 발가벗은 아이가 서 있었다. 여자는 아직 앳된 얼굴에 긴장의 빛이 역력했다. 올라오라고 손짓을 했다. 호박만한 젖퉁이에 엉덩이가 펑퍼짐한 그녀의 발밑에서 삐걱대는 사다리가 부러질까 걱정되었다.

투투에게 자초지종을 물었다. 그가 몹시 계면쩍은 얼굴로 나를 이해시키려 애를 썼다. 겨우 걸음마를 떼는 아이는 여자의 딸이었다. 말하자면 모녀는 추장의 선물이었다.

— 날더러 어쩌라고, 말도 안 통하는데.

— 거절하면 추장이 화를 낼 겁니다. 여기서는 이 정도면 총각들이 욕심낼 미인이에요.

혼자 지내는 남자 손님을 위한 각별한 배려였다. 언젠가 보았던 신석기시대의 미인상 토기가 떠올라 나는 고개를 끄덕였다. 풍만한 몸매의 여자는 인기가 높았고 출산경력은 다산의 보증수표였다.

— 먹을 건 배급 받으면 되고요. 잡일이나 시키세요.

투투가 말이야 그렇게 했지만 그 이상을 해결할 수 있는 파트너를 보내준 것이었다. 다산을 축복으로 여기는 그들의 풍속이었고 귀한 손님이 오래 머물러주길 바라는 뜻도 있었다. 내가 선물한 정글칼이 추장의 마음을 휘어잡은 게 틀림없었다. 게다가 투투가 나에 대해 어지간히 자랑질을 해댄 것 같았다. 여자가 데려온 아이는 일종의 보너스였다. 아이가 있어야 웃을 일이 생긴다는 믿음이야 지구상 어디나 통하므로 내가 이해 못할 것도 없었다.

— 내가 아이를 잘 기를 사람 같아?

— 부담 갖지 마세요. 여기서는 모든 아이를 마을에서 길러줘요.

공동육아도 전통이었다. 마을의 노인들은 남녀 구분 없이 육아에 참여한단다. 투투가 말하는 공동육아에는 교육과정도 포함되어 있었다. 그들은 모두가 탁아소 보모였고 학교 선생님이었다.

— 그런데 저어, 이 여자 아랫마을에서 넘어왔어요. 굶어죽은 시체가 강물에 떠다니던 해였는데….

여자와 눈을 맞췄다. 처음부터 푸짐하진 않았을 터, 추장이 어지간히 거둬 먹였나 보았다. 그녀가 부끄러운 듯 웃어 보였다. 인상이 나쁘진 않았고 문득 그녀가 가여워졌다. 영어와 손짓으로 몇 살인지 물었으나 답은 투투가 대신했다.

— 모를 겁니다. 여기서는 숫자개념이 희박해요. 여자의 나이가 중요하지도 않고요. 이왕 이렇게 되었으니 잘 해보세요. 원하시면 낮에는 제가 아랫마을 작업장으로 데리고 다닐게요.

— 설마 이런 식으로 날 붙잡는 건 아니겠지?

투투가 피익 실소를 터뜨렸다.

— 우리는 오는 사람 막지 않고 가는 사람도 안 잡아요. 아 참, 이 여자 이름은 나나에요, 나나. 우린 저 새를 그렇게 불러요.

그가 창밖을 내다보지도 않고 등 뒤로 검지를 뻗었다. 문득 짹짹거리는 소리가 크게 들려왔다. 참새와 닮은, 내가 이 나라에서 보아온 가장 흔해빠진 새였다. 글쎄 여기서는 사람의 이름을 동물이나 꽃에서 따온다지 않나. 하필이면 참새가 싫었지만 검붉은 입술에 하얀 앞니를 드러내는 여자의 미소는 봐줄만했다. 내 어깨를 묵직하게 누르던 얼음덩이가 슬며시 녹고 있었다. 남녀 사이에 꼭 특정 언어가 필요한 것도 아니고 내가 그녀와 철학을 논할 일은 더더욱 없지 않나. 이 마을에서 추장의 비위를 거스르면 좋을 게 없다잖아.

투투는 아침마다 내 숙소 밖에서 나나를 기다려주었다. 나나가 아랫마을에서 곤혹스런 일을 당할까 걱정했지만 기우였다. 그녀가 윗마을을 밟은 뒤로 시간이 제법 흘렀고 아랫마을에서도 빠져나간 개개인에게 굳이 신경 쓰는 것 같지 않았다. 그녀에겐 무엇보다 투투라는 든든한 뒷배가 있었다. 나의 하루 일과는 윗마을 산책으로 시작되었고 마음 내킬 때마다 아랫마을 작업장으로 투투를 따라나섰다.

따분한 날이 이어지던 아침, 휘저어놓은 흙탕물처럼 온 마을이 뒤숭숭했다. 누군가 밤중에 강을 건너가 사고를 치고 도망쳐 나온 것이었다. 아랫마을 사람들이 강가로 나와 증거물을 흔들어대며 아우성이었다. 살인 현장에 떨어뜨린 물건은 추장에게 내가 선물한 정글칼이었다. 겁탈당하던 아랫마을 처녀가 소리를 지르자 흉기로 찌른 모양이었다. 나는 직감적으로 추장의 아들을 떠올렸다. 아랫마을에서는 흔치 않은 물건의 임자를 수소문하며 윗마을의 누군가를 의심했을 터였다. 제 발이 저린 윗마을 추장은 나를 불러 정글칼을 주문했다. 그는 언제 터질지 모르는 전쟁이 두려운 눈빛이었다. 나는 묘한 전율을 느꼈다. 그것은 분명 설렘이었다.

나는 투투에게 한 가지 제안을 했다.

— 그깟 코코넛열매가 어느 세월에 돈이 되겠어. 이왕이면 늪에 득시글거리는 악어를 잡아 가죽을 만들자구.

— 글쎄요… 생각을 안 해본 건 아니지만… 납품할 곳을 찾을 수 없었어요.

그는 그만큼 순진했다. 자본이 어떻게 부가가치를 창출하는지도 몰랐다. 공장에서 일할 때도 그는 원자재의 납품단가에 무심했고 유통과정을 알려고 들지도 않았다. 하지만 그는 무두질에 전문가였다. 마을에서 원피를 생산하는 일은 시간문제였다.

— 넌 이제 여기서 물건만 만들면 돼. 도시로 나가서 바꿔오는 건 내게 맡겨. 가죽은 얼마든지 내가 사줄게.

나는 그 순간 나를 버리고 간 차상무를 떠올렸다. 그가 던져놓은 마지막 미끼를 기꺼이 물을 생각이었다.

— 추장을 설득해서 악어가죽을 만들자고 해봐. 정글칼과 바꾸자고.

나는 물물교환에 머물고 있는 투투의 한계를 깨뜨려주고 싶었다. 투투가 추장을 찾아갔고 나는 무기한으로 마을에 머물러도 좋다는 허락을 얻었다.

나는 투투의 카누를 빌렸다. 기회를 놓치고 싶지 않았다. 그가 불안한 얼굴로 따라왔다.

— 걱정 마, 물길만 따라가면 되는데 뭘.

각오의 이유가 분명한 형태로 다가왔다. 욕망이 용기로 둔갑한다는 게 신기하고 대견했다. 혼자 할 수 있겠어? 자문에 대한 자답은 그래야 다 먹지, 였다. 만용을 부린 대가로 발등을 찍고 싶었던 군대시절이 불쑥 떠올랐지만 빠르게 기억을 지워냈다. 죽기야 하겠나, 인육을 먹는 족속이 남아있을 리도 없고, 람보는 태어나는 게 아니야 만들어질 뿐. 그렇게 중얼거리곤 다시 우쭐해졌다.

카누가 물결을 탔다. 내려올 땐 이틀 밖에 걸리지 않았지만 되돌아갈 생각을 하니 까마득했다. 나는 중고 모터보트를 구입했다. 추장의 주문대로 열 자루의 정글칼을 싣고 돌아왔다.

나루터 근처에 별도의 작업장이 들어서고 있었다. 추장이 고함을 지르며 진두지휘하는 모습이 보였다. 강을 건너가는 부담을 덜고 몸소 원피작업을 감독할 요량인 듯 했다. 추장이 마을 사람들을 시켜 악어를 잡아왔고 나는 무두질에 필요한 탄닌과 칼륨 성분의 약품을 내밀었다. 투투의 아랫마을 작업장이 추장의 관심권에서 밀려나는 분위기였다. 투투가 떨떠름한 얼굴로 일을 거들긴 했지만 그에겐 실력을 발휘할 곳이 하나 더 늘어난 셈이었다. 그는 악어가죽이 쓰일 부위에 상처를 내지 않고 잡는 요령을 잘 알고 있었다.

나는 칼 하나에 악어가죽 다섯 장씩을 제안했다. 추장은 받아들였고 나는 한 달 뒤에 최고급 원피 쉰 장을 얻었다. 줄여 잡아도 장당 오백 달러가 넘는 대박이었다.

다시 도시로 내려온 나는 모터보트를 정박시키자마자 부둣가 한적한 곳에 창고부터 마련했다. 임대료를 따지며 꾸물댈 겨를이 없었다. 잘 빠진 원피 석 장을 골라내 항공우편으로 차상무에게 보냈다. 샘플이었다. 가까운 호텔을 찾아 비즈니스룸에서 한국으로 전화를 걸었다. 톤을 잔뜩 높이고 목에 힘을 주었다.

— 최곱니다. 사흘 내로 받으실 겁니다. 단가는 잘 맞춰드릴 테니 염려마세요.

— 그래 그래 잘해보자고, 나도 이번에 아주 올인했어.

— 괜찮겠어요?

— 설마 잘 나가는 공단을 닫겠어?

차상무는 반가워했고 샘플을 받는 대로 발주하겠다고 했다. 나는 매월 1회 이상의 원자재납품을 자신했다.

소음이 심한 중고보트를 헐값에 넘기고 새 보트를 장만했다. 요트라 불러도 좋을 만큼 화려한 외장에 지름신이 왕림했다. 남은 퇴직금을 털어 계약금을 치르고 나머지는 매월 갚아나가기로 했다. 나는 혀에 붙은 노래가사처럼 인생은 한 방이랬지, 를 되뇌었다. 뱃머리에서 은색 악어 장식이 반짝거렸다. 갑판을 타고 전해지는 엔진의 진동에서 힘이 느껴졌다. 상류로 오르는 동안 강가에 흔들리는 나뭇잎 사이로 파란 달러화가 어른거렸다.

윗마을에 도착하여 추장과 원로들 앞에 물건부터 쏟아놓았다. 아랫마을 작업장에서 만든 코코넛그릇과 바꿔온 생필품이었다. 카카오나무 그늘 밑으로 눈들이 모여들었다. 상자가 열리자 그들은 내용물을 확인하고 곧바로 곳간 문을 열었다. 통나무 기둥으로 뼈대를 세운 공동곳간은 바닥이 내 이마만큼 높았다. 들쥐나 산짐승의 접근을 막는 구조였다. 대나무를 성글게 엮어 벽을 쳐놓았으나 새가 드나들기엔 구멍이 작았다. 바람만 통하게 하여 식료품의 신선도를 유지할 목적인 듯했다. 뒤꿈치를 들어 올리자 안이 들여다보였다. 바닥과 선반 위에 대나무로 엮어 만든 큼지막한 광주리들이 크기별로 정돈되어 있었다. 추장의 허락 없이는 아무도 사다리를 딛고 올라가 문을 열 수 없었다. 보관된 물건들은 추장이 정하는 날에 골고루 나누어질 터였다.

아랫마을 인부들에게도 하루 세 개씩 배급하던 얌이 다섯 개로 늘었다. 우기의 강물에 밭을 빼앗긴 그들에게 탄수화물 덩어리인 얌은 단비였다. 내가 가져오는 설탕도 보너스로 전달되었다. 투투가 만족스런 웃음으로 앞니를 드러내며 내게 눈을 찡긋거렸다. 굶어죽은 자신의 가족을 생각하는 것 같았다. 그건 나나도 다르지 않을 것이었다.

투투의 작업장을 통해 두 집단의 접촉이 늘면서 서로에 대한 경계심이 누그러졌다. 그와 동행하는 사람들은 하루에 두어 명 꼴이었는데 더러 얼굴이 바뀌곤 했다. 작업장과는 무관한 사람들도 있다고 투투가 목소리를 낮췄다. 떨어져 살던 사람들을 거기서 몰래 만나게 해주는 눈치였다.

나는 강을 건너가 이따금씩 그들과 함께 식사를 했다. 일거리와 무관하게 작업장 식구가 늘어나고 있었다. 그중엔 인부들의 가족으로 보이는 사람들도 끼어 있었다. 아랫마을 추장이 보낸 듯한 사내가 자주 나타나긴 했지만 인부들을 간섭하진 않았다. 감시대상은 나였다.

— 그들도 우리와 똑같은 사람이라는 믿음이 중요해요.

투투의 희망이 현실로 드러나고 있었다.

*

나는 도시와 마을을 왕복하는 일정을 한 달에 두 번으로 늘려 잡았다. 도시로 나갈 때마다 투투의 작업장에서 나온 공예품을 가죽과 함께 보트에 실었다. 그 후로도 투투는 고집스럽게 그릇을 만들었다. 가죽보다 돈이 안 되는 공예품에 오히려 더 공을 들였다. 사람을 먹이는 일에 더 관심이 많다는 뜻이겠거니….

포트모르즈비의 도매상과 밀고 당기는 작업이 귀찮았다. 심드렁해진 나는 결국 도매상이 부르는 가격에 맞춰 그릇들을 넘겨버리고 그가 주는 대로 생필품을 받았다. 문득 내가 차상무를 눈 흘기며 닮아가나 싶었다. 간간이 국제전화로 연결된 유씨는 차상무가 회사 일엔 별로 관심이 없다고 했다. 사장대리가 되어 전문경영을 외치고 있지만 지병으로 출근을 못하는 사장이 동생에게 속고 있다는 거였다. 그가 그런대로 굴러가던 파푸아뉴기니 공장을 닫은 것도 인건비 때문만은 아니었다. 공장이전은 방만한 경영으로 적자가 쌓이자 그가 찾아낸 탈출구였다.

부족민들이 애써 만든 공예품을 헐값에 넘길 때마다 투투의 얼굴이 시야를 가렸으나 무시하기로 했다. 차라리 가죽장사로 화끈하게 한탕 하고 나랑 떠나자고 했을 때 그는 고개를 저었다. 어린 시절 백인선교사와 함께 떠난 기억을 떠올리나 보았다.

"아랫마을 사람들에게 너무 잘해주지 마, 함정에 빠질지도 몰라."

"나도 알아요, 형."

그건 윗마을에서도 마찬가지였다. 사람들의 박수가 독이라는 것을 그도 동물적 후각으로 감지한 듯했다.

공동생산 균등분배, 여느 때처럼 부족의 전통이 내 눈앞에 펼쳐졌다. 내가 도시의 물건들을 다시 싣고 돌아온 며칠 뒤였다. 아침부터 큰 마당이 시끌벅적했다. 추장의 집무실 앞으로 나온 남자들이 일렬횡대로 섰다. 젊은 사내들은 하시라도 동원되는 노동인력이었고 가장인 동시에 군인이었다. 중대병력은 거뜬히 넘었다. 추장이 사열하듯 천천히 지나가면 그들이 차례로 바닥에 무릎을 꿇었다. 군기를 바짝 조이는 분위기였고 충성 맹세의 몸짓들도 전보다 요란해졌다. 추장이 그들을 이끌고 광장의 중앙으로 이동했다. 추장은 손바닥보다 작은 설탕 봉지를 주면서도 머리를 조아리게 했고 엎드린 뒤통수들을 하얀 깃털로 쓰다듬었다.

사람들은 추장의 손에서 물건을 건네받으면서도 고개를 꼬아 투투를 일별했다. 추장이 일장훈시를 했다. 투투의 이름은 입에 오르지 않았다. 외려 그는 투투의 공을 감추려는 눈치였다. 추장 곁에서 일을 거들던 투투는 그 때마다 말없는 미소로 면구스러워하는 얼굴들에 응답했다.

배급 날 저녁은 축제가 열렸다. 돼지를 여러 마리 잡았다. 토막 낸 고깃덩이가 넓은 이파리에 싸여 달궈진 자갈과 함께 여기 저기 파놓은 구덩이에 묻혔다. 고기가 익을 때까지 사람들은 팀을 나눠 구덩이 주위를 돌며 노래를 부르고 춤을 추었다. 냄새를 맡은 개들이 몰려올 때쯤 잘 익은 고기가 모습을 드러냈다. 가장들이 다시 줄을 섰고 가구별 분배가 시작되었다. 침묵과 긴장이 광장을 덮었다. 어른들은 기침을 참았고 어린애 보채는 소리만이 바람에 섞였다. 추장의 손놀림에 모두의 시선이 꽂혔다. 그는 익숙한 솜씨로 정확한 비율에 신경을 집중했다. 나누는 데만 한 시간이 넘게 걸렸다. 누군가에게 편애의 흔적이 얹히는 날엔 추장의 지위가 무너질지도 모를 일이었다. 공산주의의 둑이 무너진다면 그것은 배급에 균열이 생길 때다. 어느 책에선가 읽은 구절이었다.

날이 어두워지자 사람들이 제각각 집으로 돌아갔다. 처녀총각들이 남아 모닥불을 지키며 나무통에 든 액체를 나눠 마셨다. 알콜 성분이 포함된 과실음료였다. 밤이 익었고 별이 총총했다. 반짝이던 점이 간간이 까만 하늘을 가로질렀다. 그들은 짝을 지어 어둑한 구석으로 향했다. 달뜬 웃음소리들이 그들을 좇았다.

나는 도시에서 가져온 식품들을 창고에 부려놓을 때마다 미리 챙겨둔 보따리를 투투에게 몰래 건넸고 그가 아랫마을로 가져갔다. 내가 투투와 다리를 건널 때 사내들이 눈알을 좌우로 굴리며 슬그머니 뒤를 밟았다. 그중 한 명은 낯이 익었다. 윗마을 추장의 심복이었다. 키가 크고 턱이 각진 데다 콧방울이 유난히 큰 그는 인상이 험악했다. 눈빛마저 음흉해 보이는 그가 자주 내 주변을 서성거렸다. 그를 피하고 보는 게 상책일 듯했다. 발을 잽싸게 놀려 사내와 멀찌감치 멀어질 때쯤 투투가 내 옆구리를 쿡 찔렀다.

"사람들이 저 친구를 후루루라고 불러요. 잘 봐두세요."

후루루는 꼬리가 길고 깃털이 화려한 새의 이름이기도 했다. 공작새를 닮은 수컷은 머리에 벼슬을 이고 거추장스런 꼬리깃털을 끌고 다녔는데 그 때문에 눈에 잘 띄었다.

“깃털이 화려해야 암컷을 유혹하니까요.”

투투는 후루루에 대한 인상을 수새의 탐욕스런 습성으로 귀결 지었다. 투투가 후루루의 음험한 눈빛을 떠올리는 모양이었다. 왕성한 식욕이 제 유전자를 남기기엔 효과적일 것이었다. 수새는 굼뜨고 멀리 날지도 못했다. 욕심껏 먹어댄 결과일 터, 원주민들에겐 좋은 사냥감이었다.

“덩치를 키워야 수컷들 사이에서 돋보이겠지?”

내가 맞장구를 쳤다. 추장의 곁에서 호가호위하던 그에게서 나도 범상치 않은 의지를 엿보았던 터였다. 인류의 역사는 화려한 욕망의 끝을 추락으로 증명한다. 자신의 무게 때문에 날지 못하는 새가 본보기였다. 후루루…, 왠지 그에게 잘 어울리는 이름이라는 생각이 들었다.

투투가 바쁠 땐 나나가 나를 위해 심부름을 대신했다. 나는 그녀에게 영어를 가르쳐볼까도 생각해봤지만 이내 고개를 저었다. 그녀가 너무 똑똑해지면 화근이 될지도 몰랐다. 그녀가 영어를 배우면 문자를 터득할 것이고 글을 읽다보면 내 업무상 비밀도 누설되기 십상이었다. 그녀가 내 기록물에 관심을 가질 건 당연지사였다. 나는 전기 없는 곳에서 무용지물이 된 노트북 컴퓨터 대신 수첩을 사용했다. 그녀의 문맹은 나와 계급의 격차를 유지시키는 효과적인 장치였다.

생김새와 달리 나나는 영리했다. 급할 때 나도 모르게 튀어나오는 한국어를 제법 잘 알아듣곤 했다. 보디랭귀지에도 빠르게 적응했다. 기본적인 역할엔 기본적인 소통방식이면 족했다. 그럼 된 거였다. 오히려 나는 나나한테 원주민 언어를 배우기 시작했다. 그들의 말을 익혀두면 사업에도 도움이 될 뿐 아니라 그들을 관리하는 데도 효과적일 성싶었다. 안 그래도 그녀는 내게 뭔가 기여하고 싶은 눈치였다.

나나로부터 배운 인사말들을 길에서 만나는 마을사람들에게 슬쩍 던져보았다. 반응은 예상 밖이었다. 먼발치에서 나를 발견하고 오던 길을 바꾸던 사람들이 내가 먼저 인사를 하면 웃으며 다가왔다. 특히 아이들이 나를 따라다니며 내가 던진 단어를 복창했다. 통하는 거였다. 그냥 말이 아니라 감정이 통했다. 내가 그들의 언어를 다양하게 시험할수록 그들은 한 꺼풀씩 경계를 풀었다.

나는 목표를 세우고 가능성에 은근히 기대를 걸었다. 시간이 흐르면 투투를 제쳐놓고 직거래를 하리라. 그렇잖아도 그에게 일일이 물어보고 한 걸음씩 내딛는 절차가 거추장스럽던 참이었다. 추장에게 긴 설명을 해도 종종 꼬리 잘린 문장이 건너가는 듯싶었다. 내 비즈니스에 투투가 그다지 흥미를 느끼는 것 같지도 않았다. 조만간 내 물건을 살피며 자기들끼리 수군거리던 말들이 내 귀에 들어올 터, 그들이 함부로 나를 속이지도 못할 것이다.

말 배우기는 나나를 내 곁에 묶어둘 좋은 구실이었다. 그녀가 내게서 멀어지면 나에 대해 불리한 소문을 퍼뜨릴까 은근히 염려되었다. 알려진 비밀도 때로는 감추는 게 신상에 이로운 법, 내 영업 비밀을 부러 노출할 이유는 없었다. 나는 영문으로 깨알같이 적어둔 수첩을 침대 밑 가방 속에 꼭꼭 숨겼다. 공장에서 영업장부를 보관하던 습관이었다. 주문량과 생산량은 물론이고 원피의 품질등급도 그 속에 기록했다. 도시에서 구입한 무기의 종류와 수량 납품일, 납품단가에 따른 수입과 지출내역도 빼놓지 않았다. 향후 기간별 판매목표는 도표로 그려놓았다. 그 옆에 비고란을 따로 만들어 발주자의 인상착의를 적어두는 일도 잊지 않았다. 그 방식은 아랫마을 추장의 심복들을 기억하는 데 특히 유용했다. 그들과 느닷없이 맞닥뜨린 날의 기록은 이랬다. '두 남자. 험악한 인상. 머리에 붉은 깃털. 푸른 깃털의 윗마을 병사들과는 구별됨.' 나는 수첩을 꺼내 해를 넘긴 흔적을 더듬었다. 아랫마을 추장과 첫 거래를 트던 기억이 돋을새김으로 지면을 빠져나왔다.

곱게 다듬은 악어가죽을 싣고 윗마을을 떠나 도시로 나올 때였다. 두 번의 납품을 맞춰준 뒤 나는 자신감에 들떠있었다. 물살을 타고 반 시간쯤 내려왔을까. 물길이 좁아지는 병목에서 창을 치켜든 사내 둘이 카누를 타고 다가와 보트 앞을 막아섰다. 그들의 머리에 꽂힌 빨간 깃털장식이 강바람을 탔다. 아랫마을에서 보낸 전사들임을 직감했다. 나보다 한 뼘이나 큰 키와 악어문신을 새긴 어깨근육에서 호전성이 물씬 풍겼다. 그냥 밀고나갈까 하다가 엔진을 껐다. 그들의 몸짓이 공격적으로 보이지 않았고 뭔가 할 말이 있는 것 같았다. 그들의 창끝을 따라 모래톱에 배를 붙였다. 나는 긴장을 누르고 표정관리에 신경을 썼다. 그들이 길쭉하게 감싼 바나나잎을 조심스레 벌려 물건을 꺼냈다. 강을 건너가 피맛을 본, 눈에 익은 정글칼이었다. 그들이 칼을 앞에 두고 손가락을 폈다 오므리기를 반복했다. 퍼뜩 투투의 말이 떠올랐다. '이들은 숫자개념이 허술해요.' 언젠가 추장이 손가락으로는 부족했는지 발가락까지 만져가며 내게 주문을 했었다. 이번엔 아랫마을의 추장이 자신의 호위무사를 보내 내게 교역을 청하는 거였다. 나는 보트의 창고를 열어 악어가죽을 보여주었고 그들은 고개를 주억거렸다. 계약이란 굳이 형식을 갖춘 공통언어와 서류 따위를 필요로 하는 게 아니었다. 칼은 누가 구입하든 상관없었다. 무기란 어차피 사용자의 심성과 욕망에 따라 춤추는 물건이었다.

차상무로부터 밀린 납품대금을 받은 건 이쪽에서 원자재를 세 번이나 더 보낸 뒤였다. 가까이 지내던 교민에게서 빌린 원리금 합계가 감당할 수준을 넘어서던 참이었다. 독촉을 해볼까, 그간에도 도시로 나올 때마다 수첩에 적힌 차상무의 휴대폰 번호를 노려보며 수없이 내 인내심을 시험했었다. 납품대금을 미루는 건 차상무의 영업스타일이었다. 물건 받는 즉시 완납해준다는 그의 장담은 흘려듣는 게 정신건강에 좋았다. 그는 완성품을 팔아 돈을 챙긴 뒤에도 아웃소싱을 준 하청업체 사장들에게 우는 소리부터 해댔다. 물건이 팔리지 않아 죽을 지경이라는 거였다. 그의 빤한 레퍼토리에 속을 위인은 없었지만 그렇다고 대놓고 화를 내는 사람도 없었다. 그는 갑이었고 그에게서 돈을 받으려면 납작 엎드려야했다. 거래를 끊을 거냐는 협박이 나오기 전에 다들 꼬리를 내리곤 했다. 그때까지만 해도 나는 차상무쪽에 서있었다. 이제 나는 맞은편에서 그를 상대해야했다.

나는 계좌에 새로 찍힌 숫자를 확인하며 전의를 불태웠다. 꼬리가 10프로나 잘려 들어왔지만 그게 어디냐 싶었다. 거래선을 붙잡아두는 조치려니 했지만 그에게 삥을 뜯길 가능성도 없지 않았다. 그렇잖아도 단가 후리기와 꼬리 잘라먹기는 그의 주특기였다. 내가 보내준 원피 한 장이면 고급 핸드백 두 개와 때깔 좋은 지갑을 덤으로 만들 수 있었다. 그중 악어의 얼굴부위로 만든 가방은 천만 원을 호가할 것이었다. 내가 공급가를 조금은 더 올려도 무방할 터였다.

멋대로 결제를 미루지 못하게 닦달도 할 겸 차상무에게 전화를 걸었다. 품질과 단가에 어지간히 자신이 있었다.

“아이고 상무님, 요즘 그놈들이 씨가 마르는지 물건이 귀해요. 보내달라는 데는 많고 흐흐.”

말이야 그렇게 했지만 기실 거래선을 바꿔 신뢰를 새로 쌓을 엄두가 나지 않았다. 그래봐야 차상무보다 나을 거라는 보장도 없었다. 그나마 속을 아는 구관이 명관이었다.

"이 사람이 갑자기 왜 이래. 올해만 잘 넘기자구. 오리지널 라인을 배로 늘렸는데 원피를 줄이면 여기는 어쩌나. 이번에 자리만 잘 잡으면 새로 입주한 공장을 자네에게 맡길 생각이라니까."

내가 두 번 속을 일 있나, 속으로 되뇌며 차상무의 말을 곱씹었다. 포트모르즈비의 룸살롱에서 폭탄주로 바람을 잡던 차상무의 입이 저만치에서 헤벌쭉 어룽거렸다. 속 썩이는 직원들도 없고 노사분규는 잊어도 된댔지. 임금협상도 단체협약방식으로 정부 차원에서 다 해준다잖아. 월급날 직원들 눈치 볼 일도 없을 것이고. 한꺼번에 넘겨주면 그쪽 당국에서 일일이 나눠준다니…. 내가 발을 담근 원시공동체에서 비행기로 열 시간이나 떨어진 그 땅에서도 공동생산 균등분배의 원칙이 이루어지나보았다. 그렇다면 나는 이미 유사한 환경에서 적응훈련을 마친 전문경영인이었다. 은근히 가슴이 뛰었다. 보험 하나 들어둔 셈 치기로 했다. 아무튼 기분은 좋았다. 라인을 늘렸단 말이지…. 전의가 충만해진 나는 마을로 돌아가기 전에 한 단계 높은 전술을 구상했다.

엔진을 끄고 보트를 기슭으로 밀었다. 물건을 싣고 마을로 향하는 길이었다. 풀숲에서 붉은 깃털이 솟았다. 나를 기다리던 두 사내가 보트로 다가왔다. 아랫마을 추장의 전령들이 구면임에도 나는 땀 찬 손바닥을 오그려 쥐었다. 긴장을 풀자. 부러 미소를 흘렸다. 무기는 힘이다. 그것을 내가 갖고 있지 않은가. 내가 그들을 가르치는 위치라는 사실을 되뇌었다. 일주일 전 도시로 나갈 때 그들로부터 받은 주문량부터 재확인시켜주었다. 정글칼 스무 자루.

나는 거기에 특별보너스를 하나 얹어주었다. 석궁이었다. 나는 장전과 발사요령을 가르쳤고 성난 듯 무뚝뚝한 그들이 내 동작을 고분고분 따라했다. 나는 약간의 거드름을 섞어가며 반복 숙달을 지시했다. 힘의 사용법을 가르칠 때 나는 이미 명령하는 자가 되어있었다. 장전시범을 보일 때 석궁은 날렵한 곡선으로 팽팽하게 저항했고 나는 물오른 처녀의 매끈한 허리를 끌어당기는 흥분을 느꼈다. 사냥에 활을 사용해온 그들에게 석궁사용법을 가르치긴 쉬웠다. 명중률과 파괴력에서 내 선물은 그들의 활 따위와 비교가 되지 않았다. 조만간 그들은 내게 석궁용 화살을 주문할 것이었다.

그날 밤 나는 정복자가 되어 있었다. 나나에게 아이를 이웃집에 맡기고 오라고 했다. 그리고는 석궁을 장전하던 흥분으로 그녀를 거칠게 품었다. 그녀는 순종했고 나는 그녀의 몸속으로 거침없이 들어갔다. 그녀가 소리를 냈다. 남자의 고조된 흥분에 맞춰주는 장단이었고 훈련받은 추임새였다. 그녀에게는 섹스파트너에 대한 예의였지만 내겐 집중력과 성감을 떨어뜨리는 소음이었다. 밖에 인기척이 없는데도 나는 그녀의 입을 손바닥으로 막았다. 실인즉, 마을에서는 아무도 남의 애정행각에 관심을 두지 않았다. 남녀상열지사는 자연의 이치였고 연애 또한 자유로웠다. 처녀 총각들은 누구에게도 속해 있었고 누구의 것도 될 수 없었다. 나는 여느 때처럼 콘돔을 사용하는 걸 잊지 않았다. 뱀과 모기가 들끓는 원시림에 자손을 남기고 싶지 않았다. 나나는 내 행동을 이해하지 못했다. 그녀가 울었다. 하지만 나는 방법을 바꿀 마음이 없었다.

묘하게도 그녀의 몸에서 역한 냄새가 나기 시작했다. 몸에 발라 모기를 쫓는 스프레이 제품에서 맡던 풀냄새와 비슷했다. 뭔가를 밀쳐내는 냄새…. 그녀에 대한 거부감이었다. 내 후각을 건드린 그 냄새의 첫 진원지는 그들의 주식인 얌이었다.

내가 도착한 첫날 저녁 그들이 벌인 환영식에서였다. 긴 고구마처럼 생긴 뿌리를 얇게 자를 때까지는 아무런 문제도 없었다. 단초는 얌 조각 사이에 넣는 재료에 있었다. 그들은 썩은 나무를 후벼 끄집어낸 벌레를 불에 구운 얌에 곁들였다. 특식이었다. 어른의 가운데 손가락만한 애벌레가 쪼갠 얌 위에서 하얗게 꿈틀거리다 사람의 입속으로 들어갔다. 그들이 그것을 씹으며 흡족한 미소를 흘렸다. 애벌레 속에서 나오는 녹색의 진액이 맛있는 모양이었다. 백인들이 샌드위치 속에 쏘시지를 넣어 먹는 모습과 흡사했는데도 나는 돌아서서 구토를 했다. 역겨운 냄새가 애벌레에서 나온 것인지는 분명치 않았지만 그 뒤로 나는 그 냄새를 애벌레와 한데 묶어 연상하곤 했다. 그런데 그 냄새를 다시 나나에게서 맡은 것이었다.

나는 거부감의 또 다른 원인을 내 안에서 발견했다. 그녀가 추장의 여자였다는 점과 그녀가 딸의 아비를 모른다는 사실이 못내 불쾌했다. 왼쪽 젖가슴 위의 악어는 첫날부터 눈에 거슬렸다. 추장의 짓이었다. 피부를 긁어 만든 악어 문양은 추장 근위병들의 가슴과 어깨에도 붙어 있었다. 소속을 분명히 해두려는 거였다. 사내들에게는 계급이고 훈장이었으나 붙잡혀온 나나에겐 가축의 궁둥이에 찍힌 낙인과 다를 게 없었다. 말하자면 나는 대나무 통에 남근을 끼운 사내에게서 소유권을 잠시 빌린 셈이었다.

악어문신이 자꾸만 내 성욕을 쪼그라뜨렸다. 그럴수록 나는 악어를 더 많이 잡아들여 가죽 생산량을 늘릴 궁리를 했다. 나는 나나가 데려온 어린애의 얼굴을 자세히 뜯어보며 늙은 추장과 비교를 했다. 가끔은 아이의 얼굴이 후루루와 겹치기도 했다. 동시에 그곳에서 나나가 내 자식을 낳아 기르는 상상을 했다. 께름칙한 느낌이 소름으로 돋아났다. 문득 내 자신의 이중성이 유치하게 느껴졌다.

내게도 원시에 적응하려는 노력이 없진 않았다. 성과도 있었는데 그중 하나가 비누를 버린 것이었다. 돌이켜보면 나는 지나치게 위생에 집착했었다.

투투의 카누를 타고 들어온 첫날에도 내 배낭 속에는 샴푸에 린스까지 들어있었다. 다음날 오전, 투투가 핀잔을 주며 나를 개울가로 이끌었다. 여자들이 목욕을 하고 있었다. 홀랑 벗은 여자들이 부끄러워하는 것 같았는데 투투는 오히려 자세히 들여다보길 주문했다. 여자들의 젖꼭지에서 시선을 떼지 못하는 내 얼굴에 그가 손바닥을 바짝 대고 흔들었다.

— 어허, 혀엉! 저기 저 물건에만 집중하시죠.

그녀들이 비벼대는 초록의 이파리 한줌에서 신기하게도 비누거품이 생겨났다. 그걸 수세미 삼아 그녀들이 온몸을 밀고 있었다. 때수건 겸 비누였다. 나는 투투를 따라다니며 그 식물의 자생지를 찾아내 세밀하게 관찰했다. 비누와 샴푸가 땅속에서 올라오고 있었다. 그 후로 말라리아에 쓰는 이파리와 배탈 설사에 먹는 뿌리도 숲에서 발견했다. 설탕과 소금 대용품도 찾아내긴 했지만 적응이 쉽지 않았다. 원시는 꿈속에 있었고 나는 문명인이 되돌아갈 수 없는 거리만 재확인했다. 도시에 머물다 마을로 돌아갈 때가 되면 나는 화장지와 치약 라면 필기도구 등을 구입했다. 삽이나 드라이버와 같은 공구도 챙겨서 보트에 실었다. 군대에서 배운 야전수칙이었다.

마을사람들은 대변을 보고 뒤처리를 하는 방식도 나와 달랐다. 그들은 네팔이나 인도인처럼 반드시 물로 씻었고 왼손만을 사용했다. 아침이면 광장 뒷산에서 흘러내려오는 개울 속에 들어가 본능을 배설했다. 그 시간만은 남녀노소의 구분이 없었다. 물줄기를 따라 줄지어 쪼그려 앉아 엉덩이를 담근 모습이 우스

짱스러웠다. 그들은 좌우로 얼굴을 돌리며 담소를 나누기도 했다. 몸에서 나온 것들은 강으로 떠내려가 물고기의 먹이가 될 터, 대자연의 순환에 맡기는 방식이었다. 그들 중 나의 사생활에 관심을 둔 자는 내가 그 부분을 어떻게 처리하는지 몹시 궁금할 법도 했다. 나는 문명인의 때를 쉽사리 벗겨내지 못했다. 숙소 밑 구석진 곳을 정해 기둥에 천막을 묶고 땅을 팠다. 간이 화장실이었다. 마을에 들어온 날 제일 먼저 해치운 작업이었다.

내가 등을 돌릴수록 나나는 나의 씨앗을 얻고 싶어 했다. 간간이 나는 그녀에게 욕정만을 처리했다. 그때마다 그녀의 흐벅진 두 다리 사이에서 그 냄새가 애벌레처럼 꿈틀거렸다. 결국 그녀의 얼굴을 끌어내려 내 샅에 묻었고 정점에 다다르자 그녀의 입속에 난사해버렸다. 그녀는 나의 배설도구로 전락하고 있었다. 미안한 마음이 들수록 그녀에 대한 거부감도 깊어갔다. 그것은 내가 노회한 추장을 싫어하는 것과 맥을 같이했다. 그녀에게 어룽거리는 추장의 흔적을 떼어내기가 쉽지 않았다. 그녀는 여전히 투투를 따라 아랫마을 작업장으로 출근했고 밤에는 전보다 더 자주 울었다.

내가 가져온 생필품이 내 숙소에서 나도 모르게 조금씩 자취를 감췄다. 나나의 짓이었다. 그걸 도둑질이라곤 할 수 없었다. 부부별산제는 통하지 않는 사회였다. 그녀가 물건을 아랫마을 작업장으로 가져가는 것 같았다. 투투가 알고 있을까. 아니면 그녀도 비밀리에 뭔가를 계획하고 실행하는 중일까. 나는 수첩을 바꿨다. 영업일지에 한글이 늘었다. 투투가 보면 안 되는 내용이 많았다.

내 물건에 축이 난 밤이면 나나를 거칠게 다뤘다. 그녀를 이해 못할 건 아니었으므로 손버릇을 나무라는 대신 나는 평소와 다른 체위를 요구했다. 문명인의 소유욕이 보상심리로 작동한 것이었다. 그녀는 마지못해 응하다가도 갑자기 돌아눕곤 했다. 나는 채우지 못한 욕정을 움켜쥐고 안절부절못했다. 정면으로 나를 응시하는 그녀의 눈길이 싸늘했다. 위스키로 병나발을 불다 그녀의 뺨을 후려친 날부터 그녀가 더 이상 울지 않았다. 묘하게도 그녀가 나를 떠나지 않았고 여전히 물건들이 조금씩 사라졌다. 나는 나날이 진지해지는 그녀의 표정이 부담스러웠다.

*

투투가 내게 경고를 날렸다.

"도시의 물건을 부족민들 앞에 함부로 꺼내 보이지 마세요."

말투야 부드러웠지만 뼈가 있었다. 나는 움찔했다. 그가 아편 운운하며 고개를 절레절레 흔들었다. 자기도 몹시 조심스럽게 사용한다고 했다. 문명의 찌꺼기들은 인화성과 파급력이 강해 어떤 폭발을 일으킬지 모른다는 것이었다. 나는 그가 추장에게 위스키를 전달하면서 무슨 생각을 하는지 궁금했다. 그가 아랫마을로 가져간 설탕과 소금 등이 어떻게 분배되는지도 나의 관심사였다. 아편이라…, 모든 마약이란 잘 쓰면 보약이고 잘 못 쓰면 독이 된다. 이곳에 들여온 문명의 배설물을 누가 어떤 용도로 사용케 할 것인가. 나는 강을 내려다보며 양측의 수뇌부를 이용할 꼼수를 뾰족하게 다듬었다.

예상이 적중했다. 매끈한 화살이 강을 넘어왔다. 아랫마을에서 석궁을 날린 모양이었다. 마을 분위기가 어수선했다. 날카롭게 반짝거리는 금속 촉을 처음 만져본 윗마을 추장이 살기를 느꼈을 것이었다. 이윽고 대응훈련이 시작되었다. 광장에 군사들이 모였다. 족히 50명은 되었다. 어깨와 가슴에 악어문양을 새기고 얼굴에 하얀 분칠을 한 정예부대였다. 그들이 강변으로 발을 맞춰 달려갔다. 함성이 들려왔다. 시위만 하고 말겠지 싶다가도 저러다 정말 전면전이 벌어지면 어쩌나 걱정스러웠다. 양쪽에서 또 얼마나 많은 사람들이 쓰러질 것인가. 운이 나쁘면 나도 다치지 않으리라는 보장이 없었다. 에이 설마, 굿이나 보고 떡이나 먹으면 되지 뭘, 했다. 나는 숙소로 되돌아갔다.

잠시 후 밖에서 웅성거리는 소리가 들렸다. 투투가 달려와 전해준 것은 믿기 힘든 소식이었다. 윗마을 추장이 죽었다는 거였다. 군사훈련 중 어깨를 스쳐간 화살에 거품을 물고 사지를 떨다 숨이 끊어졌다고 했다. 촉에 독을 바른 화살이었다. 양측이 으르렁거릴수록 무기의 성능은 고도화되기 마련이었다. 아랫마을의 신무기에 맞서 윗마을에서는 독화살을 준비한 듯

했다. 자기편이 쏜 화살에 추장이 맞은 것이었다. 범인은 병사들 사이에 숨어 있었을 터, 하지만 함성과 동시에 발사된 화살이 누구의 것인지 알아내긴 불가능해 보였다.

우는 사람과 수군거리는 자들이 광장에 함께 모여들었다. 마을의 원로들이 카카오나무 아래 모였다. 사고수습과 장례식 준비가 동시에 진행되었다. 장례는 몇 사람의 노인이, 사고수습은 후루루가 맡았다.

다음날 아침 광장에 병사 한 명이 끌려나왔다. 후루루와 그의 측근들이 끌려온 병사에게 오발사고의 책임을 물었다. 군중에 둘러싸여 그는 채찍을 맞고 마을 뒷산으로 쫓겨났다. 유배형이었다. 고의성 없음이 인정되어 사형만은 면한 조치였다. 두 손이 묶인 채 끌려가는 몸뚱이가 피투성이였다. 그는 영영 마을로 되돌아올 수 없다고 했다. 속전속결이었다. 나는 어떻게 범인을 색출해냈는지 몹시 궁금했다. 투투도 고개를 갸웃거렸다. 불안해진 민심을 가라앉히려고 저항하기 어려운 자를 지목한 것 같았다.

"저 몸으로 숲속에서 며칠이나 견디겠냐."

"그러게요."

혀를 차는 내게 투투가 힘없이 대꾸했다. 손을 써볼 수 없는 자신의 무력감을 탓하는 얼굴이었다.

그 병사는 연고자가 나타나지 않았다. 가족이 오래전 아랫마을로 쫓겨났고 혼자 살아남았다고 했다. 그는 후루루의 직속 부하였다. 투투는 그가 우직하고 순진한 친구였다고 했다. 내 상상력이 불현듯 후루루에게 옮겨 붙었다. 그렇다면…. 원시사회도 인간의 머릿속이 복잡하긴 마찬가지였다. 협잡 증오 질투 음모와 배신 합종연횡 등, 문명사회의 온갖 셈법이 그곳에도 있었다. 처한 환경이 다를 뿐 지능에도 차이가 없었다. 어릴 때 뉴욕으로 데려다 문명을 익혀주면 그들 역시 의사도 되고 변호사도 되며 음흉한 정치인도 될 것이었다.

추장의 장례식이 엄숙히 이뤄졌다. 떠오른 해가 카카오 이파리에서 이슬을 거둘 무렵이었다. 원로들이 넓적한 이파리로 둘러싼 시체를 광장에 내놓고 마을사람들을 모았다. 사람들이 시체 주위를 돌며 통곡을 했다. 아이들이 슬픈 곡조를 따라 불렀다. 원로들이 앞장서 산에 오르고 젊은 사내들은 시신을 메고 뒤를 따랐다. 나는 느리게 이동하는 무리의 꽁무니에 따라붙었다. 중턱에 이르자 갑자기 길이 좁아졌다. 가운데가 수직으로 갈라진 거대한 바위 앞에서 행렬이 멈춰 섰다. 한 사람이 어깨를 좁혀 겨우 지나갈 길목을 시신을 지고 빠져나갈 모양이었다. 그 너머 오른편은 낭떠러지, 바위절벽의 허리춤을 쪼아 길을 낸 흔적이 아슬아슬했다. 관례인 듯 마을사람들이 발길을 돌렸다. 좁은 바위틈이 이승과 저승을 가르는 관문이었다. 그쪽에서 나도 뒤따르던 호기심을 접어야했다.

저녁 무렵 원로들이 되돌아왔다. 광장에 다시 사람들이 모여들었다. 원로들이 되가져온 조그만 보따리가 열렸다. 살을 깔끔히 발라낸 뼛조각이 들어 있었다. 살덩이와 대부분의 뼈는 산짐승의 먹이로 던져주고 온 모양이었다. 곁에 서 있던 투투가 내 얼굴을 살피며 한마디 던졌다.

"인간의 피와 살도 자연에서 얻은 것이니까요."

그렇게 얻은 것들을 원래대로 돌려주는 행위로 이해했으나 느닷없이 거북한 냄새가 광장을 떠다녔다. 나나에게서 맡았던 풀내였다. 구경 나온 사람들은 마치 벼룩시장에서 진기한 물건을 보는 얼굴들이었다. 군중 사이로 끼어드는 개들을 쫓으며 투투가 내게 귓속말을 했다.

"추장의 손입니다. 여기서는 죽은 자의 손을 얻으면 힘도 물려받는다고 믿어요."

나는 추장의 자리를 누가 물려받을지 맞출 수 있었다.

이틀 후 원로들이 사람들을 다시 모았다. 나는 광장에서 나의 통찰력을 확인했다. 후루루가 깃털 모자를 쓰고 큰 키를 세웠다. 열병식이 거행되었다. 길고 하얀 깃털이 바람을 타고 진저리를 쳤다. 하늘의 기운이 그것을 통해 자신의 정수리에 내려앉는다고 믿는 걸까. 하얀 얼굴을 가진 선지자가 나타나 자신들을 이끌어줄 거라는 신앙이 여전히 살아 있는 모양이었다.

노인들 다섯이 일렬횡대로 후루루 앞에 섰다. 그들도 머리띠에 하얀 깃털을 꽂았지만 추장의 것보다 초라했다. 추장의 깃털은 머리를 빙 둘러 촘촘히 박혀 있었고 노인들의 것은 두 개씩에 불과했다. 연장자인 듯한 노인이 실에 꿰어 한 벌로 맞춘 '전임자의 권위'를 그의 목에 걸어주었다. 투투가 내게 원로의 연설을 통역했다.

"추장 자리가 비어 있는 날이 길어지면 위험합니다. 적이 언제 쳐들어올지 모릅니다. 새 추장에게 힘을 몰아줍시다."

어디선가 자주 듣던 패턴이었다. 나는 후루루의 미소를 처음 보았다. 흡족한 얼굴의 그는 더 이상 심복이 아니었다. 새로운 권력의 탄생이었다.

후루루가 투투를 대동하고 내 숙소를 찾아왔다. 추장이 된 지 사흘 만이었다. 그가 내게 거래를 청했다. 죽은 추장을 곁에서 지키며 전임자의 행동을 낱낱이 보고 익혔던 그였다. 역시…, 후계자다웠다. 나는 석궁 하나에 품질 좋은 악어가죽 열 장씩을 제안했다. 단가 후려치기라면 타의 추종을 불허하던 차상무가 내 귀에 속삭이고 있었다. '밟아보고 물렁하면 더 세게 밟는 거야.' 그 순간 내 머릿속에서 계산기가 빠르게 돌았다. 후루루가 끄덕이기만 하면 나는 열 대의 석궁을 납품하고 수십 배의 차익을 챙길 수 있다. 무기는 공격용인 동시에 방어용이다. 새로운 무기에 대한 기대는 자신이 상대보다 한 수 위라는 믿음을 심어준다. 그것은 상대방이 감히 자신을 공격할 수 없을 거라는 믿음과도 같다. 그러나 그 안도감은 결국 힘의 균형이

깨지는 걸 전제로 한다. 그것은 내 사업의 성공으로 이어진다. 나는 더욱 진화된 무기로 새롭게 평형을 맞춰줄 궁리를 했다.

깊은 눈을 껌벅이던 후루루가 내게 조건을 걸었다. 아랫마을에는 절대로 석궁을 팔지 말라는 거였다. 옆에서 통역하던 투투가 심각한 표정으로 나를 바라보았다. 무언의 압박이었다. 둘은 이미 합의가 된 모양이었다. 나도 조건을 달았다. 그걸로 아랫마을을 공격하지 않겠다는 약속이 필요했다. 그들에게 나는 평화의 메신저여야 했고 전면전은 내게도 재앙이었다. 젊은 노동력들이 싸움에 내몰리면 결국 내 사업도 끝이었다. 내겐 잘 굴러가는 양측의 작업장이 필요했다.

염려가 현실로 다가왔다. 후루루가 석궁을 받자마자 군사훈련에 돌입했다. 새로 권력을 잡은 실력자가 자신의 힘을 과시하고 충성을 유도하는 행사였다. 구성원들에게 긴장감을 불어넣는 방식은 고래로 유효한 것이었다. 전임자의 측근들이 후루루 주위에 보이지 않았다. 후루루가 병력을 재배치한 것이었다. 달라진 게 하나 더 있었다.

어느 날부턴가 그가 병사 한 명을 내 집 앞에 세웠다. 뜬금없었지만 돌려보내기가 뭐했다. 후루루에게 다녀온 투투는 어색한 웃음으로 추장의 선물이라고 설명했다. 병사가 내 앞에서 한쪽 무릎을 꿇고 창을 세워 바닥을 찍으며 뭐라고 외쳤다.

"신변보호를 해드리겠답니다."

투투가 양 어깨와 손바닥을 멋쩍게 들어 올리며 통역을 했다. 전임자는 여자를 보내더니 이번엔 경비병을 배치한 거였다. 그때까지 나는 마을 안에서 그다지 신변의 위험을 느껴보지 않았으므로 경비병의 임무를 즉각 눈치 챘다. 내가 후루루를 요주의 인물로 찍었듯이 그 역시 나를 감시대상으로 찍은 것이었다. 졸지에 경호원을 두게 되었지만 여전히 내 물건엔 알게 모르게 축이 났다. 나나가 꾸준히 자신의 세를 넓히는 모양이었다. 여자도 웃통을 드러내는 마을에서 가슴에 새겨진 나나의 신분을 모를 리 없지만 선심 앞에서 누가 거리를 두겠나 싶었다. 그렇잖아도 최근의 홍수로 배급량이 줄어 두 마을의 민심이 전 같지 않다는 소문을 듣던 참이었다.

그러던 중 내가 손가방 속에 넣어둔 수첩 한 권이 사라졌다. 영문으로 꼼꼼히 기록해둔 영업일지였다. 나는 몇 달 전부터 수첩을 바꿔 한글로 적고 있었으므로 그 영문수첩에 관심을 두지 못했었다. 언제 잃어버렸는지도 가늠할 수 없었다. 회색 서류가방은 여전히 침대 밑 위스키 상자 옆을 얌전히 지키고 있었다. 내 숙소에 외부인의 흔적은 없었다. 나나를 추궁해볼까 하다가 관뒀다. 내용을 읽을 줄 아는 유일한 인물이 떠오르기도 했지만 나는 긁어 부스럼을 염려했다.

후루루가 점점 규모를 늘리더니 연일 백 명이 넘는 병력을 이끌고 강가로 나갔다. 회반죽으로 온몸에 해골무늬를 그린 사내들이 소리를 지르며 과녁을 향해 늘어섰다. 그들은 열 명씩 교대로 활시위를 당겼다. 나무둥치에 그려놓은 동그란 과녁에 화살들이 박혔다. 그때마다 파르르 떨리는 꼬리날개에서 나는 그들의 증폭되는 공격본능을 느꼈다. 고의성이 의심되는 화살들이 강을 넘어갔다. 그래 맘껏 쏴라. 회수할 수 없는 소모품들은 늘어난 주문량으로 내게 보답해줄 것이다. 내 상술이 예정된 코스를 달리고 있었다.

아랫마을 사람들도 반대편 강변으로 모여들었다. 좁은 강폭을 사이에 두고 양측은 함성을 주고받았다. 나는 서로의 험악한 표정까지도 어림짐작할 수 있었다. 후루루는 허공에 주먹을 휘두르며 병사들을 독려했다. 당장에라도 강을 건너 쳐들어갈 것 같았다. 터질 듯한 긴장이 주변의 공기를 팽팽하게 압축시켰다. 투투는 후루루를 말리느라 진땀을 뺐다. 눈들이 투투에게 몰렸다. 후루루가 이윽고 병사들을 뒤로 물렸다. 멀리서 구경하던 사람들이 투투에게 박수를 치며 환호를 보냈다. 후루루가 씩씩거리며 투투를 쏘아보았다. 투투는 몹시 곤혹스러운 얼굴이었다.

숙소로 돌아온 나는 장고에 들어갔다. 걱정은 상상력을 가진 인간의 본능이다. 걱정 많은 대중은 호전적인 지도자 밑에 모여들고 지도자는 다시 불안과 증오를 조성한다. 증오가 없으면 공포도 없다. 불안한 자들은 상대를 믿지 못하므로 무장을 하고 상대의 몰락을 원한다. 그러므로 평화는 군비경쟁 앞에서 무력하다. 장기간의 교류로 이익을 공유하며 서로를 믿게 할 수 없다면, 힘으로 균형을 맞춰 서로를 두려워하게 만들자. 전자가 진짜 평화라면 후자는 짝퉁이며 전쟁의 유보에 불과하다. 장고의 끝이 결심을 재촉했다. 나는 짝퉁을 선택했다. 무기의 진화에 맞춰 새로운 비즈니스전략을 세워나갔다.

도시로 내려가는 날, 나는 약속된 장소에 다시 배를 붙였다. 아랫마을 사내들이 덤불 뒤에서 낯익은 모습을 드러냈다. 그들이 물건 두 뭉치를 갑판에 부려놓았다. 잘 손질된 악어가죽 200장이었다. 석궁을 주문하는 거였다. 윗마을과 가격을 맞춘다면 스무 대를 납품해주면 될 것이었다. 나는 고개를 저었다. 우선 윗마을과의 약속을 지켜야 했다. 그들의 얼굴에 잠시 혼란과 갈등의 빛이 스쳤다. 그들이 내 배 안으로 손을 뻗어 원피뭉치를 다시 집어 들었고 나는 손바닥으로 물건을 누르며 여유 있는 미소를 지어 보였다. 그간의 거래가 효력이 있었다. 막연하게나마 그들이 나를 믿어주는 것 같았다. 후루루가 던진 교역조건이 퍼뜩 뒷목을 찔렀다. 나는 재빨리 잔머리를 굴렸다. 석궁만 아니면 되잖아.

선착장에 배를 정박하고 물건을 소형트럭으로 옮겼다. 인천행 국제특송으로 원피를 실어 보냈다. 홀가분한 마음으로 끼어든 도시의 뒷골목은 여전히 시끌벅적했다. 내게 석궁을 팔던 중국인 총포상에 들어갔다. 엽총을 보여 달라고 했다. 총열이

긴 모델로 두 정을 골랐다. 총소리는 클수록 좋았다. 몸에 박히는 탄환보다 때로는 소리가 더 위협적일 것이었다. 총기소유등록을 해야 한다는 말에 나는 웃돈을 던져주었다. 총포상을 나와 식료품상점에 들렀다. 보따리들을 트럭에 옮겨 실었다. 시내로 들어올 때 맡겨둔 공예품과 맞바꾼 생필품이었다. 부두로 나왔다. 통나무 카누를 저어 오를 땐 꼬박 닷새를 잡아먹던 물길이 신형모터보트로는 이틀도 걸리지 않았다.

섬이 점점 커졌다. 폭이 좁아진 강가의 숲에서 붉은 깃털이 어김없이 나타났다. 그들은 총을 처음 보는 것 같았다. 개머리판을 머리에 두드려보기도 하고 총구에 눈을 대고 안을 들여다보기도 했다. 나는 온몸을 동원하여 아랫마을 추장에게 전달될 사용법을 설명했다. 해를 넘기며 배운 원주민 언어도 몇 마디 섞었다. 방아쇠는 함부로 당기지 말 것을 신신당부했다. 천둥이 내리칠 거라는 경고도 잊지 않았다. 두 사내가 미간을 바짝 조였다. 눈앞에 놓인 쇠막대기 두 개가 악어 200마리와 바꿀만한 가치가 있는지 의심과 불안이 교차하는 눈빛들이었다. 그 많은 악어를 잡아 손질하는 데 몇 달이 걸렸을 것이었다. 섬 안의 노동력을 몽땅 동원했을지도 몰랐다. 그 순간 윗마을 추장이 악어를 잡아들이던 장면이 빠르게 눈앞을 스쳤다.

그날은 첫 거래를 튼 뒤라 호기심이 더했다. 추장이 급조한 작업장으로 발걸음을 재촉했다. 산 짐승의 가죽을 벗기는 현장은 내게도 처음이었다. 입구에서부터 피비린내가 코를 찔렀다.

통나무로 지붕만 겨우 받쳐놓은 공간에 삼각대처럼 세운 막대기가 눈높이로 줄지어 있었다. 원주민들은 강에서 끌어올린 악어를 몽둥이로 때려 기절시킨 다음 주둥이부터 묶었다. 그들은 검은 돌멩이를 깨뜨려 연장으로 사용했다. 예리하게 잘린 단면이 유리조각처럼 반짝거렸다. 그들은 돌칼의 뭉툭한 부분을 움켜쥐고 날카로운 예각으로 짐승의 뒷목을 베었다. 피를 먼저 뽑아내는 과정이었다. 삼각대에 매달린 기다란 몸뚱이에서 붉은 액체가 한참동안 흘러내렸다. 그들은 다시 목 부분을 고리처럼 잘라내 가죽을 꼬리까지 벗겨 내렸다. 목 밑으로 갑옷을 벗은 살덩이가 죽지 못해 하얗게 꿈틀거렸다. 강으로 이어진 도랑 끝에 여러 개의 웅덩이가 있었다. 거기서 곧 무두질이 시작될 모양이었다. 나는 불현듯 구토증을 느꼈다. 슬그머니 그곳을 빠져나왔다. 그러거나 말거나 살을 발라낸 가죽은 부드럽고 습기에 강한 원자재로 재탄생할 것이었다. 교역량이 늘어난 뒤, 윗마을 강변을 지나다 흘낏 바라본 추장의 작업장은 규모가 커져 있었다. 스며든 피가 엉겨 붙은 흙바닥이 거무죽죽했다. 덜 굳은 액체가 그 위로 층을 만드는 중이었다. 아랫마을의 현장도 크게 다르지 않을 터였다.

나는 붉은 깃털 앞에서 일부러 험악한 표정을 지었다. 의심스러우면 가죽을 도로 갖다 주겠노라고 큰소리쳤다. 그 많은 가죽을 단기간에 모을 자신은 없었지만 협상은 원래 그런 것 아닌가. 나는 손가락으로 내 목을 긋는 시늉을 해 보였다. 상대를 안심시키는 최후의 방법이었다. 깃털 두 개의 사내가 고개를 갸우뚱했다. 의심의 눈초리가 내 몸을 뚫고 들어왔다. 짧은 침묵이 깔렸다. 모든 동작들이 한 장의 정물화 속에 들어간 듯 멈췄다. 사내가 보트바닥에 내려놓았던 창을 집어 들었다. 자신들의 추장을 설득할 자신이 없으면 그들은 주문한 물건 대신 내 목을 가져갈 것이었다. 나는 잽싸게 엽총을 들어올렸다. 장전시범을 보이던 총알 하나가 그대로 들어 있었다. 내 가슴에 그의 창끝이 닿는 듯했다. 방아쇠를 당겼다. 위로 향한 총구에서 천둥이 울렸다. 창을 떨어뜨린 그가 보트바닥에 엎드려 이마를 찧었다. 나는 문명의 역사를 잠시 되밟았으나 그들의 눈엔 과학의 위력과 신의 기적이 구별되지 않을 터였다. 바닥에 엎드린 두 사내가 손바닥을 위로 올려 부들부들 떨었다. 총알은 아홉 개를 줬다. 열 개 들이 한 박스에서 남은 거였다. 총과 함께 구입한 스무 박스는 보트 갑판을 뜯어낸 비밀창고에 숨겨두었다. 소모품은 조금씩 따로 파는 게 상술이니까.

언제나처럼 내 보트 주변으로 아이들이 모여들었다. 그중 몇이 뱃머리에 올라앉은 악어장식을 만져보았다. 나 자신을 포함해 내 물건은 뭐든지 그들에게 신기한 구경거리였다. 잠시 후 우뢰와 함께 빗방울이 떨어졌다. 그들이 총소리의 위력으로 여길지도…. 우기의 시작이었다.

한밤중에 소리를 들었다. 나는 그것이 천둥소리와 다르다는 것을 즉각 알았다. 아랫마을에서 신무기의 성능을 시험하고 있었다. 예고 없는 핵실험이 그러하듯 그들도 느닷없는 밤을 골라 공포감을 증폭시켰다. 거푸 세 번을 울린 총소리였다. 무기는 스스로를 시험하게 만드는 힘이 있었다. 방아쇠에 손가락을 댄, 그리하여 무기의 공격본능을 기어이 확인하고 싶은, 지배자의 욕망이 강을 건너와 광장의 어둠을 찢어놓았다. 그리고 잠잠해졌다. 거기까지였다. 나는 네 번째 소리를 기다리다 잠이 들었다.

날이 밝자 사람들이 강가로 모여들었다. 그들이 수군대며 서로의 얼굴과 맑은 하늘을 번갈아 쳐다보았다. 어젯밤 그 소리의 진원지를 궁금해하는 것 같았다. 후루루가 석궁으로 무장한 호위병들을 데리고 강가로 나왔다. 오늘도 훈련을 하는 모양이었다. 그들이 나무 둥치에 회칠로 그려놓은 과녁 앞에서 석궁에 화살을 장전할 때쯤, 또다시 총 소리가 달려왔다. 아랫마을 돌산 어디쯤인 것 같았다. 물을 건너 날아온 소리가 광장 뒷산에 부딪혀 메아리로 퍼져나갔다. 앞줄에 서있던 노인 하나가 엎드리자 강가로 나온 수백 명의 남녀노소가 동시에 무릎을 꿇어 땅바닥에 이마를 박았다. 얼굴을 감싼 손들이 부들부들 떨렸다. 투투가 사람들 앞으로 나섰다. 내가 알아들을 수 없는 말로 그가 외쳤다. 하늘이 노한 게 아니라고 사람들을 설득하는 것 같았다. 얼결에 바닥에 엎드렸던 후루루가 슬그머니 일어나 자리를 떴고 사내들이 그 뒤를 따랐다.

그날 밤 투투가 내 숙소를 찾아왔다.

“형이 팔았어요?”

그에게 총이 새삼스러운 물건은 아닐 터, 나는 어깨를 으쓱하며 양손바닥을 들어올렸다. 침묵이 방안을 채웠다. 말없이 내 눈을 응시하던 그가 한숨을 쉬며 돌아섰다. 나는 그의 뒤통수에 대고 말했다.

“힘의 균형이 전쟁을 막아준다는 걸 몰라? 물자가 부족한 저들은 한 방이 필요한 거야.”

나가려다 말고 그가 돌아섰다. 그의 눈이 붉었다. 내가 균형을 맞추려고 의도적으로 균형을 깬다는 것을 그가 모를 리 없었다.

다음날 후루루가 수상한 천둥소리에 대해 내게 물었다. 나는 투투에게 했던 것과 똑같은 몸짓을 보여줬다. 그가 투투에게 통역을 시켰다.

“자문을 구하네요.”

나는 감시탑을 세우라고 말했다.

“소리가 어디서 나오는지 알아내야겠죠?”

나는 진지한 표정으로 천천히 한 단어씩 꾹꾹 눌러가며 매우 친절하게 자문해줬다.

“아랫마을 돌산이 잘 보이는 곳, 큰 마당 옆 언덕에, 가능한 높게….”

투투는 머리를 절레절레 흔들었지만 다음 날부터 공사가 시작되었다. 그가 추장에게 감시행위의 불필요함을 설득하는 데 실패한 듯했다. 나 역시 투투에게 군비경쟁의 필연성을 설득할 자신은 없었다. 반면에 내겐 자신 있는 예감이 있었다. 윗마을에 불쑥 솟아오른 감시탑은 분명 아랫마을에 불안감을 부채질할 것이고 그 쪽에도 곧 공사가 시작될 거라는….

투투와 나는 서로 다른 곳을 바라보며 달렸고 너무 멀리 온 것 같았다. 이왕 여기까지 온 것, 나는 양 집단이 보폭을 맞춰가며 달릴 수밖에 없다고 했고 투투는 지금이라도 이들에게 되돌아갈 길을 찾아줘야 한다고 주장했다. 그가 달아오른 얼굴로 씩씩거렸지만 나는 황금알을 낳는 거위를 놓아주고 싶지 않았다. 후루루는 나와 한 배를 탄 모양새였고 투투는 다른 배를 타고 후루루의 행로를 벗어나는 꼴이었다.

"너 아랫마을 그거 좀 쉬면 안 되겠니?"

나는 조심스런 어투로 투투에게 물었고 반응은 냉담했다.

"후루루의 감시망이 단순히 아랫마을로만 향하지 않을 거야."

"신경 안 써요."

"네가 지금 균등분배의 전통을 어기고 있는 거 알아?"

두 마을을 오가며 노인들과 홀로된 아낙들에게 슬그머니 생필품을 나눠주는 그가 권력자의 눈 밖에 날까 염려하던 터였다. 상대적으로 형편이 어려운 아랫마을에 그의 마음이 쏠려 있었다. 윗마을엔 투투에게 불만을 품은 세력도 있는 모양이었다. 투투가 어느 편인지 의심하는 눈치였다. 그들이 아랫마을 추장의 호전성을 거론하며 투투를 이적행위자로 몰아세울까봐 걱정되었다. 그동안 모든 물품을 추장을 통해 똑같은 비율로 받아온 자들이었다. 신기한 물건들을 약자들에게만 직접 건네주는 그의 행위를 납득하기 어려울 것이었다. 공유 대상물을 생산수단에만 한정하지 않는 관습이 문제였다.

"모두에게 똑같이 분배하는 게 전통이라면 저는 거부합니다. 그건 기계적 평등일 뿐이에요. 정의도 아니고요. 큰 틀에서 균형을 맞춰주는 게 옳지 않나요?"

투투의 심지가 단단했다. 문득 그가 다른 사람으로 보였다. 내가 아는 한 그는 이념과 거리가 멀었다. 공산주의자의 냄새를 풍긴 적도 없고 그렇다고 자본주의에 무게를 싣지도 않았다. 무두질에 최고의 솜씨를 가졌음에도 고향에 득시글대는 악어를 상품화하려고 시도하지도 않았었다. 굳이 규정하자면 그는 순진한 휴머니스트였다. 나는 그를 따라 아랫마을에 첫 발을 디딘 날을 기억해냈다.

새벽부터 광장을 날아다니는 나나새 소리에 선잠을 깼다. 그의 작업장을 보고 싶은 설렘으로 채비를 서둘렀다. 윗마을 경비병들의 검문을 간단히 통과했다. 밧줄로 엮은 흔들다리를 건너자마자 건장한 사내들이 창을 들고 우리를 막았다. 그들은 우리와 함께 들어가는 윗마을 사람들의 짐을 수색했다. 입성이 헐거운 원주민들에게 몸수색은 요식행위에 불과했으나 사내들의 눈빛만은 험악했다. 투투가 그들에게 무슨 말을 건네자 그들은 내 몸에 손을 대지 않았다. 멀찌감치 들어 올린 시야에 옹기종기 모인 오두막들이 잡혔다. 산 중턱에 터를 잡은 건 우기의 홍수를 피하기 위해서였다. 우리는 강변에서 십 분쯤 더 걸어 한적한 숲길로 들어갔다.

투투의 작업장은 한국 농촌의 어느 집 마당 같았다. 길고 넓적한 나뭇잎을 엮어 덮은 지붕 아래서 땡볕을 피한 사내들이 긴 통나무에 걸터앉아 코코넛 열매의 하얀 속을 파냈다. 대각선 방향에서는 여자들이 땅바닥에 다리를 뻗고 둥그렇게 모여 앉아 붓질을 했다. 그래봐야 스무 명 남짓이었는데 그녀들은 마른 껍질의 안쪽에 식물성염료로 보이는 물감을 찍어 발랐다. 수다가 끊이지 않았다. 작업장 인부들은 모두 아랫마을에서 동원됐다고 했다.

아이를 안은 여자가 작업장 안을 기웃거렸다. 투투가 그녀에게 종이봉투에 싼 물건을 건넸다. 분유였다. 가죽만 남은 아이는 배가 터질듯 불룩했다. 영양실조로 꺼져가는 목숨들이 투투의 응급구호 대상이었다. 그가 산에서 직접 캐온 약초도 인기품목이었다. 작업장 입구에서 기다리던 노인들이 다가오자 그가 말린 뿌리를 꺼냈다. 쪼글쪼글한 노인들의 듬성듬성한 이빨 사이로 기꺼운 미소가 빠져나왔다.

— 저긴 우리 공장 탁아소에요.

투투의 흐뭇한 눈짓을 따라 시선을 옮겼다. 그늘 짙은 오두

막엔 아이들이 낮잠에 빠져있었고 나이든 여자가 연신 부채질을 하며 아이들의 얼굴에서 파리를 쫓았다. 곁에서 젊은 여자는 코코넛만한 유방으로 갓난쟁이에게 젖을 물렸다. 내 자식이 아니더라도 어미가 되어주는 공동육아의 현장이었다. 마당 구석에서는 발가벗은 코흘리개들이 막대기로 땅을 파며 흙장난을 했다. 탯줄을 너무 길게 잘랐나싶은 배꼽들이 참외꼭지 같았다. 투투는 제 자식이라도 되는 양 아이들을 끌어안고 배꼽을 간질이며 장난을 쳤다. 짜아식 장가도 못 가본 주제에…. 나와 느낌이 다를까 싶었지만 그의 어린 시절이 내 가슴 한 구석을 아릿하게 찔렀다. 여자들이 나를 흘끗거렸다. 웃음소리가 자주 터져 나왔다. 수다 속에 나나와 나에 대한 이야기도 섞여 있는 듯했다. 나와 눈이 마주치면 그녀들은 부끄러운 듯 하얀 이를 드러냈다.

*

투투가 내 숙소에 사적인 발길을 끊었다. 그도 나와 타협을 포기한 눈치였다. 그가 지금쯤은 위스키나 설탕 등을 갖고 들어온 자신의 행위를 후회할지도 몰랐다. 하지만 전통과 문명 사이에서 버릴 것과 취할 것을 가려내기도 녹록지 않은 일, 도시에서 교육받은 그가 문명의 효율성을 떨쳐내긴 쉽지 않을 것이었다. 나를 대하는 그의 태도에서도 보존과 발전의 틈바구니에 낀 자의 갈등을 보았던 터였다.

형제이자 동지였던 내가 마침내 그의 계륵이 되어가고 있었다. 내 쪽에서 보자면 역(逆)도 성립했다. 내 눈엔 그도 이미 정치인이었다. 소신을 펼치자면 힘이 있어야 하고, 굳이 제 발로 나가 힘의 원천을 구해오지 않을 거라면 차라리 나 같은 중개상이 편리한 법이었다. 그가 결국 선진무기의 유혹을 이겨내지 못할 것이다, 에 나는 주사위를 던졌다.

그는 공예품을 가져올 때만 나타났다가 내가 바꿔온 생필품을 받고 말없이 돌아가곤 했다. '아편' 운운했을 때 그는 이미 눈빛이 달라져 있었다. '당신이 잇속을 채우는 동안 나는 공익을 위해 그걸 사용한다.'는 자부심 같은 거였다. 나도 더 이상 그의 통역이 필요하지 않았다. 꼭 필요한 단어는 이미 나나에게서 익혔고 후루루의 눈빛만 봐도 그가 원하는 걸 짚어낼 수 있었다.

후루루는 전임자보다 권력에 대한 집착이 강했다. 초기에 체계를 틀어쥐지 못하면 자신의 위상에 금이 갈지 모른다는 두려움, 그 느낌이 내게도 전해졌다. 나는 그가 측근들을 다루는 방식을 눈여겨보았다. 어느 사회나 정적은 가까운 곳에 있게 마련이었다. 그도 자신의 이인자를 경계하며 충성을 강요하는 눈치였다. 그는 내게서 받아둔 물건들을 측근들에게 분배할 때 서열대로 비율을 달리했다. 그를 근접 경호하는 호위무사가 더 많은 설탕과 위스키를 받았다. 일반 주민에게는 똑같이, 선택받은 전사들에게는 충성도와 기여도에 따라 차등적으로. 전례를 깬 새로운 방식이었다. 먹을 권리는 누구에게나 평등하다는 도식이 엘리트층에서 먼저 무너지고 있었다. 그러거나 말거나, 나는 그가 가져오는 원피물량에 맞춰 원하는 물건을 공급해주면 그만이었다. 다행히 후루루는 악어사냥에 전임자보다 더 열성을 보였다.

그간에도 투투는 내가 바꿔다주는 설탕이나 쌀 밀가루 약 등의 생필품을 모아 노약자나 고아들을 돌봐주었고 아랫마을로 꾸준히 대상을 넓혔다.

못 보던 물건들을 나나가 집으로 들고 오기 시작했다. 아랫마을 작업장에서 생산하는 품목이 아니었다. 조그만 열매나 씨앗으로 만든 장신구가 대부분이었고 풀이파리로 만든 가방도 있었다. 때로는 솜씨 좋은 장인이 엮었을 법한 멍석도 어깨에 메고 왔다. 작업장 밖에서 물물교환이 이루어지고 있었다. 그녀는 내가 도시로 나갈 때마다 그걸로 설탕이나 소금 등과 바꿔오기를 부탁했다. 그녀가 전도라도 하듯 아랫마을 사람들을 끌어 모으는 것 같았다. 나는 그녀의 행동에 흥미를 느껴 새로운 실험에 동참했다. 식료품 사이에 손거울이나 플라스틱 빗 따위를 끼워주었다. 신기한 물건을 얻은 사람들의 반응이 몹시 궁금했다.

이른 아침 나는 나나의 부탁으로 평소보다 많은 물건들을 배낭 속에 욱여넣었다. 그녀를 따라 강을 건넜다. 윗마을 경비병들은 여전히 내 물건에 손을 대지 않았다. 그들의 통치권자와 직통 라인을 유지하는 나를 건드리긴 어려울 것이었다. 더구나 나는 허여멀건 얼굴에 흰옷을 갖춰 입지 않았나. 아랫마을에서도 나는 벌써 유명 인사였다. 작업장에서 멀리 벗어나지만 않으면 감시병이 따라붙지도 않았다. 나나도 강을 건너기 전엔 주변을 자주 흘끗거리다가 오히려 아랫마을에서 긴장을 풀었다. 거기서는 자신의 신분을 의식하지 않는 눈치였다. 그녀에게 알은체하는 사람도 많았다. 투투가 신원을 책임지기도 했거니와 그녀가 굳이 형편이 더 어려운 아랫마을에 배곯을 각오로 눌러앉을 이유는 없어 보였다. 그리로는 동행이 금지된 그녀의 아이가 윗마을에 있었다.

짐작대로였다. 작업장 입구가 북적거렸다. 아낙들이 둘러앉아 갖고나온 물건들을 꺼내놓았다. 투투나 나나가 일전에 가져다주었을 도시의 물건들, 아랫마을 사람들도 물물교환을 통한 부가가치를 경험하는 중이었다. 나나가 그들 옆에 자리를 폈다. 그러고는 내 배낭을 뒤집어 물건을 쏟았다. 갑자기 와 하고 사람들이 모여들었다. 작업장에서 일하던 사람들까지 뛰쳐나와 싱글벙글 들썩거렸다. 색색의 플라스틱 손잡이가 달린 손거울을 여자들이 신기한 눈으로 앞다퉈 움켜쥐었다. 두 여자가 노란 꽃장식 달린 머리핀 하나를 동시에 붙잡고 옥신각신했다. 그들의 공유경제에 구멍이 뚫리고 있었다. 그들도 일단 개인의 손에 들어간 생필품만은 빼앗지 못했다. 조만간 그들 중 누구도 입속에 들어온 고깃덩이를 먼저 삼키며 죄책감을 느끼지 않을 것이었다. 인부들이 장마당에 정신을 파는 동안 투투가 작업장 안에서 밖을 내다보며 이를 드러내 웃었다. 경비를 서던 사내들도 왁자지껄한 틈으로 어깨를 끼워 물건을 골랐다.

투투와 이야기를 나누던 감시병 중 하나가 낯이 익었다. 나와 마주치자 그가 긴장된 얼굴로 눈을 끔벅였다. 머리 위의 붉은 깃털장식과 큰 키로 나는 그를 단박에 알아보았다. 내가 도시로 나갈 때 악어가죽을 보트에 실어주던, 아랫마을 추장의 최측근이었다. 내게 엽총 사용법을 배워간 자가 투투와 얼굴을 맞대고 있다니…. 투투가 중요인물이므로 상대편에서도 측근에게 감시를 맡겼거니 했지만 분위기가 예사롭지 않았다. 두 남자가 작업장 뒤에서 조용히 이야기를 나누다 주위를 살피며 헤어졌다.

태풍이 밭들을 모질게 훑었다. 장대비 속에서도 감시탑 공사는 진행되었다. 나는 마을을 구석구석 쏘다니며 정보수집에 촉각을 곤두세웠다. 그간 내가 서비스품목으로 심심찮게 끼워준 무쇠도끼가 제 몫을 하고 있었다. 허기진 남자들이 지쳐 드러눕자 후루루의 명령이 여자들에게 하달되었다. 산에 올라가 통나무를 베어 옮기는 작업 중 부상자가 속출했다. 추장은 술과 설탕을 측근들에게만 지급했다. 그간 똑같이 나누어지던 얌도 차등분배의 대상이 되었다. 생필품이 아닌 술과 설탕은 그렇다 쳐도 주식(主食)의 불평등은 민감한 문제였다. 추장은 작업에 굼뜨거나 소극적인 자들에게 약의 배급량을 줄였다. 전통을 무너뜨려서라도 본때를 보이는 중이었다. 마침내 보통사람들에게도 차등배급제가 시행된 것이었다. 공사의 필요성을 의심하는 사람들이 늘어났지만 서로 마뜩찮은 눈길만 주고받을 뿐이었다.

이윽고 아랫마을에서도 탑을 세운다는 소식이 들려왔다. 동원령에 저항하던 사람들이 채찍을 맞는다거나 나무 베던 노인이 깔려 죽었다는 소식이 꼬리를 물었다. 무기체계가 업그레이드될 때마다 이어지는 충성강요와 줄 세우기는 그쪽이라고 다르지 않았다.

아랫마을에서 하나둘씩 강을 건너오기 시작했다. 그들은 더 이상 도둑으로 몰리지 않았고 윗마을 광장에서 매질을 당하지도 않았다. 배고픔을 견디지 못해 도망쳐 나온 사람들에게 음식이 제공되었다. 후루루가 정책을 바꿨나보았다. 그는 이탈자를 찔러 죽이던 광장 한쪽에 움막을 지어 별도의 숙소를 제공하고 감시병을 배치했다. 윗마을 사람들과 섞이지 못하게 하는 조치였다. 며칠 뒤 후루루의 병사들이 뾰족한 돌칼로 잡혀온 자들의 이마를 긁어 상처를 냈다. 남녀노소를 가리지 않았다. 모두들 하사 계급장 같은 갈매기 표식을 달고 감시탑 공사장으로 끌려갔다. 졸지에 노예제도가 생겨난 거였다. 동원령에 지친 윗마을 사람들을 다독이기 위해 짜낸 후루루 나름의 묘안이었다. 이마에 표식을 단 자들은 채찍을 맞아가며 온종일 노동력을 제공했고 쉬는 시간이면 공사장 밖을 멍한 눈으로 바라보았다. 원시의 자연에서 형성된 그들의 유전자가 구속을 오래 견디진 못할 것 같았다.

"사람들이 뭐라든?"

오랜만에 물건을 받으러 나타난 투투의 손목을 붙잡고 물었다. 감시탑 인부들을 바라보는 윗마을 사람들의 호불호가 궁금하던 터였다. 내 비즈니스에도 여론조사는 기본이었다. 내 재촉에 그가 뚱한 표정으로 입을 열었다.

"저 사람들까지 먹일 게 어디 있냐고 합니다. 그들 덕분에 공사장으로 끌려가지 않은 젊은 축도 나눠주는 건 싫어하고요."

투투가 마뜩잖은 표정으로 대답했다. 밖에서 굶느니 채찍을 맞더라도 차라리 공사장 안에서 배를 채우는 게 낫다는 목소리도 있나 보았다. 비가 억수로 쏟아진 다음날엔 광장 구석의 움막도 늘어났다. 수십 명을 따로 먹일 식량을 추장이 어떻게 마련할지 호기심이 일었다. 추장의 면전에서 조아리던 사람들도 두 패로 갈릴 게 빤했다. 독재자의 줄 세우기는 민심을 쪼개놓기 마련이었다. 맹목적으로 충성하는 그룹과 뒤에서 불평하는 그룹, '그래도'로 말문을 트는 축과 '그러나'에 방점을 찍는 축이 조만간 서로 으르렁댈 터였다.

후루루는 자신의 근위병들을 최신무기로 무장시켰다. 근위병과 그들의 가족들은 이미 엘리트계급이었다. 신분상승을 노리는 자들이 추장의 집무실로 찾아갔다. 그들은 추장을 만날 수 없었고 측근들이 방문자에게 닭이나 돼지를 요구했다.

추장을 찾아온 사람들이 내 숙소에서 내다보였다. 거개는 집무실 앞에서 긴 줄을 서다 힘없이 발걸음을 되돌렸다. 추장을 만나려던 노인이 근위병에게 매를 맞는 사건이 발생했지만 아무도 후루루를 들먹이며 불만을 표시하지 못했다. 배급과 계급에서 소외된 자들이 빠르게 늘고 있었다. 추장이 권위를 유지하고 통합을 이루자면 길은 하나, 마을 사람들의 허기를 채워주는 게 급선무였다. 새로운 기회가 내게 다가오고 있었다. 유능한 사업가란 계란을 한 바구니에 몰아 담지 않는 법, 악어 가죽을 식량으로 바꿔주면 되는 거야. 그들이 기다리던 하얀 천사가 혹시… 내가 아닐까.

그날 밤 나는 들뜬 기분으로 나나에게 다가갔다. 그녀의 얼굴에서 웃음기를 찾아볼 수 없었다. 아마도 작업장에 내몰린 고향사람들을 생각하는 것 같았다. 위로를 해줄 겸 몇 마디를 건네 보았다. 내가 권한 위스키 잔을 그녀가 손등으로 밀어냈다. 오랜만에 진한 서비스를 받아볼까 싶었던 생각이 제풀에 떨어져나갔다. 풀냄새가 확 풍겨왔다.

이윽고 망루를 얹은 탑이 윗마을 언덕 위에 위용을 드러냈다. 우기가 끝나갈 때쯤이었다. 오륙층 건물 높이에 사람이 오를 계단도 붙어 있었다. 망원경을 팔 기회였다. 지금쯤 다음 봉 우리에서 두 번째 탑의 기초공사도 진행되고 있을 터였다. 양쪽에서 받을 곱빼기의 주문량을 계산하며 나는 또다시 벅차올랐다. 물속에 악어의 씨가 마르지 않을 만큼만 가죽을 요구하면 될 것이고 씨가 말라도 방법은 있었다. 원주민들에게 파충류 양식법을 알려주면 되는 거였다. 널려 있는 수요에 내 사업이 꺾이겠나.

불현듯 나는 생산과 판매의 전 과정을 지휘하고 싶어졌다. 바이어 눈치를 살피며 악어나 잡아다주는 기간은 짧을수록 좋았다. 나라고 브랜드 오너가 되지 말란 법이라도 있나. 나는 서울 본사에서 디자인작업도 해봤고 백화점에 납품한 영업경력도 있는데…. 이참에 차상무에게 그쪽 생산라인 하나를 뚝 떼어달라고 해볼까. 내가 꾸준히 원피를 대주는 조건으로 말이지. 그거야 지입방식인데 이쪽에서 수수료만 적당히 쳐주면 안 될 게 뭐야. 나는 여기서 일하고 그쪽 라인엔 믿음직한 내 측근을 심어두면 되지 않겠어. 그 동네가 그렇게 땅 짚고 헤엄치기라면….

내친김에 왕창 당겨보는 거야. 나는 허파를 잔뜩 부풀렸다.

더 큰 그림을 그리자면 나만의 원피 공급선이 튼튼해야 했다. 나는 계획을 꼼꼼히 세워나갔다. 새 아이템이 된 망원경은 무기가 아니므로 골치 썩을 일도 적을 터, 게다가 구하기도 쉬운 품목이었다. 중고품도 무난할 듯했다. 굳이 값비싼 군사용을 가져다줄 이유도 없었다. 성능에 비해 저렴한 것을 찾으면 그만이었다.

도시로 나오자마자 차상무에게 통화를 시도했다. 원자재를 긁어모아 겨우 물량을 맞췄고 오늘 아침 항공편에 급히 실어 보냈다는 보고도 할 겸 잔뜩 생색을 낼 참이었다. 나는 목젖을 긁어 톤을 낮추며 너스레부터 깔았다.

"에 에 거긴 잘 돌아갑니까?"

저쪽에서 초조한 목소리가 먼저 건너왔다.

"라인은 늘려놨는데 분위기가 심상치 않네. 월경절차도 까다롭고. 통일부가 통일에 영 도움이 안돼요. 아 니기미, 협조를 하겠다는 건지 말겠다는 건지 이거 원."

"설마 공단폐쇄로 가겠습니까,"

"그게 글쎄… 그럴 것 같다니까 그러네. 저쪽에서 핵실험을 해대니까 이쪽에서도 뭔가 제스처가 필요한 건 알겠는데… 하필이면 니기미… 그 불똥이 우리한테 튀게 생겼다 이 말이야."

"입주기업 모집할 때 정부에서 들어준 보험이 있잖아요."

"아이고 이 답답한 사람아, 그걸로 밀린 원자재 대금도 해결 못해."

새벽부터 서둘러 보낸 원피가 뒷골을 쳤다.

멍해진 기분을 추스려 유씨에게 전화를 넣어보았다. 잠깐만요, 하더니 끊어졌고 한참 뒤에 내게로 걸려왔다. 곁에 귀가 많은 모양이었다. 통화하는 곳이 서울 본사란다. 지금쯤 공장에 있어야 될 사람인데…. 나는 회사 재정 상태부터 물었다. 회사 밥을 20년도 넘게 먹은 그가 분위기 파악을 못 할 리 없었다.

"여긴 시방 난리도 아니랑게요. 쇠가죽 값 받으러온 사람들이 진을 친지 오래구먼요. 차상무 그 인간이 빼돌린 돈이 몇 십억인지 몰라요. 우리 월급도 석 달째 밀려 있고…."

뱃살이 꼿꼿해졌다. 그러니까 회사가 어려워진 건 딴 주머니를 찬 그 작자의 횡령 때문이었다. 새로운 공단 입주가 그의 운영실패를 막아줬다면 금번의 공단폐쇄는 그의 범죄를 은닉해줄 시의적절한 핑계가 될 참이었다. 내가 들어갈 공장장 자리는 고사하고 또 다시 물린 원피 값이 아득히 날아가고 있었다. 나는 설마와 혹시 사이를 시계불알처럼 오가며 그간 접촉을 미뤄둔 다른 바이어들을 하나씩 떠올렸다. 단가라면 나도 바이어들의 입을 쩍 벌려놓을 자신이 있었다. 세상은 돌고 도는 것, 상습적으로 후려치기를 하던 차상무를 닮지 말라는 법도 없었다. 정글에서 살아남는 게 급선무였다.

포트모르즈비의 차이나타운에 들어섰다. 망원경 스무 개를 구입했다. 그중 하나는 후루루에게 줄 선물이었다. 그가 성능을 확인하고 나면 주문량을 늘리겠지. 나는 감시탑을 여러 곳에 세워야 한다고 조언해줄 생각이었다. 공격무기도 아닌 것에 그가 대외판매금지라는 조건을 달지는 않을 것이었다. 양측의 정보를 서로에게 적당히 흘려주며 공포를 조장하면 효과는 풍선처럼 부풀게 되어 있었다. 상대를 파악하려는 욕망은 공포와 의심을 먹고 자라니까.

*

윗마을 초입 우묵한 곳에 배를 끌어 올렸다. 도시로 나간 지 2주 만의 귀환이었다. 망원경을 넣은 배낭을 메고 숙소로 걸어오는 오솔길에서 낯익은 아이들을 만났다. 다른 때 같으면 사탕이나 껌을 달라고 졸랐을 동네아이들의 행동이 예사롭지 않았다. 그들 중 나이 든 아이가 내 소매를 잡아끌었다. 아이를 따라 마을의 큰 마당으로 올라갔다. 멀리서도 모여 있는 사람들이 보였다.

가까이 다가간 나는 굳은 듯 멈춰 섰다. 마당 중앙의 나무둥치에 사람이 묶여 있었다. 투투였다. 그의 온몸에 채찍 자국이 악어가죽처럼 우툴두툴했고 얼굴은 피범벅이었다. 후루루는 보이지 않았고 그의 병사들이 투투에게 접근하려는 사람들을 창대로 밀어내고 있었다. 조롱박 물통을 투투에게 건네주려던 여자가 밀려나며 흙먼지 위에 엉덩방아를 찧었다. 물이 쏟아지고 웅성거리는 사람들 사이로 아이들의 울음소리가 퍼져나갔다. 내가 다가가자 병사들이 엉거주춤 뒤로 물러났다. 최근에도 감시탑공사에 자문을 해주며 추장과 함께 돌아다닌 효과였다. 나는 한 노인한테 물통을 건네받아 투투에게 다가갔다. 투투가 퉁퉁 부어오른 한쪽 눈을 겨우 치켜 올렸다. 허겁지겁 몇 모금을 마신 그가 나를 알아보았다.

"추 추장이 작업장 문 다 다 닫았어요. 날 스파이라고."

불길한 예감일수록 적중률이 높았다. 후루루가 자신의 권위에 도전하는 이인자에게 본때를 보이며 길들이기를 한 것이었다. 그렇다면 지금쯤 아랫마을로 향하는 유일한 통로도 막아버렸을 것이었다. 공포분위기를 조성하는 효과도 노린 듯했다.

나는 추장의 집무실로 달려가 문을 벌컥 열어 제꼈다. 후루루가 딴전 피우듯 내게서 얼굴을 돌렸다. 하지만 그가 나와의 거래까지 외면하진 못하리라는 걸 나는 잘 알고 있었다. 권력 유지를 위해 꼭 필요한 나를 건드리기도 쉽지 않을 것이고…. 나는 이내 숙소로 돌아가 시바스리갈 상자를 가져왔다. 뜯지도 않고 박스째로 던져주긴 처음이었다. 그가 손짓으로 심복들을 불러 모았다. 선물을 하사받은 사내들이 바닥에 이마를 대고 손바닥을 위로 올렸다. 분위기가 누그러지자 나는 망원경을 꺼내 그에게 내밀었다. 예상대로 그가 관심을 보였다. 사용법을 간단히 설명했다. 내가 아는 그들의 언어를 총동원했지만 눈치 빠른 그에겐 1분도 걸리지 않았다. 강 건너를 두루 살피던 그가 눈에서 망원경을 떼며 흡족한 얼굴로 누런 이를 드러냈다. 이 정도면 됐다는 뜻이었다. 그가 턱짓을 했고 근위병 둘이 들것을 가져왔다. 투투를 내 숙소로 옮겼다.

몸이 불덩이였다. 나나가 약초를 구해와 숯불을 피웠다. 그녀가 투투의 얼굴을 끌어안고 달인 약물을 입속에 조금씩 흘려 넣었다. 투투는 부어오른 눈을 가늘게 떠 정신을 모으다가도 이내 혼절하곤 했다. 나나가 그의 몸을 닦고 똥오줌을 받아냈다. 나는 나나에게 몸조심을 당부했다. 그녀도 곧 걸려들 것 같았다. 윗마을뿐 아니라 아랫마을에서도 그녀는 '민심을 교란시키는 요주의 인물'일 터였다. 투투와 차이가 있다면 나나는 주로 여자들에게 접근하여 인심을 얻는다는 것뿐이었다.

나나가 투투의 귀에 대고 뭐라고 속삭이다가 천천히 숨을 불어넣곤 했다. 그에게 기운을 나눠주는 행위인 듯했다. 알아듣긴 어려웠으나 정의 공평 용기 등의 어감을 가진 단어가 내 귀에도 여러 차례 들려왔다. 그녀가 투투에게 충성을 맹세하는 듯도 했다. 문득 얼마 전 숙소에서 사라진 사진이 내 머릿속을 관통했다.

자동소총에 관한 영문 자료도 함께였다. 총포상에서 얻은 걸 영업일지 사이에 끼워두었던 기억이 차례로 떠올랐다. 그 위력은 엽총에 비할 바가 아니었고 선부른 자의 손에 들어가면 마을이 초토화될 수도 있었다. 쳐다만 보아도 오금이 저리는 물건이었고 아직은 그걸 마을에 팔 단계도 아니었다. 한글 수첩 사이에서 총기의 사진과 소책자만 뽑아간 것으로 보아 이번에도 나나의 짓인 듯했다. 나는 나나와 투투의 얼굴을 번갈아 훑으며 팔뚝에 돋는 소름을 털었다.

꼬박 일주일이 지나갔다. 그녀의 극진한 정성과 민간요법이 통했다. 투투가 사경을 넘기고 조금씩 기운을 차리기 시작했다. 나는 그를 다시 설득했다.

"넌 일인자가 되기 전에 전략을 너무 많이 노출한 거야. 나랑 여길 나가자."

투투가 천천히 고개를 저었다. 눈물이 그의 뺨 위로 길을 냈다.

"떠나세요, 당장. 그리고 여길 잊어주세요 영원히…."

느리고 낮은 음조가 내 귀를 파고들었다. 명령 같기도 하고 간청 같기도 했다. 그가 이를 악물고 코를 벌름거렸다. 모종의 결심을 하는 모양이었다. 나는 그의 두 눈에서 파란 불꽃을 본 듯도 했다.

투투가 말없이 내 숙소를 나간 지 사흘째, 내 머릿속에서 마을을 떠나야 할 이유가 오그라들어 저절로 흩어지고 있었다. 나는 덜 채워진 욕망 속을 떠다니다 눈을 떴다. 머리맡의 물 잔을 다 비워도 갈증은 그대로였다. 나나도 보이지 않았다. 아이와 함께 나간 뒤였다. 그녀가 또다시 나를 거부하던 어젯밤의 께름칙한 기억이 방안을 맴돌았다.

동 트기 전의 검푸른 공기가 창 너머에서 똬리를 틀었다. 안개 젖은 강가에서 불꽃이 일렁였다. 횃불이었다. 다시 시작된 건기에 줄어든 강물 위로 불꽃들이 끝없이 건너오고 있었다. 눈을 뜨고 꿈을 꾸는 기분이었다. 눈꺼풀을 비벼 몇 차례 껌벅이자 강변에서 불이 솟았다. 악어공장이었다. 잠시 후 언덕 위에서 또 하나의 불꽃이 타올랐다. 이번엔 감시탑이었다. 망루까지 솟아오른 불길이 큰 키를 기어이 바닥에 내동댕이쳤다. 나는 갑자기 환해진 근처의 둔덕으로 눈을 돌렸다. 또 다른 감시탑에도 불이 기어오르는 중이었다. 거기는 망루까지 닿을 사다리 공사만을 남겨두고 있었다. 사람들의 함성이 점점 크게 들려왔다. 수백 개의 횃불이 꾸역꾸역 몰려왔다. 나는 황급히 바지를 꿰고 뛰어나갔다.

큰 마당을 재게 가로질러 오른쪽 언덕으로 올랐다. 두 번째 탑이 벼락 맞은 고목처럼 누워 있었다. 탄내가 진동했다. 공사장 주변에 세워둔 울타리도 한쪽이 무너져 있었다. 지금쯤이면 한창 일에 내몰려 있을 아랫마을 출신 인부들이 보이지 않았다. 덤불을 찾아 몸을 숨겼다. 뒤편 언덕 위로 머리를 들어 올린 해가 강 건너 산마루에 붉은 빛을 쏘았다. 푸르스름한 허공으로 물안개가 피어올랐다. 사위가 밝아지면서 움직이는 물체들의 윤곽이 점점 또렷해졌다. 강가에 서있던 초병들이 보이지 않았다. 계속해서 강을 건너오는 아랫마을 사람들을 아무도 막지 않았다.

성큼 다가온 선발대 속에 투투가 보였다. 아랫마을 전사들이 그를 둘러싸고 윗마을로 올라오는 중이었다. 그를 호위하는 사람들 속에는 강을 지키던 윗마을 병사들도 섞여 있었다. 혼란스러웠다. 집을 뛰쳐나온 윗마을 사람들도 무리 뒤로 따라붙었다. 무리가 이동할 때마다 뒤따르는 사람들이 우기의 강물처럼 불어났다. 사람의 머리들이 강 건너에서부터 큰 마당 입구까지 긴 줄을 만들었다. 길을 따라 까만 콩을 부어놓은 것 같았다. 아직도 강을 건너오는 사람들이 있었고 윗마을 사람들이 앞쪽으로 합류하여 투투의 무리는 긴 꼬리를 끄는 가오리연처럼 보였다. 걸을 수 있는 사람들은 다 모인 것 같았다.

군중 틈에 노인들이 끼어 있었고 아이 업은 아낙들도 합성을 보탰다. 뒤엉킨 무리 속에서 나는 더 이상 두 마을 사람들을 구별할 수 없었다. 마을 광장으로 올라오던 선두가 멈춰 섰다. 석궁을 든 후루루의 호위병들이 진입로를 막고 있었다. 나는 목구멍을 뚫고 올라오는 호기심을 견딜 수 없었다. 언덕을 반쯤 내려와 큰 마당이 내려다보이는 바위 뒤로 몸을 숨겼다. 집채만 하던 바위가 내 몸뚱이보다 작게 느껴졌다. 삼키려다 말고 뱉어낸 덩어리들을 내게서 받아먹던 점박이 강아지가 꼬리를 흔들며 다가왔다. 돌멩이를 집어던져도 녀석이 한동안 주위를 맴도는 바람에 식은땀을 흘렸다. 사람들과의 거리는 오십보 정도. 웅성거리는 목소리들이 들려왔고 몇 마디쯤은 알아들을 수도 있었다.

투투가 이윽고 후루루의 병사들과 정면으로 맞닥뜨렸다. 후루루의 선발대가 석궁에 화살을 장전했다. 투투가 무리 앞으로 걸어 나왔다. 팽팽하게 당겨진 화살들이 한꺼번에 투투의 상체를 향했다. 나는 다리가 후들거려 서있기 힘들었다. 투투를 호위하던 병사들이 창끝을 들어 올렸으나 투투가 손짓으로 막았다. 그 순간 마을사람들이 입을 모아 투투를 연호했다. 주먹들이 허공을 찔렀다. 투투가 무릎 높이의 나무그루터기 위에 올라서서 연설을 시작했다.

한 노인이 무리에서 빠져 나왔다. 그가 양팔을 벌려 등 뒤로 투투를 가려주며 후루루의 병사들을 향해 마주섰다. 그리고는 손짓을 하며 누군가를 불렀다. 추장의 호위병들 사이에서 자신의 아들을 빼내려는 것 같았다. 이윽고 사람들이 우르르 앞으로 나서며 투투를 에워쌌다. 잠시 후 아이 업은 여인이 걸어 나와 추장의 병사들을 향해 손짓을 했다. 남편의 이름을 부르는 것이려니. 투투를 에워싼 여자들 중 몇은 낯이 익었다. 아랫마을 작업장에서 본 얼굴들이었다.

느닷없이 한 여자가 맨 앞으로 튀어나왔다. 나나였다. 내 팔뚝에 소름이 확 끼쳐 들었다. 그녀가 새된 소리로 '투투'를 선창했다. 아랫마을 여자들이 복창을 했다. 앙칼진 목소리들이 세를 이루었다. 잠시 후 윗마을 여자들까지 나나에게 합류했다. 아마조네스가 환생한 듯했다. 그간 나한테서 가져간 물품들이 어떻게 사용되었는지 나나의 여전사들이 증명하고 있었다. 나나의 선창에 이윽고 남자목소리가 실리기 시작했다. 투투와 나나가 동시에 구호를 외치면 마을사람들의 복창이 뒷산에 부딪혀 메아리로 되돌아왔다. 나나는 투투의 동지이자 전우가 되어 있었다. 진입로 양편의 망고나무에서 열매를 쪼던 새들이 푸드득 날아올랐다. '여기 사람들은 누구에게도 속하지만 누구의 것도 아니다.'는 말이 새처럼 날아와 내 귓바퀴에 부딪혔다.

또 다른 노인이 흥분한 사람들을 뚫고 앞으로 걸어 나왔다. 좀처럼 나서지 않고 뒤에서만 지켜보던 자였다. 그의 머리띠에 꽂힌 하얀 깃털을 나는 아까부터 삐딱한 눈으로 지켜보고 있었다. 그는 후루루의 목에 전임자의 손뼈를 걸어주던 원로 대표였다. 나는 그를 추장이 바뀔 때마다 권력에 아부하는 늙은이로 일찌감치 찍어놓았다. 그가 이 상황에서 어떤 선택을 할까. 그가 기우는 쪽으로 권력의 향방이 결정될 성싶었다. 말하자면 그는 무거운 짐을 지고 가까스로 버티는 낙타를 꿇어앉힐 최후의 지푸라기였다. 그가 고개를 뒤로 돌려 손짓을 하자 하얀 깃털들이 사람들의 머리 위에서 전방으로 천천히 이동했다. 원로회의 멤버들이었다. 이젠 원로들이 최전방에서 인간방패가 되나 싶었다. 원로 대표가 후루루와 투투에게 번갈아 큰 소리로 같은 요구를 했는데 양측이 수용하고 난 뒤에 나는 비로소 그것이 휴전 요청임을 알았다. 서로를 겨누던 창끝이 내려갔다. 다섯 명의 노인들이 선 채로 스크럼을 짜듯 빙 둘러 서로에게 머리를 댔다. 양측이 첨예하게 대치한 중간구역이었다. 사람들이 입을 닫았고 시간이 지루하게 흘렀다. 유난히 쾌청한 하늘에 구름은 보이지 않았다. 서늘한 아침기운을 밀어낸 해가 벌써 중천을 향하고 있었다. 나나새의 지저귀는 소리만 광장을 가로질렀다.

긴급회의를 마친 원로들이 제자리로 돌아갔다. 원로대표의 입에 사람들의 시선이 집중되었다. 그가 매우 느리게 고개를 돌려 주위를 둘러보았다. 이윽고 그가 손을 번쩍 들어 올려 추장의 병사들을 향해 외쳤다. 긴 설명이 없었으므로 그건 외마디에 가까웠다. 투투를 겨누던 무기들이 모두 고개를 숙였다.

후루루가 뒤에서 소리를 질러댔지만 소용이 없었다. 원로들이 마지막 지푸라기를 낙타 등에 올려놓은 것이었다. 나는 투투의 가슴에도 손뼈 한 벌이 걸리는 모습을 그려보았다. 노회한 늙은이들이 투투의 나라에서 또다시 개국공신 대접을 받겠지. 실소가 나왔다.

주제넘은 예상을 하는 동안 마을 사람들이 후루루와 그의 병사들을 천천히 에워쌌다. 지휘관으로 보이는 사내가 큰 소리로 외치자 석궁을 든 그의 부하들이 투투의 무리로 한꺼번에 건너왔다. 추장의 군사가 둘로 나누어지는 순간이었다. 투투를 연호하는 함성이 또다시 아침공기를 갈랐다. 투투의 연설이 계속되는 동안 후루루 곁에 서 있던 병사들의 수가 점점 줄어들었다. 이윽고 후루루는 혼자가 되어 큰 마당 가운데로 끌려가 묶였다. 그가 투투를 묶어 매질을 하던 곳간 앞 카카오나무였다.

십여 분쯤 지났을까. 사람들이 다시 웅성거리기 시작했다. 한 무리의 병사들이 멀리서 강을 건너오는 중이었다. 창을 든 키 큰 병사가 무리를 이끌고 있었다. 늙수그레한 사내가 두 손이 뒤로 묶인 채 그들에게 끌려왔다. 키 큰 리더의 머리에 붉은 깃털이 꽂혀 있었다. 구면이었다. 강변에서부터 그들을 따라온 한 무리도 익숙한 얼굴들이었다. 이마에 계급장을 붙인, 감시탑 공사장을 뛰쳐나온 사람들이었다.

병사들이 투투의 명령에 따라 늙은 사내를 큰 마당의 중앙으로 끌고 갔다. 한쪽 다리를 끌고 고개를 떨어뜨린 그는 이미 패잔병이었다. 나는 강 건너에서도 비슷한 일이 벌어졌음을 직감했고 끌려온 자가 누군지도 곧 알 수 있었다. 양측의 우두머리가 동시에 카카오나무에 묶여 거친 숨을 몰아쉬었다.

해가 머리 위로 올라왔다. 상황이 끝나가는 듯했다. 뱃속에서 꼬르륵 소리가 나는가 싶더니 허기가 몰려왔다. 집으로 향했다. 왁자한 광장을 에둘러 언덕을 거의 내려왔을 때 나는 다시 눈을 비볐다. 자주 보던 지붕 위로 연기가 풀썩 솟았다. 내 숙소였다. 수첩과 그 안에 적어둔 비밀들이 한꺼번에 사라지는 중이었다. 뿌연 연기 속에 차상무의 얼굴이 어룽거렸다. '니기미 죄다 철수하라네. 우린 망한 거야.' 그가 험악하게 악을 쓰다 허공 속으로 스르르 멀어졌다. 내가 아직 받지 못한 납품대금과 공장장 자리가 함께 날아가고 있었다. 너울대는 불꽃이 통나무 기둥을 기어올랐다. 달궈진 이빨들이 나의 원대한 꿈을 악어처럼 물어뜯었다. 불꽃 위로 사람들의 함성이 또다시 날아올랐다. 내 머릿속이 하얗게 비워졌다. 차가운 피가 거꾸로 도는 느낌이었다.

나는 보트를 세워둔 강가로 뛰기 시작했다. 함성이 쫓아왔다. 돌부리가 발끝에 채이고 무릎이 자주 꺾였다. 일렁거리는 물안개 사이로 보트가 유선형의 윤곽을 드러냈다. 사람들이 등 뒤에서 던진 돌이 내 앞으로 떨어졌다. 작업장에서 그림을 그리던 여자들의 웃음과 수다가 울분으로 바뀌어 내 귀를 때렸다. 코코넛 속을 파내던 사내들의 분노가 등을 쪼았다. 죽을힘을 쏟았지만 늘어난 뱃살이 출렁거려 속도가 나지 않았다. 숨이 차오르자 녹슨 쇳내가 올라왔다. 거기에 느닷없이 풀내가 섞여들었다. 악취가 목구멍을 빠져나오는 중이었고 발원지는 내 창자 깊은 곳이었다. 나는 달리는 도중에도 자꾸만 헛구역질을 했다.

갑판이 손에 닿을 듯 가까워졌다. 그 순간 눈앞에서 시커먼 연기가 허공을 밀어 올렸다. 망원경 값으로 받은 악어가죽이 불타고 있었다. 보트 안에 감춰둔 총알이 폭죽처럼 터졌다. 아이들이 갑판에서 뛰어내렸다. 뜯긴 봉지에서 굴러 나온 사탕이 아이들의 뒤꿈치에 밟혔다. 나는 뒤를 돌아보았다. 사람들과의 거리가 빠르게 좁혀들고 있었다.

수상 소감

열여덟까지 세다 말았다. 장르를 소설로 바꾼 사 년 전부터 각종 공모전에서 결승전을 치른 횟수다. 최종심에 오른 것만으로도 내게서 문학적 가능성을 발견한 것 같아 우쭐해지기도 했다. 더러는 우승을 하기도 했으므로 배부른 소리라고 할지 모르겠다. 하지만 당선전화를 받지 못하는 기간이 길어지다 보면 정말 맥이 빠진다. 이제 늦깎이로 등단한 지 삼 년이 지났으니 세파의 유혹에 굳은살이 생겼음직도 하지만 꼭 그렇지만도 않다. 만성질환이 될지도 모를 허탈감을 치유해준 전태일재단에 감사를 드린다는 게 길어졌다.

「악어」도 신춘문예 심사평에 오른 것을 시작으로 설마와 혹시 사이로 나를 줄기차게 밀어 넣었다. 그럼에도 결국 「악어」가 힘을 쓴 건 개작의 효과인 듯하다. 최종심에서 밀리면 밀렸으므로 다시 썼고, 거기까지도 못 오를 땐 완성도가 부족한 탓을 하며 또 고쳤다. 소설은 개작으로 완성된다더니, 내 인생 후반전을 소설로 이끌어준 조동선 선생님의 말씀이 옳았다. 나는 자다가도 벌떡 일어나 부텅을 하고 눈에 걸리던 조사 '는'을 '가'로 바꾸고 다시 눕기도 했다. 눈앞이 뿌예지고 속이 울렁거릴 때쯤 파르스름한 새벽이 창틀을 뱀처럼 넘어왔다.

전태일재단으로부터 축하 전화를 받고 안도한 것도 잠깐, 요청받은 원고파일을 보내려다 멈추고 도입부를 쓰윽 훑었다. 매끄럽지 못한 문장이 밟혔다. 얼굴이 화끈거렸다. 이걸 보고도 뽑아주다니, 심사위원들의 너그러움이 한없이 고마웠다. 나는 마음에 들지 않는 단어

하나를 노려보다가 첫 줄부터 또다시 퇴고를 시작했다. 내가 무슨 부귀영화를 보자고 이런 고생을 하나, 싱거운 생각이 아직도 불쑥불쑥 솟아오르지만 그저 팔자려니 한다.

인생 후반전을 소설처럼 살고 싶었다. 가장 저렴하고 손쉬운 방법은 직접 소설을 쓰는 것이었다. 그러다보니 단편으로 시작한 「악어」도 어느새 중편으로 늘어나버렸다.

작품의 소재로 삼았던 개성공단은 날마다 작은 통일이 이뤄지는 현장이었다. 그곳에서 느닷없이 쫓겨나온 중소기업 관계자들의 처지에 나는 적이 가슴이 아렸다. 북쪽에서는 더 많은 사람들이 졸지에 밥그릇을 놓쳤다. 영문을 모르기는 남쪽 백성들도 마찬가지였다. 권력을 쥔 자들이 뭐라고 변명을 하든, 소설가의 눈에 보인 일련의 과정은 힘 가진 세력의 전쟁놀이와 하수인의 오판이 빚어낸 블랙코미디였다. 하여 나는 거북해진 속을 소설의 형식을 빌려 비워낼 수밖에 없었다. 소설이 사회적 약자의 편에서 외쳐주는 기능을 가졌음을 나는 다행으로 여긴다. 나는 「악어」에서 수없는 악어를 희생시켜 악어의 교활한 눈물과 잔혹성을 드러내려고 애를 썼다.

소설로 밥을 먹을 생각은 애초에 접었다. 내가 권력자의 덕을 볼 일이 없으므로 그들의 장난질에 확대경을 들이대기가 쉬웠다. 전태일문학상을 제정한 취지와 맥을 같이 할 것이다.

아무도 안 읽어주니까 고전이라고 했던가. 언감생심 고전까지야 못 되더라도, 세월이 흐른 뒤에 어디선가 「악어」를 발견하는 독자가 있으면 좋겠다. 험난한 세상에서 제 목소리를 낸 글쟁이도 있었다고 말해주면 더 좋고.

생활·기록문 부문 당선작

일곱째별

•

유성기업 이야기

일곱째별(본명 최경아)

다큐멘터리 방송작가 • 2017년 제7회 조영관문학창작기금 수혜(르포 부문)

1. 도시락 싸들고

첼로 전공자라고 들었다.

설마 하며 동호수를 찾아간 열린 문, 방충망 너머에 그이가 있었다. 오전 11시, 이미 도시락은 다 싸놓은 상태였다. 말이 도시락이지 양이 좀 많았다. 커다랗고 질긴 비닐 쇼핑백 하나 가득 반찬을 담은 용기가 가득했고 전기밥솥채로 카트에 실어야 운반이 가능했다. 집 밥이 그리운 농성장의 사람들에게 집 맛 그대로 배달하기 위해서는 집에서 쓰는 접시와 수저도 챙겨야 했다. 짐을 나르는 그이는 오십견이 왔다고 했다. 그 몸으로 전날 장을 보고 새벽부터 요리를 했다. 2014년 봄부터였으니 벌써 만 3년이 넘었다.

시작은 서대문 순화동 철거농성장. 철거민들 중에 용산참사로 남편을 잃은 부인이 있었다. 상담차 방문했다가 드시고 싶은 건 있냐고 물었더니 "콩국수"라는 답이 돌아왔다. 다행히 농성장에 전기와 가스가 들어와 반 조리 음식을 가지고 가서 나머지 요리를 해서 함께 식사를 했다.

"밥을 같이 나누니까 고통의 이야기가 아니라 일상 이야기를 하게 되었어요."

그렇게 매주 방문하기를 1년 가까이, 마침내 문제가 해결되고 농성장이 사라졌다. 다음으로 찾은 곳은 기아자동차 고공농성장이었다. 2015년 추석 즈음이었다. (구)국가인권위원회 건물 꼭대기에서 투쟁하는 노동자들이 소화가 안 된다고 해서 처음엔 죽을 쑤어 갔다. 소문이 나자 여기저기 다른 손길이 이어져, 돌아가며 매일 도시락을 올려 보낼 수 있었다. 그때부터 집밥 프로젝트에는 〈도시락 싸들고〉라는 이름이 붙었다. 세 번째 찾아간 곳은 동양시멘트 농성장, 그리고 지금 '도시락 싸들고' 가는 곳은 8년째 투쟁중인 유성기업, 내가 이 글을 쓰기로 마음먹은 이유인 '유성기업'이었다.

사진을 배우러 간 곳에서 옆자리에 앉은 노신사가 무턱대고 재능기부를 하라고 했다. 20년 넘게 글밥을 먹었지만 대놓고 원고료도 없는 청탁을 받긴 드문 일이었다. 청탁이라면 부탁조여야 했는데 빌린 돈 재촉처럼 반강제로 요청받은 기부였다. 수많은 교회에서 숱한 이름으로 하는 선행들, 오른손이 하는 일을 왼손이 모르게 하라고 예수님은 말씀하셨건만 자신들의 행위를 자화자찬하듯 알리고 싶어 하는 그런 일에 굳이 동원되고 싶지 않았다. 그런데 '도시락 싸들고'란 프로그램에서 가는 곳이 '유성기업'이라고 했다. 그때 마음이 흔들렸다.

유성기업에 대해 처음 알게 된 때는 매주 광장에 나가던 지난겨울, 12월 10일 제7차 범국민행동집회였다. 피켓에서 본 '현대차가 지시한 노조파괴로 유성기업 노동자 한광호가 죽었습니다.' 한광호 열사는 2016년 3월 17일, 사측 노조탄압에 스스로 목숨을 끊었다. 그로부터 1년여가 흘러 촛불집회가 끝날 때쯤, 유성기업 회장이 구속되었다. 노사 간의 싸움에서 보기 드문 노측의 승리였다. 그러나 그들은 아직도 양재동 현대자동차 본사 앞에서 노숙농성을 이어가고 있었다. 왜일까? 故한광호는 누구고 유성기업은 도대체 어떤 회사고 왜 그들은 6년째 이 싸움을 계속해 나가고 있을까, 궁금했다.

그런데 유성기업 농성장에 매주 도시락을 싸들고 가는 윤선주 씨를 만났을 때, 또 다른 궁금증이 생겼다. 먹고 살만한 중산층 여성들의 우아한 이웃사랑실천 정도의 그림을 예상했던 내게 복도식 좁은 아파트, 반바지에 맨얼굴인 그이는 뭔가 달랐다. 집주인이 설치한 에어컨도 북극곰을 살리기 위해 가끔 트는 우리 집보다 더한 그 집엔 에어컨 대신 선풍기가 돌아가고 있었다. 거실에 짜임새 있게 배치된 수납형 원목가구의 출처를 물어봤더니 남편이 손수 제작했단다. 교회에서 만나 결혼한 남편은 함께 투쟁하는 동지이며 부부 사이는 매우 좋다고 했다. 부부에겐 두 아들이 있는데 그중 둘째 아들이 세월호 아이들과 동갑이라고 했다. 그이는 세월호 참사 전의 스스로를 '정부 말을 잘 듣는 무뇌아'라고 했다. 그랬던 그이가 세월호가 가라앉은 다음 날 진도에 갔다. 거기서 제대로 구조하지 않는 것을 목격하고 돌아왔다. 그리고 5월 1일부터 시청 앞에서 매주 첼로 연주를 했다. 그러한 삶의 변화를 남편과 동시에 맞았다. 온가족이 틈날 때마다 거리로 나갔다. 그렇게 3년이 지났다.

'선주'라는 이름이 새겨진 머그잔에 담긴 커피를 마실 때, 나는 길선주 목사를 생각했다. 얼마나 많은 선주들이 예수의 삶을 살고 있을까, 그런 생각을. 집을 나설 때 그이는 맨발에 슬리퍼를 꿰어 신었다. 그 거침없는 발을 보자 그이가 좋아질 것 같았다. 그리고 15년 된 우리 집 차보다도 더 허름한 그이의 승용차에 오르며 나는 그이가 완전히 편해졌다. 그이는 운전을 아주 잘했다. 말도 잘 했다. 우리는 함께 차를 타고 가면서 매우 재미있는 대화를 했다.

"교회의 풍요로움이 내 것이라고 생각했는데 거기는 내가 소외된 천국이었어요. 거기 있는 천국은 온전히 내 것이 아닌

데 현장은 천국이 온전히 내 것이었어요. 그게 진짜 하늘나라라는 걸 많이 느껴요."

"상대적인 빈부격차인가요?"

"교회에서는 풍요를 얘기하는데 교인들은 가난해요. 누구의 풍요인지 모르겠어요. 가진 자들은 이웃 사랑했다고 하고 가난한 사람들은 그들의 베풂을 받는 도구가 되지요. 그런데 거리에서 만난 사람들은 평등해요."

"주는 기쁨인가요?"

"아니요. 그들한테 제가 받지 않는다고 할 수 없어요. 제가 뭘 주러 나가는 게 아니라 함께 먹으려고 나가는 거예요. 다 작은 예수들 같은 느낌이 들어요."

현장은 선주 씨에게 존엄성을 가르쳐 주었다. 그러니 그이의 도시락에 견장을 찬 듯 선행을 베푸는 생색과 무례함은 없었다. 〈도시락 싸들고〉는 협동조합 길목으로부터 주당 반찬값 5만 원과 상담료 2만 5천 원, 도합 7만 5천 원을 받는다. 그중 5만 원은 부식 값으로 쓰고 2만 5천 원은 모아두었다가 곳곳의 공동 투쟁단에 간식을 보내준다. 싸움의 현장에서 주먹밥 만드는 역할이 그이의 일이다. 농성이 끝나고 농성장에 아무도 남지 않아야 도시락을 싸들고 가는 일을 멈춘다.

"저는 정몽구 구속에는 관심이 없어요. 농성장에 사람이 있으면 찾아가는 거죠. 그분들이 '아유~ 이번엔 밥이 맛있어요.'

그럼 돼요."

그이와 나는 많이 닮았다. 그이의 작은아이와 나의 큰아이가 세월호 아이들과 동갑인 것도 같았고, 그 2014년을 기점으로 인생이 완전히 뒤바뀐 것도 똑같았다. 우리는 조직도, 투쟁상황도 잘 모른 채 다만 거리에 나앉은 사람들을 보면 그저 마음이 아파서 다가간다. 그이는 양손 가득 따뜻한 집 밥을 들고 가지만 나는 그냥 그들 곁에 있거나 그것도 쑥스러우면 멀찍이 서 있다 올 뿐이다. 내가 할 수 있는 건 사진을 찍거나 고작 열 손가락으로 자판을 두드리는 일밖에 없다.

그이로부터 자신과 같은 이들에 대한 미담을 들었다. 가깝게는 함께 〈도시락 싸들고〉에 힘을 모아주는 두 명의 동지들과 전국 각지의 따뜻한 손길들. 그중 내게 재능기부를 강요했던 그 노신사가 본인 생일에 유성기업 농성장에 음식을 싸들고 찾아와서 식탁보를 선물해주고 갔다고 했다. 그 말을 전해 듣고, 나는 그의 지나치게 당당했던 청탁 태도를 이해하기로 했다. 적어도 행동하는 이에게는 말할 자격이 있기 때문이다.

사실 유성기업은 청탁이 아니라도 기회가 닿으면 투쟁소식을 알고 싶던 곳이었다. 그들이 청운효자동 주민센터 앞에서 농성을 하던 9일차, 나는 이미 그곳에 갔었다. 길 건너 커피숍 앞에는 노조원들이 땅바닥에 앉아 있었고 뙤약볕으로 달궈진 천막 안에는 두 명의 남자가 앉아 있었다. 단식투쟁이 아님을 확인 후, 다행스러워하며 그 옆 류가헌 갤러리에 갔었다. 사진전 〈아무 것도 아닌 일들〉의 사진작가 유석이 하얀 벽에다 써 놓은 '나는 그저 보았을 뿐, 아무 것도 할 수 없었다.' 그 까만 활자들이 가슴에 와 박혔다. 나 역시 그저 보았을 뿐, 아무 것도 할 수 없었던 열패감으로 죽을 것 같던 지난 3년이 되살아났다. 죽기 살기로 매주 광장에 나갔던 그 겨울이 지나고, 마침내 우리는 우리의 힘으로 봄을 찾았다. 세월호 참사 3주기가 되자 탈진한 나는 나름의 탈상의식을 치렀다. 그러고 나서 찾아간 곳이 기아·유성기업 청운동 농성장이었다. 그로부터 두 달여 만에, 그이와 함께 양재동 현대자동차 본사 앞 유성기업 농성장을 찾은 것이었다. 그 천막 안에는 다섯 남자가 있었는데, 그중 그이에게 감사의 뜻으로 정선에서 옥수수 백 개를 보내준 분이 있었다. 순한 웃음이 만면 가득한 그는 해고 조합원이었다.

2. 사라진 농성장

유성기업은 자동차 각종 내연기관의 핵심부품인 피스톤 링, 실린더 라이너, 에어 컴프레서 등을 생산하는 업체다. 1959년에 설립되어 국내 7개의 사업체가 있는 유성기업의 회사방침은 고객제일, 화합정진, 기술혁신이다. 고객을 제일로 여기는 유성기업의 주 고객은 현대·기아자동차. 그것이 유성기업 노조 농성장이 현대자동차 본사 앞에 있는 이유다.

한 주가 지나고 유성기업 농성장을 다시 찾았을 때는 전날 하루 종일 내렸던 비가 잠시 주춤했다.

영동에서 온 동네친구 출신 조합원 세 명과 자녀들 진학 이야기를 나눴다.

마침 그 날은 유시영 회장의 항소심 선고일이었다. 두 시를 초조하게 기다리는 사람들 사이에서 나 역시 시각이 가까워 오자 몸이 달았다. 서둘러 법원으로 갔는데 403호 문이 닫혀 있었다. 벌써 선고가 끝났나 했는데, 알고 보니 대전지법이었다. 늘 그렇듯이 생각보다 몸이 먼저 움직인 후, 내가 그들을 얼마나 모르고 있었는지 부끄럽고 아쉬운 마음에 청운효자동 주민센터 앞에 가보았다. 천막은 꽁꽁 닫혀 있고 그 안에는 한 사람이 누워 있었다. 1년 6월에서 4개월 감형된 1년 2월에 벌금형 100만 원 선고가 몸져눕게 만든 것일까, 나는 두드릴 문도 없는 천막 밖에서 서성이다 되돌아왔다.

이틀 후인 금요일, 늦은 아침 식사를 하려다 문득 청운효자동 주민센터 앞 농성장이 생각났다. 밥을 싸가지고 가서 함께 먹어야지, 하는 충동이 순간적으로 일었다. 현장과 연락을 해서 다음 주를 기약했다. 그런데 그다음 주 목요일인 24일, 농성장이 철거되었다.

'문재인 정부에게 묻습니다. 노동이 존중받는 사회는 어디에 있습니까?

적폐를 청산하고 불법을 바로잡겠다는 약속은 어디에 있습니까?'

기아차 비정규직 지회 성명서의 일부다.

한 주 전부터 전조는 있었다. 천막 근처 주민들이 청와대 주변의 집회, 시위와 점거로 인한 피해 대책마련을 위해 목요일에 모인다는 벽보가 있었다. 종로구청 민원신고에 접수된 생활불편신고 사례가 여러 건이었다. 시민 불편사항 신고민원에 구청은 해결하고 답변해야 할 책임이 있다. 주민들 모임이 있고 정확히 한 주 후에 철거 집행이 되었다.

'누구를 위한 법인가?'

현장에서 늘 듣는 질문이었다. 지역주민들도 같은 질문을 하고 있었다.

8월 마지막 날, 다시 찾은 양재동 농성장에는 아산지회 네 명이 있었다. 그중 2011년 아산지회장을 만났다. 이명박 당시 대통령이 엄정 대처하겠다고 거론했던 '연봉 7,000만 원 받는 근로자들이 불법파업을 벌이는 안타까운 일'의 당사자였다. 20년 근속 상태였던 당시, 전임자였던 그가 주야간 쉬지 않고 작업하며 한 달에 두 번 쉬면서 벌 수 있는 최고액이 연 6,400~6,500만 원선이었다고 한다. 한 달에 두 번씩, 일 년에 24일 쉬면서 341일 일해서 그보다 낮은 임금을 받다가 숨진 동료들이 속속 발생했던 그해 상반기에 매달 장례를 치러야 했다. 죽음을 바로 옆에서 보면서 그가 지회장회의에서 주장한 것이 주간연속 2교대 근무였다.

8:30~17:30/22~06시 주야간 근무를 08~16시/16~24시로 주간 2교대로 조정해 달라는 것이었다.

회사는 곧바로 직장폐쇄를 했고 용역깡패를 불렀으며 노조 책임자를 처벌하겠다고 했다. 지회장은 구속되었고 4개월 후 보석으로 나왔다. 당시 상황을 자세히 보도한 기사가 있다.

> 유성기업 노사는 2009년 합의해 2011년 시행을 앞둔 '주간연속 2교대제 및 월급제' 특별교섭을 했지만 회사가 11차례의 교섭이 진행되는 안을 내지 않았다. 노조는 지난 5월 3일 쟁의조정신청서를 접수하고 13일 조정을 통해 '조정 중지' 결정을 받아 합법적인 쟁의권을 획득했다. 그 뒤 노조는 17~18일 양일에 걸쳐 쟁의찬반투표를 진행 78%로 가결돼 18일 오후 2시간 부분파업에 돌입, 사측이 18일 저녁 8시부로 직장폐쇄를 단행하고 용역업체 직원을 고용하며 사태가 악화됐다. 이 가운데 용역이 18일 새벽 12시 30분경 대포차로 돌진하고 뺑소니 쳐 조합원 13명이 중경상을 입었다.
>
> (2011.5.21. 미디어충청 정재은 기자)

2011년 유성기업 1차 해고 조합원은 27명이었다. 이후 2013년에 복직 후 재해고 11명, 그리고 개별 해고자들이 아산 5명, 영동 2명이다. 해고자들은 일주일에 한 번씩, 조합원들은 영동에서 일, 월, 화, 수, 아산에서 수, 목, 금, 토로 두 달에 한 번꼴로 농성장을 지키러 서울로 올라온다. 때문에 조퇴와 결근에 휴식 시간까지 샅샅이 태업이란 명목으로 근무시간에서 제하고 나면 월급이 채 백 만 원도 되지 않는 경우가 다반사라고 한다.

노조가 20년간 쌓아온 단체협약으로 임금 인상, 상여금 800%, 토요 휴무제 도입, 주 40시간 근무 조건을 만들어 전국 최고의 근무지인 유성기업의 평균 근속 연수는 17년이다. 20년 정도 근속하면 보너스와 수당까지 다 합쳐 연봉 5, 6천 만 원은 족히 되던 월급이 이리 떼이고 저리 떼여, 퇴근 후 대리운전을 해야 생활이 가능한 조합원들도 생겼단다. 돈 때문인지 신념 차이 때문인지 그 사이 이혼 가정도 상당수 발생했다고 한다. 가정도 가정이지만 대로변 비닐천막에서 장기간 노숙을 하다보면 매연으로 인해 복직 전에 폐가 상할 것 같다고 한다.

9월 6일 수요일엔 빗방울이 흩뿌렸다.

농성장에 깔아놓은 종이상자가 습기를 머금어 양말이 젖었다. 생수통이 주렁주렁 달린 비닐천막 안에는 첫 방문 일에 만났던 정선옥수수 생산자가 있었다. 두 번째 만난 그의 여전한 미소로 천막 안 눅눅함이 날아갔다. 아산지회 사무장이었던 그는 1차 해고 이후 복직 후 재해고자로, 현재 아내와 둘이 정선에서 농사를 지으며 2주에 한 번씩 2박 3일로 농성장에 오고 있다. 흙을 만져서인지 그의 얼굴에선 푸근한 자연의 여유가 느껴졌다. 조심스럽게 경제적인 형편을 물었더니 1차 해고자

11명은 현재 부당해고 근로자 지위보전금으로 월 200만 원씩 을 받고 있다고 했다. 4인 가족 생활비로는 턱없이 부족한 액수임에도 불구하고 어쩌면 해고자들이 조합원보다 더 나을 수도 있는 형편이었다. 그런데 만약 대법원에서 패소하면 지금까지 받은 돈을 모두 반납해야 한다고 한다. KTX 여승무원들이 지금 그러한 상황에 처해 있는 것처럼.

그런데 돈과 해고 이야기를 이어가는 내게 그가 돌연 표정을 바꾸더니 인상적인 말을 했다. 투쟁 목적이 단지 복직만은 아니라고. 노조는 임금 인상과 단체협약 원상회복, 주간연속 2교대, 그리고 노조파괴 주범 처벌과 직장폐쇄 이후 생긴 어용노조 해체를 요구하고 있었다. 그들은 개인이 아닌 철저한 '우리'의 싸움을 하고 있었다. 순간, 유성기업 노조가 지금까지 강고한 명맥을 유지할 수 있는 힘, 그 대의명분에 신선한 경외감이 들었다. 언제나 나를 매혹시키는 건 소박한 사람 안에 있는 숭고한 뜻이었다.

피케팅을 마친 조합원 네 명이 천막 안으로 들어와 앉았다. 그들을 보며 고등학교 졸업 후 회사에 취직해 주야간 쉬지 않고 생산품을 만져온 15년에서 20년을 그려보았다. 아침에 출근해서 밤에 퇴근하는 게 정상이지만 회사는 24시간 불이 꺼지지 않는 공장을 원했다. 일찍 출근하고 늦게 퇴근하는 8시간씩 주간 2교대면 16시간, 주야간 교대면 사이사이 잔업으로 20시간 이상을 노동한다. 작업 환경으로 인한 폐질환 등 산업재해는 차치하고라도 사람이 한 주는 주간에 한 주는 야간에 근무하면 생체 리듬이 어떻게 망가지는지 경영자들은 알고 있는 걸까? 그들은 한 번이라도 그렇게 살아봤을까?

나는 처음에 이 갈등이 단지 생산량과 임금 때문인 줄 알았다. 그런데 정작 주된 문제는 제안 시기에 있었다고 한다. 본사인 현대·기아차 주간연속 2교대 전에 협력업체인 유성기업이 먼저 협의를 하면 본사교섭에 일부 변수가 발생할 우려가 있다는 이유였다. 그 때문에 유성기업 노사관계에 개입한 정황이 있는 현대자동차 본사는 2013년 6월에 국내 자동차 업계 중 최초로 주간연속 2교대를 도입했다. 이 이상한 장유유서는 갑을 관계에도 적용돼야만 하는가.

농성 일과는 새벽 5시~6시 30분에 정몽구 회장 자택 앞 그리고 8시~9시와 12시~1시에 대법원 앞 피케팅으로 치러진다.

9월 13일 수요일, 대법원 앞에 갔더니 노조원들이 막 피켓을 정리하고 가는 참이었다. 카메라 속에서 본 법원의 배경이 된 하늘이 새파랬다. 그러나 카메라에서 눈을 떼었을 때는 세 명 중 가을볕에 빨갛게 탄 얼굴이 눈에 들어왔다. 초가을 일상에서 낭만은 증발되고 있었다.

그들과 함께 천막으로 가 영동지회 대외협력부장을 만났다. 그 역시 1차 해고자로 6년 중 2년은 집밖에서 생활했단다. 투쟁과 더불어 돌아가신 아버지가 물려주신 과수원에서 틈틈이 자두 농사를 짓는다고 했다. 식사 후, 그가 '살찌는 바람'이라고 표현한, 훈훈하면서도 시원한 바람이 부는 찻길에 앉아있자니 새콤달콤한 자두를 맹물에 박박 씻어 한 입 가득 베어 물고 싶었다. 실은 구릿빛 그의 얼굴에 묻은 먼지와 땀을 닦아줄 참한 처자를 상상했다. 30대 후반부터 40대 중반까지를 길에서 보낸 그의 고된 삶이 이제는 정착해서 안정을 찾기 바랐다.

그 주 토요일, 청와대 100미터 앞에서는 전국민주노동조합총연맹 결의대회가 있었다.

둘러보니 영동지회 대외협력부장이 '노조파괴없는세상' 중 '없'자를 들고 있었다. 잠시 후 영동지회장이 무대 위에 올랐다. 발언 뒤 아스팔트로 돌아온 그의 곁에는 아들로 보이는 어린이가 있었다. 그렇다. 한 사람의 노동자에게는 한 가족이 딸려 있다. 그러므로 노사문제는 개인의 문제가 아니다. 그것은 누군가의 부모와 배우자와 어린 아이들의 문제다.

3. 내 기계 우리 회사

추석 연휴에 농성장을 찾았다.

7, 8기 아산지회장과 쟁의부장과 금속노조원 한 명이 있었다. 다 식은 전과 갈비는 추석 때도 집에 못 가고 농성장을 지켰을 이의 쓸쓸했던 추석을 상징했고 아직 따뜻한 생선 매운

탕은 그래도 올 한 해 열심히 싸워 거둬갈 결실을 기대하게 했다. 천막 안 점심식사 화제는 다가올 추위 걱정으로 이어졌다. 경사진 바닥에 깔고 자는 비닐 패드와 조류털이 숭숭 삐져나온 침낭으로 견딜 수 없는 추위. 그건 소음보다 더 육신을 괴롭힐 게 뻔했다.

보름 전 밤에 술 취한 현대 직원이 다짜고짜 쳐들어와 폭행을 하고 갔던 비닐천막이 직장보다 나은 게 있다면 CCTV가 없다는 것이었다. 그 날의 두 명은 회사에서 여성 조합원이 근무하는 곳에 설치한 CCTV에 청 테이프를 붙였다는 이유로 박상용 검사로부터 각각 1년 6개월과 6개월 구형을 받았던 이들이었다. 1심에서 무죄 판결을 받았지만 현재 항소심 상태였다. 낯이 많이 익다 했는데 〈추적60분—유성기업 6년 잔혹사의 비밀〉 출연자들이었다.

10월 18일 수요일은 날이 흐렸다.

천막 안으로 영동지회 두 명이 들어왔다. 지난 9월, 대외협력부장에서 사무장이 된 반가운 얼굴이었다. 함께 온 형님은 1995년에 입사한 23년차 조합원이었다. 그는 입사 직후의 유성기업을 유토피아 같았다고 표현했다. 그런데 전에 다니던 타 기업과 비교해서 월등히 좋았던 회사 유성기업은 2011년 5월 18일 직장폐쇄 후 법원의 중재로 8월에 복귀가 시작되자, 야간

근무 시 쪽잠 자는 시간을 없애고 현장에서 잠시 앉을 수 있는 의자도 치웠다. 작업장에 먼지가 너무 많아 한 주에 한 번 오후 5시면 수육이나 통닭과 막걸리를 지급해 주던 것도 금지시켰었다. 그래서 생긴 막걸리 투쟁이 1년을 갔었다.

사측은 전 노조원을 대상으로 징계위원회를 열었고 노조원들이 일할 기계를 어용노조에게 맡기고 대민지원이란 명목으로 기름때 제거작업이나 낙엽 쓸기 등 허드렛일을 시키기도 했다. 그러한 사측의 근무 지시는 아산지회에서도 횡행했다. 페인트 칠, 풀 뽑기, 여직원들에게 용역이 노조원들에게 부상을 입혔던 물품인 소화기를 닦게 하거나 어용노조원들 앞에서 현관자동문을 닦는 일 등을 시켜 불안감과 모멸감을 더했다. 조합원들은 수많은 소송과 징계와 감시 속에 몸과 더불어 마음도 상하고 아파하고 있었다. 그런 그들에게 천안고용노동청이 2016년 7월, 임시건강진단 행정명령을 내렸지만 회사 측은 계속 거부했고 정재신 검사가 내사종결명령을 내렸다.

10월 20일, 마침내 유성기업 담당 변호사들을 만났다.

김상은과 김차곤. 그들은 동갑내기 친구들로 법률사무소 〈새날〉을 운영하고 있었다. 먼저 김상은 변호사와 독대를 했다. 조근조근한 말투와 비상한 기억력을 가진 그는 회계장부를 읊듯 수치로 사건들을 정리해 주었다. 두 시간가량의 인터뷰 후 일어섰는데 부드러운 눈웃음의 남자가 옆방에서 수줍어하고 있었다. 그가 김차곤 변호사였다. 그 둘의 이야기는 잠시 후에 하기로 한다.

10월 27일은 어용노조 설립 무효 소송 항소심 선고일이었다.

유성기업은 직장폐쇄를 한 2011년 7월에 제2노조인 유성기업(주)노동조합을 설립했다. 이에 금속노조 소속 유성기업지회는 회사 측 노조와 회사를 상대로 소송을 했다.

1심 재판부는 "유성기업의 새 노조는 사측 주도 아래 이뤄졌고 설립 이후 조합원 확보나 운영이 모두 회사 계획대로 이뤄졌다. 새 노조가 자주성과 독립성을 확보했다고 보기 어렵다"며 지난해 4월 14일 금속노조 유성기업지회 승소로 판결했다. 2심도 마찬가지로 이들의 승소였다.

선고 직후, 국정감사가 있는 대검찰청 앞으로 갔다.

노사문제에 편파·지연 수사하는 검찰 규탄 시위중인 조합원들은 승소로 인해 분위기가 매우 좋았다. 거기서 그동안 문자나 목소리로만 만났던 아산지회 부지회장을 드디어 만났다. 기분이 좋아 표정이 밝은 그는 이렇게 끌어온 게 벌써 6년째, 끝났나 싶으면 2차, 3차 질질 끌고 온 소송이 무수하다고 했다. 그는 1994년 입사한 2011년 1차 해고자였다.

"예전엔 자기 담당 기계를 '내 기계'라고 하면서 기름때 하나 없이 깨끗하게 닦고 불량품 안 나오게 하려고 애를 썼는데 요즘은 회사에서 '그게 왜 네 기계냐 회사 기계지'라고 하는 통에 자기 것처럼 소중하게 다루던 분위기가 사라졌어요."

유성기업 근무자들끼리 하는 소리가 있다고 한다. 정년퇴직을 하면 5년 안에 죽는다고. 그만큼 작업환경이 열악하다는 말이다. 그런데도 해고자들은 그 작업장을 그리워하고 있었다. 내가 만난 유성기업 사람들은 하나같이 애사심이 대단했다. 직장폐쇄 이전의, 노사 단협으로 하나하나 발전시켜 온 직장에 대한 자부심이 있었다. 그들은 간절히 온전한 직장으로 돌아가고 싶어 했다.

11월 3일 비오는 금요일, 아침부터 천안에 갔다.

대전지법 천안지원 7호 법정에서 316명의 임금삭감 재판이 있다고 했다. 그런데 갑작스럽게 재판이 연기되었다. 낯선 도시에 버려진 듯 홀로 서 있던 내 눈에 반가운 얼굴들이 들어왔다. 구속까지 됐던 1차 해고자와 입사 3개월 만에 해고당한 해고자였다. 잠시 후 노동부에 들렀다 온 아산지회장까지 합류해 피켓시위가 끝날 때를 기다려 함께 식당 밥을 먹고, 내친 김에 꼭 가보고 싶었던 아산지회로 향했다.

붉은 깃발들이 늦은 오후 햇빛에 반사돼 휘날리고 있는 노조사무실 바로 옆에 어용노조사무실이 있었다. 노조사무실에는 故신영복 선생님의 글씨로 쓰인 전태일 유서가 걸려 있었다. 대학생 친구를 소망했던 전태일 열사의 유서는 조금도 부족함

없이 유려했다. 어찌어찌해서 대학원씩이나 나온 나는 노조원들보다 모르는 게 훨씬 많다는 걸 느끼는 지난 몇 달이었다. 그들은 소송장을 스스로 쓸 수 있었고 나는 재판 내용 파악도 제대로 못 하는 수준이었다. 같은 질문을 여러 사람에게 반복해서 하고 그걸 변호사한테 되묻고 최종적으로는 다시 조합원의 확인을 받아야 안심을 하는 지경이었다. 배움은 학교에만 있는 게 아니었다. 그들에게 현장은 학교였다. 가족처럼 옹기종기 모여 있는 그들은 유치원생처럼 노란 조끼를 덧입고 있었는데 거기엔 그렇게 쓰여 있었다.

'해고자를 공장으로'

30걸음이면 문을 열고 들어갈 수 있는 공장 맞은편 노조사무실에서 그들은 7년째 기다리고 있었다. 내 기계를 다시 만지고 닦고 조여서 불량품 없는 피스톤 링을 만들기를.

11월 8일 오후 2시, 두 시간 반 걸려 천안 대전지법 제6호 법정에 들어갔다.

어용노조가 노조를 고소한 '집행문 부여의 소' 재판은 지난 어용노조설립무효 판결로 인해 5분 만에 끝났다. 서울에서 내려온 변호사들과 함께 법정에서 나왔다. 남철·남성남, 서수남·하청일, 다윗과 요나단, 그리고 김상은·김차곤. 내가 아는 남자콤비는 이 정도다. 대충 나이대가 가늠되는 문화 배경일 것이다. 둘을 유명 바리스타 이름을 건 카페로 인도했다. 명색이 변호사가 둘이나 있었지만 나는 굳이 계산을 하겠다고 우겼다. 그건 김차곤 변호사의 뜯어진 배낭 마크 때문만은 아니었다. 차비라도 벌기 위해 단기 아르바이트를 시작했다. 2년 만에 복귀한 다큐멘터리 방송 턱을 내며 인터뷰를 했다.

김차곤·김상은 변호사는 대학 때부터 친구였다. 2007년과 2008년 각각 금속노조법률원에 들어갔는데, 그 법률원에서 '새날'이 시작됐고 지금의 법률사무소가 되었다. 이 두 동업자는 유성기업과 갑을오토텍 등 금속노조 사건을 주로 맡는데 유성기업 건만으로 7년간 족히 300건 넘는 소송을 하고 있다.

전체적인 틀을 관찰하고 조망하는 능력이 뛰어난 김상은과 결정을 하기까지는 숙고하지만 결정 후에는 끈질긴 추진력으로 밀고 나가는 힘이 강력한 김차곤, 실수가 거의 없는 환상의 팀워크로 승소율이 쟁쟁한 이들은 재판이란 게 질질 끄는 '희망고문'을 하는 바람에 수임료 일부를 외상으로 처리하고 있다. 그래서 노조원들은 이들을 '은인'이라고 한다. 그러니 내가 아직 수중에 들어오지도 않은 돈을 이들에게 미리 쓰면서 어찌 기쁘지 않을 수가 있단 말인가.

한 시간 반가량 둘의 이야기를 들었다. 1심 패소를 2심 승소로 만든 일, 회장을 구속시킨 일 등 이들의 업적은 화려하다. 그러나 내 가슴을 울린 말은 다음과 같았다.

"사건으로 보이는 게 아니라 일체가 되는 느낌이에요. 조합원들이 기소되고 해고되고 징계받으면 자기 일처럼 느껴져요."

김차곤 변호사가 그 말을 했을 때, 내 심장이 다른 속도와 강도로 쿵 움직였다.

"직장 폐쇄 직후 비닐하우스를 치고 있었을 때 갔었어요. 그때 사람들이 다가왔어요. 절박함이 신뢰로. …… 대전으로 재판하러 가는 길에 연락이 왔어요. 한광호 열사가 자결했다고. 며칠간 망치로 머리를 맞은 듯했어요. 소송에서 많이 이기고 있어서 희망적이었는데……. 바로 조문도 못 가고 며칠 후에 갔어요. 죄책감과 자책 때문에."

김상은 변호사가 그 말을 하고 있을 때, 내 머릿속엔 이미 한광호의 얼굴이 가득 차 있었다. 더 이상 어떤 말도 필요 없었다.

다시 이야기를 거슬러 11월 첫날로 가보자.

천막에는 영동에서 온 다섯 명의 장정들이 있었다. 그들 역시 대검찰청 앞에서 들은 내용과 똑같은 이야기를 했다. 정년 후 몇 년 내에 죽을 정도로 몸이 망가지지만 그래도 회사에 대한 애정이 있었다고. 2011년부터 7년 동안 이렇게 싸움이 길어지지만 않았더라면 벌써 주간2교대하면서 잘 살았을 거라고. 한 해에 천만 원씩은 빚이 늘고 있으니 7년이면 적어도 7천만 원인데, 소송에 이겨도 바로 돈이 나오는 게 아니라 2심, 3심에 법정까지 바뀌니 이젠 아내에게 할 말도 없다고, 야간근무 2주에 서울 농성장 2박 3일씩 가면 한 달에 아이들 얼굴을 예닐곱

번 정도밖에 못 본다고. 어린 아이들이 아빠 서울 간다고 하면 운다고.

다섯 명 중 해고자가 있냐고 물었다. 한 명이 있었다. 눈이 반짝반짝한 그는 1994년에 입사했고 그의 동생은 1993년에 입사했다가 군복무를 마치고 1995년에 재입사를 했는데 그 동생이 '한광호'라고 했다.

한, 광, 호. 그 이름을 듣자 내 동공은 최대치로 확장되었고 손은 더듬더듬 카메라 가방 지퍼를 열었다. 눈물이 바닥에 떨어지기 전에 서둘러 손수건을 찾아야만 했다. 나를 그 자리까지 이끈 사람, 죽은 한광호. 나는 그의 살아있는 형을 마주하고 있었다.

4. 한광호 열사에게

2017년 11월 12일, 전태일 열사 정신계승 전국노동자대회가 있었다.

전날 밤 여의도공원에 갔다. 여의도는 섬이다. 그 섬에서 있던 전국노동자대회 전야제 역시 세상과 격리돼 있었다. 3천여 명이 모였다고는 하지만 그 수는 여의도공원 면적에 비하면 자못 적었다. 석 달간 한 번도 술 마시는 모습을 본 적이 없던 나의 노동자들은 술을 물처럼 마셨다. 술을 마셔도 아무도 흐트러지지 않았다는 말이다. 모처럼 넉넉한 안주를 먹으며 나는 꽃 선물을 받고는 얼마 주고 샀냐고 물어봐서 분위기 망치는 마누라처럼 조합비를 걱정했다. 밤이 깊을수록 점점 차가워오는 날씨 속에 오들오들 떨면서 그들이 허허벌판 천막에서 어떻게 잘까 염려했다. 그리곤 다음 날 낮에 다시 만나기로 했다.

다음 날 아침, 건설노조와 금속노조 충남지부 파인텍지회 고공농성 기사를 접하고는 마음이 무거웠다. 아니나 다를까 아산지회 임원들은 서울에너지공사 목동 열병합 발전소 앞에 가 있었다.

오후 2시, 동아일보사 앞에서 사전모임으로 도열해 있는 무리들 중 어렵지 않게 유성영동지회 깃발을 찾았다. 낯익은 얼굴들이 11월 대낮인데도 두꺼운 파카를 입고 서 있었다. 언제 어떻게 노숙을 할지 모르는 태세가 읽혔다.

시청 앞에 5만여 명이 모였다. 예전처럼 위압적인 경찰병력은 보이지 않았다. 3시부터 87년 노동자대투쟁 30주년과 전태일 열사 47주기 행사를 했다. 5시가 넘자 행진을 시작했다. 전날 한의원에서 침을 맞으며 무리하면 안 된다는 주의를 받은 다리로 그 날 8km를 걸었다. 지난겨울 그랬던 것처럼. 그때나 지금이나 나는 소속도 조직도 없다. 그러나 내 곁에는 유성기업 노동자들이 있었다. 처음 만났던 8월 9일에서 석 달 만에 그들이 동지처럼 느껴졌다. 더 이상 외롭지 않았다. 시청에서 을지로를 지나 광화문으로 걷고 있자니 유성기업 아산지회 노조사무실에 걸려 있던 전태일 열사의 유서가 떠올랐다. 죽음으로 지펴진 불꽃은 47년이 지나 횃불이 되었다. 나는 또 한 사람의 죽음을 떠올리지 않을 수가 없었다. 한광호.

은행잎이 발밑에 수북이 깔리는 11월 15일 아침, 영동역에 내렸다.

석호 씨가 마중 나와 있었다. 나는 그에게 행선지를 맡겼다. 그는 나를 하얀 차에 태우고 어디론가 달렸다. 그 차는 동생 광호 씨가 타던 차라고 했다. 트렁크에는 아직도 광호 씨가 쓰던 캠핑 용품이 들어 있다고. 석호 씨는 고즈넉한 영동 시골길을 달렸다. 그리고 어린 시절에 다니던 학교 자리와 살던 마을 청남리 마을회관을 스쳐 죽청교를 지났다. 길가에 공원이 하나 있었다. 그곳은 광호 씨가 마지막으로 이 세상에 있던 장소였다.

광호 씨가 7기 2년차와 8기 1년차 대의원으로 활동하면서 회사는 노골적으로 탄압을 했다. 경고장, 징계, 폭행, 11건의 소송 등으로 정신건강이 악화되었고 2015년부터는 출근이 힘들었다. 3월 10일에는 야간근무 중 근태관련 징계위 개최 전 사실조사 출석 요구서를 받은 상태였다. 3월 15일에 여행을 갔나 싶었는데 그 동네를 빙빙 돌고 있었다. 블랙박스가 알려준 사실이었다.

다리 밑으로 흐르는 야트막한 강은 어린 시절 광호 씨의 아버지를 삼킨 물이었다. 밤늦게 술에 취해 강을 건너다 실족한 아버지를 어린 석호 씨가 건져냈었다. 비포장도로에 택시를 불러 아버지를 병원으로 옮겼을 때는 이미 돌아가신 다음이었다. 광호 씨를 유독 사랑했던 아버지였다. 그 강을 내려다보며 아버지를 그리워했던 것일까? 강가 정자에서 목을 맨 광호 씨는 아버지가 계신 저 세상으로 가버렸다. 2016년 3월 17일이었다. 한 달만 견뎠어도 4월 14일의 어용노조 설립무효 판결을 볼 수 있었을 텐데…….

형은 평소에 그렇게 사이가 좋았었는데 당시 노조 임원으로서 의견 대립을 할 수밖에 없던 걸 아직도 가슴 아파하고 있었다. 막걸리를 좋아했던 걸 미리 알았더라면 한 병 사가지고 가는 거였는데, 아쉬워하며 나는 그가 마지막 숨을 놓던 정자 기둥을 잡고 그를 추모했다.

영동지회 노조사무실에 가보았다. 노조원들이 아산과 대전으로 뿔뿔이 흩어져 텅 빈 사무실에서 CJB 테마스페셜 〈7년, 유성기업의 눈물〉을 보았다. 아주 잘 만든 다큐멘터리였다.

하루 종일 너무 많이 울어 기운이 빠졌지만 아직 만나야 할 사람이 남아 있었다.

석호 씨와 광호 씨의 어머니 전인숙 여사. 차가운 날씨에도 요양사의 도움으로 휠체어를 탄 채 산책을 다녀오신 어머니는 석호 씨를 보자마자 울먹이셨다.

"아이고, 그동안 왜 안 왔어? 너마저 없으면 이 엄마는 어떡하라고……."

일주일에 한 번은 방문을 하고 자주 전화해 드려도 어머니는 아들 걱정뿐이셨다. 연락이 없으면 구속됐는 줄 아시는 거였다. 막내아들처럼 큰아들도 잃을까 봐 전전긍긍하시는 연세 일흔 여덟의 어머니.

그 시대 어머니들 인생은 모두 기구했던가. 어머니는 첫 남편의 폭력으로 두 딸을 두고 막내 석호 씨만 데리고 집을 나왔다. 재혼을 해 딸과 아들을 낳았는데 남편은 어느 밤 강에서 익사하고 딸은 스물두 살에 급성위암으로 세상을 떴다. 어머니는 부산 고아원에서 80명 원아들의 밥을 해주시며 아이들을 키워내셨다. 다시 고향인 영동으로 돌아와 두 아들이 취직하고 이제 겨우 살만했는데 속절없이 광호 씨가 그리 가버리고 말았다. 이제 어머니가 의지할 자식은 석호 씨뿐이었다.

동그란 눈에 눈물이 그렁그렁한 어머니에게 나는 광호 씨에 대한 말을 일절 하지 않았다. 그냥 손만 잡아드렸다. 그리고 헤어질 때 안아드렸다. 그게 다였다. 그런데도 어머니는 그러셨다.

"고마워요, 고마워요. 이렇게 와 줘서 고마워요. 예쁜 게 꼭 우리 딸 같네."

할 수만 있다면 어머니의 딸이 될 수 있을까, 이 땅의 모든 가슴 무너진 어머니들의 딸이 될 수 있을까.

엿새 전이었던 11월 9일 오후 3시, 남부지방법원 308호 법정에서 노조파괴불법브로커 창조컨설팅 대표 심종두와 전무 김주목의 노조법위반에 대한 형사재판이 있었다. 내가 할 수 있는 일이라곤 묵묵히 그들의 얼굴을 보아주는 일뿐이었다. 2011년 5월, 현대차 구매관리본부장의 차 안에서 발견된 창조컨설팅이 만든 '회사 경쟁력 강화를 위한 노사관계 안정화 컨설팅 제안서'에는 직장폐쇄, 용역투입 등 현대차의 유성기업 노조파괴 사전 개입 정황이 들어있었다.

그들과 맞선 7년의 강단 있는 투쟁, 그 이면에 유성기업 조합원들 43% 이상이 우울증 등 정신질환 고위험군으로 밝혀졌다. 그들 중 자살미수에 그친 사람들도 꽤 많다. 직장 스트레스로 인해 가정폭력을 행하는 이들도 생겼다. 광호 씨처럼 괴롭힘을 당하고, 징계를 받고, 고소·고발을 당한 동료들은 정신질환을 앓을 수밖에 없다. 그래서 노동부는 작년 7월 29일 우리나라에서 최초로 정신질환에 대한 임시건강명령을 내렸지만 회사 측에선 이행하지 않고 있다. 현재 사측이 노조원들을 대상으로 고소고발을 해 놓은 사건이 총 1,080여 건이라고 한다. 제2, 제3의 한광호가 나오지 말란 보장이 어디 있는가.

그뿐만이 아니다. 작년 10월 13일, 근로복지공단 서울업무상질병판정위원회는 한광호 열사의 죽음에 대하여 업무상질병으로 인정을 했다. 그런데 회사 측은 이에 대해 산재 및 유족급여를 취소해 달라는 행정재판을 하고 있다. 평균 임금도 아니고 온갖 징계로 채 100만 원도 안 되는 마지막 급여의 석 달간 평균액수로 책정한 그 알량한 돈, 아들 잃고 홀로 사시는 어머니의 생활비마저 안 주겠다고 치사한 방법을 동원하고 있는 것이다.

한때는 광호 씨가 탔던, 그리고 지금은 그 형이 타고 있는 차를 타고 기차역으로 향하는데 자꾸만 몸과 정신이 까무룩 까무룩 가라앉았다.

"광호 씨가 다 알고 있겠죠?"

그런 허하디 허한 말이 나도 모르게 중얼중얼 입 밖으로 기어 나오고 있었다.

한광호 열사는 내 둘째 동생과 동갑이다. 나는 어쩐지 우리의 만남이 예정되어 있었을지도 모른다는 운명론에 사로잡힌다. 지난겨울 청와대 앞에서 만난 한광호는 결국 나를 양재동으로, 천안으로, 아산으로, 영동으로 이끌었다.

5. 한광호 열사 추모 2주기

크리스마스를 기다리는 아이는 전날까지 착한 일을 열심히 한다.

더 이상 산타크로스의 선물을 기다리지 않는 나는 크리스마스 점심 때, 유성기업 농성장을 찾았다. 비닐천막으로는 도저히 막을 수 없는 거리의 냉기를 고치처럼 침낭 속에 누워서 견디는 있던 네 명의 영동지회 노조원들은 내가 들어서자 후다닥 일어났다.

연말에 그해 처음으로 문예지 원고청탁을 받아 그들의 이야기를 실은 후 소정의 원고료를 받았다. 그 돈을 어떻게 의미 있게 쓸까 궁리했다. 노조에 기부할까 하다가 온 누리에 평화를 기원하는 크리스마스 날 함께 밥을 먹는 게 낫겠다 싶어 찾은 길이었다. 중국음식을 배달시키자는 제안에 따라 짜장면, 짬뽕, 탕수육 등을 천막으로 시켰다. 막 음식을 먹기 시작할 때였다.

"애들 크리스마스 선물은 뭐 해 주셨어요?"

갑작스런 질문에 기억을 더듬어야 했다.

"…… 아, 얼마 전에 3년 치 크리스마스 선물로 노트북을 사 줬어요. 애가 고등학생이라……."

대답하고 나서 아차 싶었다. 집에 데스크톱이 없는 데다 노트북이 없으면 숙제를 못 한다고 말했더라도 이미 넘은 간극을 회복할 길은 없었다.

그러니까 13년 전 크리스마스 날이었다. 아침에 눈을 뜨자마자 선물을 뜯어본 아이들의 반응은 상극이었다. 9,900원짜리 대량생산 곰돌이 인형을 받은 다섯 살짜리 딸은 첫눈에 그 애와 사랑에 빠져버렸고 기만 원짜리 파카를 받은 여덟 살 아들은 왜 산타 할아버지가 자기한테 이런 걸 줬냐며 투덜대기 시작했다. 당시 우리 집은 한 달 전 직장폐쇄로 실업 상태였다. 딸이 다니던 유아교육기관의 다음 해 등록을 포기해야 했었고, 아들에겐 겨울을 날 파카가 필요했었다. 하지만 일 년 내내 그날을 기다려온 아이들이 그런 내막을 알 리 없었다. 평소엔 그지없이 무던하던 아들이 계속 투정을 부리자 마침내 아이 아버지가 한 마디 했다.

"넌 엄마가 힘들게 사왔는데 왜 그렇게 계속 뭐라고 하냐?"

순간 정적이 흘렀다.

"뭐? 이 선물, 산타 할아버지가 주는 거 아니었어?"

그렇게 우리 아이들의 동심은 열 살을 못 넘긴 채 산산이 부서지고 말았다.

아이들 크리스마스 선물도 제대로 못 해주는 부모 심정을 내 어찌 모르랴만, 그 순간 그런 실수를 하고 말았다. 그러고는 밥이 어디로 들어가는지 모르게 어색한 숟가락질을 연신 했다.

해가 바뀌고 사장 바뀐 방송사에서 유성기업 뉴스를 잠깐 다뤘다. 변화가 보이는 듯했다.

마침내 설 직전에 1차 교섭 상견례를 한다는 소식이 왔다. 그러나 인사 정도였을 뿐 그들은 별 소득 없이 설을 맞아야 했다.

그리고 봄이 왔다. 한광호 열사 2주기 기일이 있는 3월이.

2018년 3월 16일 오후 3시, 양재동 현대자동차 본사 앞으로 갔다.

자동차가 쌩쌩 달리는 차도 옆에 금속노조 대전충북지부 및 충남지부 사회단체와 유성기업 조합원들 250여 명이 앉아 있었다. 아무리 구호를 외쳐도 끄떡없는 현대 본사 앞에서 봄이라고 방심한 찬바람이 지나치는 차량들과 함께 아스팔트 위를 매섭게 훑고 지나갔다. 8년간 다져온 근력답게 노동자들 역시 꿋꿋하게 집회를 해냈다.

다음 날인 3월 17일 토요일 오전 10시, 천안 고속버스터미널에 내렸다. 언제나 내 동지가 되어주는 아산지회 부회장이 기다리고 있었다. 그의 차를 타고 천안 풍산공원묘역까지 내달렸다. 날씨는 청명했고 가파른 묘역에 100여 명이 빼곡하게 모여 한광호 열사를 추모했다. 그중 지난 1월, 목동 열병합 발전소 고공농성 건강 및 인권상황보고 기자회견 때 본 차광호 파인텍(스타플렉스) 해고자(현 파인텍노조 지회장)도 절을 올렸다. 묘소 앞 아크릴 상자에는 2년 전 출근카드가 붙어 있었다. '영동공장 한광호 1951210.' 해고자들이 다시 출근카드를 쓸 날은 언제 돌아올까?

2018년 3월 28일 수요일 오전 11시, 국회 제8간담회 실에서는 〈검찰 직권남용·직무유기 5대 의혹 제기 기자브리핑〉이 있었다.

김차곤 변호사는 현장탄압사례 발표 서두에 이명박 정권이었던 2010년에 시작된 노조파괴역사의 일환인 유성기업 노조 죽이기를 언급했다. 2010년 2월 경주 발레오만도, 6월 구미 KEC, 8월 대구 상신브레이크 등 대구경북 금속노조 주요 사업장에서 용역깡패를 동원한 직장폐쇄 이후 교섭거부, 금속노조 탈퇴, 친기업 노조설립 시나리오를 반복 재생하던 기획노조파괴물결에서 충청지역 유성기업노조의 싸움은 그 맥을 끊는 혁혁한 공을 세웠다. 그러나 그 대가로 8년간 그들이 당해야 했던 현장 탄압은 징계권 남용, CCTV · 몰래카메라를 동원한 감시 · 통제, 무차별적인 고소 · 고발, 임금체불, 조합물품에 대한 손괴 · 절도 행위 등이었다.

자본의 노조파괴와 계속된 현장탄압에 맞선 유성기업 노조 투쟁사의 정점이었던 한광호 열사 추모 2주기에 즈음하여 유성기업 노동자들이 바라는 조항은 다음과 같다.

노조파괴 범죄자에 대한 강력하고 분명한 처벌, 검찰 · 노동부 등 주무 관청의 노조파괴 공범들에 대한 책임 처벌과 규제방안 마련, 사측의 개별조합원에 대한 징계와 고소고발처리 과정에서 공정성 확보 노력, 현대자동차라는 거대재벌의 부품사들에 대한 갑질 재조사로 유성사태가 2011년 노조파괴 전으로 원상회복.

그런데 유성기업이 이 싸움을 8년간 끌어온 데는 검찰의 5대 의혹이 있었다.

현대자동차에 대한 봐주기 처분으로 2012년 말경에 기소할 수 있었던 사건을 4년 반 이상 방치한 늑장 기소(2017년 5월 19일), 유성기업에 대한 봐주기 불기소 처분, 유시영 회장, 이기봉 아산공장장, 정이균 노무이사, 최성옥 영동공장장에 대한 근로감독관의 구속의견 묵살, 유성지회 조합원들에 대한 무리한 수사와 기소, 창조컨설팅에 대한 늑장기소 및 축소기소가 그것들이다.

같은 날 오후 2시, 대검찰청 앞에서는 기자회견이 있었다.

부리나케 이동한 서초동 대검찰청 앞에는 아무도 없었다. 취재요청을 했다는데 기자가 한 명도 없는 기자회견이었다. 그들은 검찰의 5대 의혹 외에도 보복 조사에 대해 이야기했다. 한 시간여 서서 그들의 이야기를 들었다. 봄바람이 목 섶으로 파고들었다. 기골이 장대한 대검찰청 앞에서 14명이 외치는 물맷돌 같은 소리는 검찰청 담장 안 하얀 목련을 겨울잠에서 깨어나게 했다. 무엇이 아름다운가. 꽃인가 사람인가, 겨울인가 봄인가. 그날부터 몸살을 앓기 시작했다. 외롭고 아픈 사람들을 너무 많이 만났다. 그들의 아픔이 전해지니 아플밖에…….

독일어 '아인퓔룽(Einfühlung)'은 '감정이입'이다. 이 단어를 '(상대방 속으로) 들어가서 느낌, 함께 느낌, 함께 아파함'이라고 취재수첩에 써놓았다. 다음은 『우리는 모두 별이 남긴 먼지입니다』라는 책에 나온 신경과학자 비토리오 갈레세의 말이다.

"결정적으로 중요한 것은 당신이 생각을 통해서가 아니라 직관적으로 내 입장이 된다는 점입니다."

그런 마음으로, 기자도 아닌 내가 그들의 회견장을 지켜보며 서 있는 유일한 사람이라면 그것마저 잘한 일이리라. 누군가 한 사람이라도 내 이야기를 귀 기울여 듣는다면 이 글이 무의미하지 않을 테니 마찬가지 아닌가.

2차 교섭이 회사 측 불참으로 결렬된 후, 3월 29일 3차 교섭이 있었다.

사측 대표로 김주표, 유호권, 이기봉, 조칠선, 최성옥, 최철규, 지회에서는 아산·영동지회장과 부지회장, 아산사무장과 대의원총무가 참석했다고 한다. 사측에서는 노측의 요구안을 법적으로 검토했으나 법률과 사회통념을 들어 논의 자체가 부적절하다고 대응했고 노측에서는 직장 폐쇄와 불법징계가 아니었으면 요구안이 나오지도 않았다고 항변했다. 회사와 노조라는 두 팔이 들어가는 한 벌의 옷을 함께 입어야 하는데 첫 단추부터 구멍에 제대로 꿰지 못한 채로 제4차 교섭날짜는 4월 초로 정해졌다.

4월은 유시영 회장이 만기 출소하는 달이다. 그리고 4월은 4년 전 304명이 세월호에서 목숨을 잃은 달이기도 하다. 4월, 대지는 부지런히 봄을 실어 나르는데 우리는 어떤 희망을 피울릴 수 있을까? 2011년 이후 여덟 번째 맞는 유성의 봄, 2018년

4월에는 노사 합의라는 꽃이 피어날 수 있을까?

6. 그날 이후 7년

2018년 5월 3일 목요일 15시 동부지방검찰청 앞, 검찰 과거사 위원회 조사 대상 중 유일한 노동사건인 유성사건 조사촉구 결의대회가 있었다. 우비 차림의 유성기업 노조원들과 금속노조원들 백여 명이 도열해 앉아 있었다.

2017년 12월 12일 발족한 법무부 검찰 과거사 위원회는 검찰의 역사에 대한 전반적인 반성, 적폐청산을 통한 과거 불법과의 단절, 검찰의 새로운 출발을 위한 제언이 되어야 한다는 취지 아래, 대검 진상조사단을 통하여 조사대상 후보 사건들에 관한 기초자료를 수집하는 형태로 사전조사를 진행하여 그 검토 결과를 토대로 조사대상 사건을 선정한 후 계속 진상규명을 하기로 했다. 진실화해위원회 상임위원 등을 지낸 김갑배 변호사가 위원장이고 변호사와 법학전문대학원 교수, 언론인 등 9명으로 구성된 위원회는 2017년 12월 12일부터 2018년 2월 6일까지 6차에 걸친 논의 끝에 개별 조사사건 12건과 두 가지 유형의 포괄적 조사사건 등을 '1차 사전조사 대상 사건'으로 선정했다. 선정에 있어 과거사 정리의 의미(검찰권 남용에 대한 역사적 반성, 현재까지 남아 있는 제도와 관행의 개선 등) 외에 사건의 중대성, 국민적 관심 등을 고려했다고 밝혔다.

그렇게 선정된 12가지 사건은 1. 김근태 고문사건(1985년), 2. 형제복지원 사건(1986년), 3. 박종철 고문치사 사건(1987년), 4. 강기훈 유서대필 사건(1991년), 5. 삼례 나라 슈퍼 사건(1999년), 6. 약촌오거리 사건(2000년), 7. PD수첩 사건(2008년), 8. 청와대 및 국무총리실 민간인 불법사찰 의혹사건(2010년), 9. 유성기업 노조파괴 및 부당노동행위 사건(2011년), 10. 서울시 공무원 유우성 사건(2012년), 11. 김학의 차관 사건(2013년), 12. 남산 3억 원 제공 의혹 등 신한금융 관련 사건(2008년, 2010년, 2015년)이었다.

이에 2018년 2월 6일(화) 출범한 대검 진상조사단은 외부단원인 교수(총 12명), 변호사(총 12명)와 내부 단원인 검사(총 6명)가 5명씩 1팀을 이루어 총 6팀이 서울동부지검에 마련된 사무실에서 조사활동을 시작했다. 그런데 4월 23일, 검찰 과거사위원회가 '유성기업 노조파괴 및 부당노동행위 사건' 본 조사 권고 여부에 대한 결정을 보류했다. 이유는 현재 진행 중인 관련 재판(현대자동차와 창조컨설팅 재판)에 영향을 미칠 수 있다는 것이었다. 현대자동차 재판은 임직원들의 과잉충성에 의한 것을 현대차에 책임 묻는 것은 양벌규정에 어긋나는 것이라는 이유로 헌법소원을 낸 상태로 재판이 무기한 추정되어 있는 상태이며, 창조컨설팅 재판 역시 거액의 수임료를 받고 있고 노조파괴 전반에 걸쳐 컨설팅했음에도 어용노조 설립에 관여했다는 한 가지 혐의로 축소되고 지연되고 있었다.

5월 3일 집회는 그 조사를 보류할 수 있는 결정을 5월 7일에 다시 논의한다고 해서 모인 것이었다. 검찰에 항의서한을 전달하고 집회는 끝났지만 막연한 기다림이 남았을 뿐이었다.

2018년 5월 10일은 세월호가 침몰한 지 1,486일째 되는 날이었다. 아침부터 세월호 선체 세우는 영상을 찾아보고 있었다. 목포신항 선체 앞 기자회견을 보는 내내 내 마음은 슬픔 대신 냉정을 유지하고 있었다. 왜냐하면 세월호는 바다에서 떠오르던 작년 3월 23일, 이미 바다 속에서 세워서 나왔어야 했기 때문이었다. 바다에서 배를 돌렸다면 부력으로 인해 훨씬 쉽게 세워 육지로 올릴 수 있었고, 그렇게 세운 채 뭍으로 올려 고정시켰다면 지난 일 년여 동안 옆으로 누운 배에서 진행된 수색 작업에 드는 시간과 공력을 줄일 수 있었을 것이다. 살면서 얼마나 많은 일들이 돌고 돌아 진행되는지 무수히 봐왔음에도 그 때가 다 적절했다고 인정할 수 없는 건 내게 아직 혈기가 남아 있기 때문인지 여하튼 착잡한 심정이었다.

그날 저녁에 갑작스런 연락이 왔다. 유성기업 노조원들이 동부지검 앞에서 노숙농성을 한다고 했다. 반사적으로 카메라를 챙겨 집을 나섰다. 가로등이 켜지기 시작하는 한강을 가로질러 어둠 속으로 들어갔다.

동부지검 앞에는 천막도 없이, 보도블록 위에 깔개를 깔고 이십여 명의 유성기업 노조 간부들이 배를 깔거나 등을 대고 누워 있었다. 글자 그대로 노숙이었다. 막막했다. 참담했다. 도대체 언제까지 이래야 하나. 이들이 또다시 길거리에 나온 건 5월 7일 검찰 과거사 위원회에서 최종 결정하기로 한 유성사건 조사 보류 건이 14일로 미뤄지면서 조사 대상에서 제외될 위기에 있기 때문이었다. 제발 보류하지 말고 제대로 조사해 달라고 검찰청 앞 길바닥에 맨몸으로 드러누운 그들 위로 쉴 새 없이 비행기들이 저공비행을 하고 있었다. 도저히 잠들 수 없는 소음이었다.

돌아오는 길, 여러 생각들이 스쳤다. 저들은 알까? 함께 마음을 모아 싸우는 과정이 행복한 시간이란 것을. 하지만 7년이면 많은 노조원들이 정년퇴직에 가까운 나이로 다가가고 있을 것이다. 이 싸움은 그래서 더 오래 가서는 안 된다. 몇 년이라도, 몇 달이라도, 다만 며칠이라도 사원증을 달고 당당하게 출근하고 싶은 그들의 소망을 위해서.

집에 와서 추가 보도가 있나 찾아보니 문재인 대통령 취임 1주년 기념 축하 음악회가 마을 주민들과 함께 청운동에서 열렸다는 기사가 떴다. 대통령이 바뀐 지 1년이 되어 남북평화 분위기로 온 세계가 들떠있는데 유성기업에는 무엇이 변했나? 그러고 보니 그 날치 유성기업 관련 기사 중 가장 상세하고 호의적인 기사가 J일보 기사였다. 전에 없던 이상한 현상이었다.

다음 날인 5월 11일 금요일 오후 2시, 또 다시 동부지검 앞에서 결의대회가 있었다.

묵념과 '임을 위한 행진곡' 제창, 발언이 이어졌다. 전국금속노조 현대자동차지부(5월 3일엔 현대제철비정규직 제공)에서 지원해준 차량 덕분에 도성대 아산지회장은 성대가 덜 상하겠다는 농담으로 발언을 시작했지만 곧이어 격앙된 감정으로 지난 8년 세월을 도둑맞았다고 했다. 밤새 틀어놓았던 〈KBS 추적 60분—검찰과 권력 2부작 1편, 유성기업 6년 잔혹사의 비밀〉에서 본 7년 전 그의 모습은 지금보다 훨씬 날렵했다. 김정태 금속노조 대전충북지부장은 상견례 때 이미 결렬을 예상했다고 했다. 이유는 노조파괴 주역 4명이 사측 대표로 참석한 것과 과거를 덮고 미래를 보자는 사측 발언 때문이었다고 했다. 교섭이 재개된 상황에서 노조파괴 주역을 앉히는 건 합의를 원하는 다른 사업장에선 볼 수 없는 일이라고 했다. 그만큼 사측에서 노조파괴를 반성하지 않음을 증명하는 것이나 다를 바가 없다고. 또한 과거를 청산하지 않고 어떻게 미래로 나아가느냐는 것이었다.

유시영 회장은 만기 출소 후 한 달도 안 돼 노조를 상대로 1억 1천여 만 원의 손해배상을 청구했는데 2011년부터 지금까지 청구된 손해배상액 16억 7천여 만 원을 합하면 18억 원에 육박한다고 한다. 이렇듯 현재진행형 사건을 과거사로 조사하겠다고 했던 검찰은 이제 와 발을 빼려고 하고 있다. 모든 발언이 끝나고 조합원들은 동부지방검찰청을 인간 띠처럼 빙 둘러 서서 40분간 피켓 시위를 했다. 시위를 마치고 돌아온 조합원들은 아이스크림과 사과를 나눠 먹으며 잠시 앉아 쉬었다. 깔개 앞에 신발이 놓여 있었다. 아까 발언하던 아산부지회장의 발에서 시선이 멈추었던 신발이었다. 리본이 유독 크게 묶여 있는 운동화는 뒤꿈치가 벗겨져 있었다. 요즘처럼 물자가 풍부한 세상에 찢어진 신발을 신은 사람이 몇이나 될까? 그걸 보는 내 가슴도 구멍이 난 것처럼 휑하니 먹먹했다.

주말을 쉬고 5월 14일 월요일, 다시 동부지검 앞을 찾았다. 검찰 과거사 위원회에서 12개 사건 중 유일한 노동사건인 유성기업 사건을 보류할 것인가 말 것인가를 결정하는 날이었다. 이십 여 명이 앉아 집회를 하는 도중 결과를 알게 되었다. '보류'였다. 맥이 빠졌다. 그런데 조합원들은 한두 번 당한 일이 아니라는 듯 무덤덤했다. 그 반응이 더욱 가슴 아팠다. 금요일과는 달리 대절해 온 버스도 없이 몇 대의 차에 나눠 탄 채 조합원들은 아산과 영동으로 흩어졌다. 나는 아산지회장과 금속노조 최윤정 조직국장과 함께 오랜만에 양재 농성장으로 향했다. 아산지회장 차 안에 약 봉투가 있었다. 무슨 약이냐고 물었더니 2012년 노숙 농성 중 뇌졸중 증세가 나타나 평생 약을 먹어야 한다고 했다. 그 약 때문에 체중이 급격히 불어났단다. 지난 금요일 집회에서 그가 '인생을 빼앗겼다'고 했던 말이 떠올랐다. 만 7년이면 그가 지금까지 살아온 인생의 1/8 정도 되는 시간일 것이다.

자꾸만 비가 내렸다. 봄비든 가을비든 비라면 마음 설레 좋아하는데 그 주에 내리는 비는 걱정만 쌓이게 했다. 금요일에 있을 오체투지 때문이었다. 2011년 5월 18일 직장폐쇄 이후 정확히 만 7년이 되는 날, 유성기업 노조원들은 시청에서부터 청와대까지 오체투지를 한다고 했다. 나 역시 그들과 함께 하기 위해 일주일 동안 안 하던 운동을 하며 없는 근력을 다졌다.

마침내 2018년 5월 18일 금요일, 오전 내내 걱정 근심이 비와 함께 땅으로 떨어졌다. 그러나 모두의 염원이 하늘에 닿았는지 집회 시각인 두 시를 앞두고 비가 그쳤다. 광화문 파이낸스 빌딩 앞에 모인 노조원들은 하얀 한복을 겹쳐 입었다. '금속노조, 현대차 처벌 · 유성기업 노동자 결의대회'에 이어 오체투지를 할 25명은 한복을 입고 선두에 섰고 그 뒤에는 피켓을 든 노조원들이 섰다. 족히 400여 명은 돼 보였다. 북을 잡은 이는 예전에 양재동 천막에서 본, '직장폐쇄 이전의 유성기업은 유토피아 같다'고 했던 영동지회 노조원이었다. 북 소리가 울리고 그들은 삼 보 걷고 아스팔트 위에 두 팔과 두 다리와 머리를 댔다. 이름하여 오체투지. 그것은 바닥을 드러낸 강에 남은 물고기의 헤엄처럼 혹은 날지 못하는 새의 날개 짓처럼 보였다.

앞서가던 트럭에서 서울시민에게 유성기업 노동자의 이야기를 들어달라는 멘트와 함께 노래가 흘러나왔다. 그 뒤로 하얀 백성들이 온 몸으로 엎드려 대통령이 사는 푸른 기와집을 향해 땅바닥을 기어가고 있었다. 2015년 말부터 일 년간은 천안에서 재판이 있을 때마다 오체투지를 했었단다. 말로 해서 안 되니 온 몸으로 표현하는 그들의 절규는 거센 바람보다 따뜻한 햇볕이 나그네의 외투를 벗기듯, 강성 행진곡보다 부드런 발라드가 마음을 녹이듯 내 몸에서 눈물이 실없이 흘러내리게 했다. 그들이 애초에 요구한 건 밤에는 잘 수 있게 해 달라는 것이었다. 예전처럼 따박따박 일한 만큼 월급이 나와 수당으로는 저녁에 식구들과 통닭이라도 시켜 먹으며 오순도순 살고 싶다는 것이었다. 지금은 그것과 더불어 7년간 행복하게 일하던 일터와 단란하던 가정과 몸과 마음의 건강을 잃었으니 노조파괴 주범들을 처벌해 달라는 것이었다. 그러나 그게 말처럼 쉽지 않은 건 그들 앞으로 쌓인 18여 억 원의 손해배상청구액이 말해주고 있었다.

재벌기업과 하청업체의 끈끈한 관계는 결국 현대차 재판에 영향을 준다는 이유로 보류된 검찰 과거사 위원회의 조사에서 분명히 드러났다. 7년 전으로 거슬러 올라가 보면 지금은 다른 업체들에서도 하는, 사건의 발단이 된 주간연속2교대 요청 역시 현대자동차에서 시행하지 않았다는 이유로 하청기업인 유성기업에서는 교섭과 합의 대신 직장폐쇄와 노조파괴공작을 단행했다. 만 7년이 지났지만 여전한 현대자동차와 유성기업과의 관계 속에서 노조원들은 노조파괴의 배후인 현대자동차를 처벌해 달라고 요구하고 있다. 그런데 최종적으로 유사사례의 재발방지 및 피해회복을 위한 조치를 권고하겠다는 검찰 과거사 위원회가 유일한 노동사건에 대해 이러한 입장을 취한다면 여타의 유사 노사문제들은 어떤 영향을 받을까? 그러니 노동자들은 검찰에서 외면당한 사안을 행정부 최고 권력인 대통령에게 읍소하고 있었다. 그러므로 그들의 오체투지는 조선시대 신문고를 울리는 것과 다름없었다.

두 시간여의 오체투지가 끝나고 양 지회장과 금속노조부위원장이 항의서한을 전달하러 갔다. 청와대에서 찌그러진 승합차가 나왔다. 그들을 태워간 차는 사라지고 남은 조합원들은 농성을 이어갔다. 노래 세 곡이 끝나고 발언이 이어질 때 항의서한을 전달한 이들이 돌아왔다. 이정훈 영동지회장의 발언을 들어보니 청와대에 들어갔는데 그곳에 있는 우편함에 항의서한을 넣고 가라고 하더란다. 내가 청와대 앞 분수대에서 목격한 몇몇 기자회견만 하더라도 청와대에서 담당자가 나와 항의서한을 받아 갔었는데……. 결국 누군가 나와서 항의서한을 받아가며 일주일 후에 아산지회로 답변을 주겠다고 했단다.

그날은 마침 전국금속노조의 '문재인 정부 1년, 노동배제정책 · 노동공약상실 규탄 시국농성' 열흘째였다. 온 힘을 소진한 유성기업 노동자들과 함께한 이들은 퇴근시간에 맞춰 광화문 선전전과 문화제에 함께했다. 마지막 발언자로 도성대 아산지회장이 나왔다. 그는 지난 촛불집회 때 23회 전부 참여해 뽑아놓은 대통령에 대한 서운함을 토로했다. 돌이켜보면 보수정권은 말할 것도 없었지만 진보정권에 대한 기대가 클수록 실망은 더욱 컸다. 그들이 말하듯 구조조정이 단행되고 노동자 탄압이 극심했던 때가 지난 어느 정권 때였나? 나 역시 촛불집회에 22회 참여했지만 정치지도자 어느 한 사람이 세상을 순식간에 바꿀 수 있다고는 생각하지 않는다. 그 사람의 인격과 인품이 아무리 훌륭해도 만인의 요구를 다 들어줄 수는 없다. 누군가 이득을 보면 누군가는 손해를 보는 구조 속에서 그건 솔로몬조차 할 수 없는 일이다. 하지만 그럼에도 불구하고 할 수 있는 모든 걸 다 동원해서 항의하고 청원하고 애원하는 그들에게 내 마음은 기울어 눈물로 젖고 있다. 그건 그들의 요구가 생존권이기 때문이다. 그리고 그 모진 세월 동안 그렇게 아프고 지쳤음에도 불구하고 흩어지지 않고 꿋꿋이 버텨내고 있는 생명력에 대한 지지 때문이다.

석가탄신일이 다가오고 있었다. 광화문 현판 앞에 세워진 석탑 모형에 그날의 저녁 햇살이 마지막 기염을 토하고 있었다. 내가 믿는 신이 아니라도 부처님의 자비가 그들에게 내려지길 빌어보았다. 저녁 7시가 다 되어, 아산과 영동으로 부리나케 흩어지는 배고픈 나의 노동자들 가정 가정에 따뜻한 밥과

국이 놓이고 그 위로 웃음이 흐르길 기원했다.

그 후 일주일을 초조하게 기다렸다.

2018년 5월 24일, 북한은 풍계리 핵실험장을 폐기했으나 트럼프 미 대통령은 북-미 회담을 돌연 취소했고 다음 날인 25일 새벽, 국회 환경노동위원회에서는 최저임금 산입범위에 정기 상여금과 식대·숙박비·교통비 등 복리후생비까지 포함하는 최저임금법 개정안을 통과시켰다. 그리고 청와대에서는 아무런 답변이 없었다.

7. 추모의 꽃

2018년 6월 9일 토요일 오후 1시, 청와대 앞에서는 〈최저임금 삭감법 폐기! 문재인 정부 규탄! 민주노총 수도권 결의대회〉가 있었다.

무대로 쓰는 트럭 앞에는 '최저임금 삭감법, 취업규칙 불이익 변경, 말로만 노동존중, 노동 적폐'라고 쓰인 파란 천과 빨간 글씨가 박힌 얼음 네 덩이가 있었다. 땡볕 아래 모여 있는 수백 명의 사람들이 최저임금 삭감법을 폐기하라고 주장했고, 적폐를 부수듯 얼음을 깨며 결의대회는 끝났다.

같은 날 오후 3시, 서울시청광장에서는 제27회 민족민주열사·희생자 범국민 추모제가 열렸다.

민족민주열사 및 희생자들 중 맨 아랫단 오른쪽에서 22번째 한광호 열사 사진이 있었다.

'2016. 3. 17. 한광호, 유성기업 영동공장 노동자. 회사의 노조파괴에 대항하여 싸우다 자결 후 사망.'

1959년부터 2018년까지 역사 속 열사와 희생자들 중 그를 설명하는 한 줄이었다. 직업과 사망 원인으로 정리되는 한 사람의 인생 앞에서 내 묘비명을 생각해 보았다. 내 죽음에 살아남은 사람들은 무슨 정의를 내릴까?

오후 네 시는 내 인생과 같다. 여름엔 아직 낮이 길게 남았고 겨울엔 곧 저녁이 들이닥칠 시각. 한국에선 마지막 햇살이 기우는 때지만 유럽에선 시에스타(낮잠)를 마치고 다시 활기를 찾을 때. 앞으로 얼마를 더 살지 모르지만 나는 언젠가부터 내일이 없는 것처럼 살았다. 하루하루 최선을 다해 발톱이 빠지고 인대가 상하도록 걷고 뛰어다니며 글을 쓰고 사진을 찍었다. 내가 좇아다니는 곳엔 늘 죽음이 있었다. 세월호가 있었고 핵발전소 피해자들이 있었고 한광호 열사가 있었다.

지난 11개월 동안 나는 좋아서 그들에게 갔다. 그들이 내게 자기 이야기들을 해줘서, 내가 그들의 이야기를 들어줄 수 있어서 좋았다. 인생이란 어차피 이야기다. 소설 같은 나와 당신의 이야기를 나는 쓸 뿐이다. 이 글이 무얼 어떻게 해줄 힘은 없다.

나는 그들에게 밀린 임금을 받아줄 수도 없고 그들을 당장에 그토록 그리는 자신들의 기계 앞으로 데려다줄 수도 없다.

하지만 마지막으로 꼭 하고 싶은 일이 있다. 한광호 열사를 아는 모든 사람들이 그에게 한 마디씩 하게 해주고 싶다. 육신을 벗어난 그의 영혼이 우주 어디에 존재하든 그렇지 않든 아직도 사람들이 자기를 기억하고 있다는 걸 알려주고 싶다. 당신의 죽음이 헛되지 않았다고 다독여주고 싶다. 잘 가라고 말해주고 싶다. 그리고 이 글이, 이 누나가 줄 수 있는 마지막 꽃이라고 이야기해주고 싶다.

수상 소감

1951210.

한광호 열사의 사원 번호입니다.

2016년 12월 10일 촛불집회에서 '현대차가 지시한 노조파괴로 유성기업 노동자 한광호가 죽었습니다'라는 피켓으로 우리는 처음 만났습니다. 그 겨울에 만난 한광호 열사는 저를 서울 양재동 현대본사 앞 농성장, 아산지회, 영동지회, 그리고 고향 집과 어머니께 이끌었습니다. 「유성기업 이야기」는 그렇게 지난 일 년 간 유성기업 사람들을 만나서 사진을 찍으며 그들의 사연을 듣고 쓴 이야기입니다.

단지 '밤에는 자고 싶다'는 요구로 시작한 지난 8년의 투쟁으로 몸과 마음이 모두 상한 유성기업 노동자들이 노조탄압 없는 회사에서 힘차게 자동차부품을 생산해낼 날은 언제 올까요? 이 문학상이 그들의 승리에 가을비만큼이라도 기여하기를 간절히 바랍니다.

유성기업 노동자들은 노동조합이라는 울타리 안에서 강하게 연대하여 싸워왔습니다. 힘들지만 외롭지는 않았을 겁니다. 하지만 저는 지금까지 한 번도 사번 같은 걸 가져본 적이 없습니다. 제가 선택한 삶은 비정규직이었지만 열심히 살아왔습니다. 빛 좋은 개살구라고 푸념하던 다큐멘터리 방송작가 시절은 르포작가에 비하면 그야말로 빛도 좋고 영양도 많았습니다. 세월호 참사 이후, 문학작가가 되겠다고 결심하고 한 글자 한 문장을 눈물과 땀방울로 썼습니다. 그런 제

노동이 자본으로 제대로 환산되지 못하는 현실에서 문학적 고뇌 외의 또 다른 좌절을 겪어야 했습니다. 그건 글을 써도 지면이 없고, 원고를 발표해도 적정 원고료가 없는 문단 현실 때문입니다. 게다가 도용과 무단 전재 및 배포가 만연한 인터넷 문화에 대한 혐오로 심신이 지친 상황에서 수상 소식을 들었습니다. 전태일문학상은 문화예술이 정당한 대가를 받아 마땅한 노동으로 인정받았다는 점에서 의미가 있습니다. 그러므로 이토록 열악한 환경에서 지금까지 문학세계를 지켜온 작가들에게 공로를 돌립니다.

23년 전 처음 만난 날부터 감수성을 알아봐 주고 글을 쓰라고 무한격려해준 이충걸 씨, 문학상을 타면 꽃다발 주는 게 소원이라던 S, 재능이 아까우니 죽도록 쓰라던 J, 중요한 결정을 해야 할 때마다 든든한 조언자가 되어주는 H, 까탈스럽기 짝이 없는 나를 진심으로 응원해준 친구들에게 사랑과 감사를 전합니다.

강재훈 사진학교에서 만나 웹진 〈길목인〉에 재능기부를 강권했던 홍영진 선생님, 덕분에 큰 상을 타게 됐습니다. 매주 유성기업 농성장에 '도시락 싸들고' 가는 윤선주·임재옥 길목협동조합원님, 당신들이 진정 선한 사마리아인들입니다. 지난 8년간 유성기업 노동자들과 함께 싸워온 김상은·김차곤 변호사님, 함께 이 영광을 나누어요. 그리고 제 르포의 주인공들인 유성기업 노조원 여러분, 이 상은 우리가 함께 받는 상입니다!

작품 활동할 수 있도록 뒷받침해주는 게 기쁨이라며 퇴직금 탈탈 털어 달리는 발에 날개를 달아주고, 말 한 마디만으로도 마음을 포근하게 감싸주고, 할머니가 될 때까지 살아야 할 이유인 가족들, 고마워요.

세상에서 저를 제일 사랑해주셨던 할머니, 강인한 생활력과 최선의 교육열로 자손들을 양육해주신 할아버지, 자연과 낭만이 무언지 알려주신 아빠, 모두 하늘에서 손녀와 딸을 자랑스러워하실 거라고 믿어요. 그리고 서른여덟 살에 속절없이 세상을 떠날 수밖에 없었던 아름답고 현명했던 엄마, 당신으로 인해 제 인생은 죽음의 골짜기와 해원(解冤)의 산을 오르내리고 있습니다. 엄마의 각별했던 사랑 덕분에 지금의 제가 있습니다. 그때는 너무 어려서 미처 하지 못했던 말을 이제야 지면으로 합니다.

"고마웠어요. 사랑해요. 단 하루도 잊은 적 없는 나의 엄마!"

제26회 전태일문학상

심사평

시 부문 심사평

인간답게 살아갈 수 있는 세상을 이루고자 하는 고민이자 열정

예심을 거쳐 본심에 올라온 10명의 작품들을 큰 기대를 가지고 읽어보았다. 전체적으로 작품의 형식이며 어휘의 사용이며 주제의식이 젊어졌다는 인상을 받았다. 전태일문학상에 대한 폭넓은 관심과 참여를 확인할 수 있었다.

원고들을 읽어본 결과 「방아쇠수지증후군」 외 2편을 응모한 강성남의 작품을 당선작으로 뽑는 데 쉽게 일치했다. 평면적인 구성과 산문체의 문장이 언뜻언뜻 보여 긴장감이 부족하게 여겨질 수도 있지만, 체험을 구체적으로 담아 작품에 힘이 있었다. 비유와 상상력의 사용으로 작품의 건조함을 극복했고, 세계를 끌어안는 인식으로 휴머니즘의 가치를 심화시켰다. 앞으로 시를 포기하지 않고 쓸 것이라는 예감도 들었다.

「텀블링」 외 2편을 응모한 김종화의 작품도 주목했다. 특히 「누란」 같은 작품은 힘든 삶의 상황을 구체적으로 잘 형상화했다. 「분향소 모퉁이에서」 외 3편을 응모한 선민영의 작품은 시대의식이 좋았다. 「집을 짓다」 외 2편을 응모한 유영희의 작품은 비유가 뛰어났다. 다른 작품들도 참신한 감각과 완성도를 보여주었다.

어느덧 전태일 열사가 한 알의 밀알이 된 지 50년이 되어간다. 응모한 작품들을 읽는 동안 1970년대 이후 변화한 우리 사회의 면들을 실감했다. 변하지 않은 면들도 실감했다. 모두 인간답게 살아갈 수 있는 세상을 이루고자 하는 고민이자 열정이기에 응원의 박수를 보낸다.

심사위원

예심 김성규(시인), 허은실(시인)

본심 김해자(시인), 맹문재(시인)

소설 부문 심사평

'오늘의 현실을 읽어내고 사람들에게 보다 나은 사회에 대한 꿈과 의지를 심어주는 힘찬' 소설

여전히 이름만 들어도 괜히 부끄럽고 가슴이 뛰는 '전태일'문학상 본심을 맡게 되어 영광스러운 만큼 합당한 작품을 뽑아낼 수 있을지 부담스럽고 저어되었다.

예심에서 올라온 작품은 10편이었다. 「타인의 삶」은 유신 말기에 태어난 '장군의 사생아'의 사부곡과 오랜 기간 위작 논쟁에 처해 있는 '그림'의 진실 찾기를 접목한 거창한 스토리였다. 「사탕의 세계」는 소규모 디자인회사를 배경으로 노동 약자들의 이모저모를 발랄하게 그렸다. 「아버지의 우상」은 늙은 아버지와 중년의 아들이 쿠바를 여행하며 서로의 역사와 삶을 무겁게 환기한다. 이 세 단편은 퇴고할수록 훌륭해질 것이 틀림없다.

중편 「달려라 자전거」는 아르헨티나 이민 1~2세대의 70년 노동사인데 아직은 산만하고 밀도가 없지만 좋은 장편으로 발전할 원석이다. 장편 「토성의 아이들은 권태로 달을 깎고」는 어린 화자의 냉소적인 시선으로 바라본 1990년대 초의 서울 변두리 동네 사람들의 애환인데 역시 노력의 여하에 따라 미래를 기대해볼 만하다.

장편 실화소설 「박정희의 이등병 노무현의 이등병」은 원고지가 아니라 에이포지로 736쪽인 대하소설이었다. 35년 전 군의문사의 진실을 기어이 밝혀내는 가족의 소중하고 위대한 이야기지만 너무 길다.

노력과 진정성에 경의를 표하지만, 정말로 문학적 성과를 얻거나 책으로 내서 알리고 싶다면 우선 장편 한 권 분량으로 압축하고 문장에 깊이를 더해야 할 테다.

경장편 「건물주」는 어느 건물을 둘러싸고 벌어지는 십수 년의 인간만사를 그렸는데 재미로만 따지면 으뜸이었다. 하지만 소설이 아니라 요즘 유행하는 스토리공모전에서 제출하라고 요구하는 트리트먼트(구체적인 줄거리) 같았다. 어떤 방향으로든 숙성이 필요해 보인다.

내용과 형식과 문장력을 갖추었으며, 재미와 감동과 메시지를 겸비했다고 말할 수 있는 작품은 하나뿐이었다. 중편 권행백의 「악어」는 세련되며 작품성도 높았다. 파푸아뉴기니의 미지의 부족 마을을 배경으로 굵직굵직한 이야기들이 촘촘히 전개된다. 단순하게는 한국인이 순진한 부족을 꼬드기고 이간질시켜 악어가죽을 수탈한다는 스토리로 보이지만, 문명의 발전, 자본의 침투, 권력의 발생, 노동자의 출현, 권력계급과 노동계급의 대결 등을 핍진하게 그려냈다. 작정하고 쓴 정치사회 풍자우화 '자본론'이라고 할 만하다. 급한 마무리를 고쳐 쓴다면 좋은 장편으로의 발전도 기대된다. 화자가 자본가이며 지식인이고 원주민(노동계급)을 바라보는 시각이 하도 냉정해서, '작품성을 보되 조금 투박하더라도 전태일정신에 부합하는 작품으로 선택해'달라는 주최 측의 요구에 부합하는지 걱정스럽지만, 전태일정신을 벼리는 데 크게 기여할 만한 문제작이라고 보고 당선작으로 밀기로 했다.

이번엔 당선작이 되지 못한 원석 소설들이 '오늘의 현실을 읽어내고 사람들에게 보다 나은 사회에 대한 꿈과 의지를 심어주는 힘찬' 소설로 발전하여 마침내 빛 보기를 비손한다. 당선작가의 앞날을 열렬히 기대한다.

심사위원

예심 하명희(소설가), 원종국(소설가)

본심 김별아(소설가), 김종광(소설가)

생활·기록문 부문 심사평

기록의 힘을 믿는 이들에게 응원을 보내며

이번 생활·기록문 본심에 올라온 작품은 6편이었다. 응모 분야의 성격상 다들 힘겹고 고통스러운 삶을 기록한 글들이었다. 그래서 글을 따라 읽는 동안 심사위원들 역시 그 고통의 시간들을 생각하느라 힘겨웠음을 고백한다. 그럼에도 이런 기록물들이 많아져야 우리가 어떤 사회 속에서 살고 있으며, 앞으로 어떤 사회를 만들어가야 하는지 생각해볼 수 있는 힘이 생길 거라고 믿는다. 아울러 자신의 상처를 글로 풀어냄으로써 자기 치유의 경험을 해보는 것도 매우 중요한 일이라고 생각한다.

「세월이 삼켜버린 시간」은 한 사람의 일대기를 다룬 글이니만큼 분량이 무척 길다. 만만찮은 삶을 잘 다루었으나 글을 읽어나가는 동안 수기보다는 소설 같다는 생각을 했다. 구체적인 세목에 있어 앞뒤가 잘 안 맞는 부분들이 보였기 때문이다.

「마라톤은 땀으로 쓴 시」는 내부 고발자로 나섰다가 겪은 고난의 상처를 마라톤을 하면서 치유해가는 과정을 다뤘다. 양심선언을 하게 된 과정이나 양심선언의 내용 등에 대해 집중하면 좋았을 텐데, 그런 부분은 간략하게 처리하면서 지나치게 마라톤 예찬으로 흐른 감이 있다.

「아직도 비정규직이다」는 비정규직 남편을 둔 아내의 심정을 담담히 써내려간 글이다. 병원 검진을 받으러 간 남편을 지켜보면서 느낀 감정들을 진솔하게 표현한 게 마음에 와닿았다. 아내의 입장에서 쓰다 보니 남편의 직장 생활과 비정규직의 애환 등에 대한 구체적 묘사가 없어 아쉬웠다.

「무대 뒤엔 작은 악마가 살고 있다」는 방송국 서브작가로 일했던 경험을 전하고 있다. 방송작가로 일했던 이답게 문장이 깔끔하고 이야기 전개에도 군더더기가 없다. 다만 자신이 겪은 부당한 상황을 전달함에 있어 생생한 묘사보다는 설명하는 방식으로 풀어가는 측면이 강하다는 측면에서 아쉬움이 남는다. 세련된 문장에 앞서 조금 투박하더라도 생동감 있는 구성을 취했으면 어떨까 싶었다.

「일상으로의 초대」는 구체적인 일상을 통해 택배기사의 힘겨운 노동과 애환을 그리면서도 비관이나 분노에 빠지지 않고 가족애를 통해 힘을 얻는 과정을 보여주고 있다. 낙관의 힘을 보여준다는 점에서 큰 미덕을 보여주고는 있으나, 지나친 유머와 장난기 섞인 표현들이 감동으로 가는 길을 막고 있다.

이런저런 아쉬움들 속에서 마지막으로 남은 게 「유성기업 이야기」였다. 유성기업은 한광호 열사를 죽음으로 이끌 정도로 노조 탄압에 앞장선 곳이다. 그만큼 노동조합을 지키기 위한 조합원들의 투쟁은 치열했고, 지금도 현재진행형인 상태다. 필자는 농성장과 법원을 찾아다니면서 목격한 장면과 사람들을 충실하게 기록했다. 한광호 열사의 고향인 영동까지 찾아가서 열사의 동생과 어머니까지 만나고 온 건 단순한 기록자의 차원을 넘어 세상과 인간에 대한 애정 없이는 쉽지 않은 일이다. 심사 과정에서 이런 점들을 높이 샀으며, 「유성기업 이야기」를 당선작으로 결정하는 데 두 사람의 심사위원은 쉽게 합의할 수 있었다.

수상작 선정을 마친 직후에, 당선작 속에도 나오는, 유성기업 노조파괴에 앞장섰던 창조컨설팅 대표 심종두와 전무 김주목이 구속됐다는 소식을 들었다. 사필귀정이라는 말을 실감하는 한편, 노동자들이 존중받는 세상을 위해 싸우는 모든 이들에게 하루빨리 평온과 평화가 찾아들기를 소망했다.

당선의 영예를 얻은 분께 기쁜 마음으로 축하의 말을 건네며, 아쉽게 탈락한 분들에게는 좋은 글을 보내주셔서 고맙다는 말씀을 드린다.

심사위원

예심 신정임(르뽀작가), 최규화(르뽀작가)

본심 박일환(시인), 임성용(시인)

제13회 전태일청소년문학상

수상작

문화체육관광부 장관상

전수현 · 문정여자고등학교 3학년

전태일재단 이사장상

시 부문 이예니 · 서일여자고등학교 3학년

독후감 부문 윤상인 · 덕정고등학교 2학년

경향신문 사장상

시 부문 이준 · 광문고등학교 3학년

산문 부문 신슬기 · 안양예술고등학교 3학년

독후감 부문 윤정아 · 함월고등학교 3학년

한국작가회의 이사장상

시 부문 한고은 · 안양예술고등학교 3학년

산문 부문 조소연 · 창문여자고등학교 3학년

독후감 부문 신승희 · 여의도여자고등학교 3학년

사회평론사 사장상

시 부문 고수정 · 고양예술고등학교 3학년

산문 부문 강예은 · 대성여자고등학교 3학년

독후감 부문 신소민 · 진산중학교 1학년

문화체육관광부 장관상

전수현

언니의 감정

"아, 또 누가 내 휴대폰 충전기 맘대로 가져갔는데!"

저기 잠이 덜 깬 채로 바락바락 소리를 지르며 화장실로 들어가는 사람은 유감스럽게도 우리 언니다. 언니는 금세 세수를 마친 뒤 화장을 시작했다. 언니는 한번 마음먹고 화장을 시작하면 완전히 다른 사람이 되곤 했다. 그 과정은 너무 놀라워서 거의 매일 언니의 변신을 접하는 나도 새삼스럽게 놀라곤 했다. 지금은 마스카라로 없는 속눈썹을 새롭게 만들어내는 중이었다. 언니는 금세 변신을 마친 뒤 직장으로 떠났다.

내가 보기에 우리 언니는 한심하고, 그래서 불쌍한 사람이었다. 언니는 놀이동산에서 예쁜 공주 옷을 입고 아이들을 상대하는 일을 했다. 언니는 원래 패션을 공부하고 싶어 했다. 그래서 꼭 자신이 좋아하는 연예인 S의 코디가 되어 연인 관계가 되겠다는 원대한 포부를 매일 늘어놓는 것이 일상이었다. 물론 허무맹랑한 말이었지만 그 말을 내뱉는 언니는 항상 희망에 젖어 있었고, 언니의 얼굴에서 미래에 대한 두려움이나 걱정 따위는 찾아볼 수 없었다.

그런 언니의 꿈은, 부모님 반대에 부딪혀 무산되었다. 안 그래도 궁한 우리 집 사정에 디자인은 당치도 않은 일이었다. 그 이후부터 평범한 학생이었던 언니는 엇나가기 시작했다. 언니는 학교에 있어야 할 시간에 학교 바깥에서 남자친구들을 만나 시간을 보냈다. 학교 선생님들은 같은 학교에 다니는 나에게 언니의 행보를 자주 묻곤 했지만 외박을 밥 먹듯이 했던 언니였기에 나조차도 언니의 위치를 알 수 없었다. 친구들이 다들 자신의 길을 찾아갈 때 언니는 결국 홀로 남겨졌다. 언니가 가진 것은 늘씬한 몸매와 반반한 얼굴, 그리고 그것을 십분 활용해 사귀었던 많은 남자친구들과의 좋지 않은 기억뿐이었다.

언니는 집과 얼마 멀지 않은 동네에 있는 놀이동산에서 시급 팔천오백 원을 받으며 아이들에게 재롱을 피우는 일을 하게 되었다. 하루는 아르바이트를 끝내고 돌아온 언니가 나에게 말했다.

"야, 나 오늘 일하다가 S 봤다."

"오, 진짜? 좋았겠네. 실물 어땠어?"

"여자친구랑 같이 왔더라. 팔짱 끼고 걸어가던데."

그 뒤 한참동안 언니는 말이 없었다. 나도 굳이 대화를 이어가려 하지 않았다.

어느새 언니가 집에 돌아올 시간이었다. 곧 문에서 철컥, 하는 소리가 들리고 언니가 들어왔다. 항상 일이 끝나고 돌아온 언니는 녹초 상태였다. 침대에 늘어진 그 상태에서도 나에게 불평불만을 늘어놓았다. 오늘은 남자친구 이야기였다.

“아니, 남자친구가 너무 연락에 집착해. 안 그래도 힘들어 죽겠는데. 진짜 질린다니까.”

언니는 나에게 계속 하소연하며 화장을 지웠다. 그리고는 금세 곯아떨어졌다. 그러고는 얼마 지나지 않아 코 고는 소리가 들려왔다. 나는 밤새 그 소리를 들으며 자기소개서를 썼다. 얼마 뒤 서류 접수가 있는 공단에 원서를 넣기 위함이었다. 과연 누구를 위해 쓰이고 있는지 모를 글을 쓰고 있는 동안, 언니의 코고는 소리는 심장 박동 소리처럼 규칙적으로 방에 울려 퍼졌다.

*

“공주야, 공주, 공주야아아!”

금쪽같은 주말 아침에 우리 가족은 웬 남자가 공주님을 찾는 소리에 단잠에서 깨어났다. 부모님이 웬 새끼를 운운하며 짜증을 내는 사이 언니가 재빨리 달려 나가 대문을 열었다. 문틈 사이로 남자의 실루엣이 살짝 보였다. 통통하고 작달막한 체구를 가진 그 남자는 언니의 남자친구였다.

언니의 남자친구는 렌즈 공장에서 불량 렌즈를 골라내는 일을 한다고 했다. 언니의 남자친구는 나에게 이 사실을 전하며 자신이 담당하는 업무가 공장 내에서 제일 고난이도라는 말도 덧붙였다. 그러고는 자랑스러워하는 것 같았다. 도대체 왜 그게 자랑스러운 것인지는 이해할 수 없었지만 언니의 남자친구는 그런 사람이었다. 조금 모자라 보이기는 해도 밉지는 않은 사람.

사실 처음 언니가 남자친구를 데려왔을 때, 내심 깜짝 놀랐었다. 지금껏 언니가 갈아치웠던 남자친구들은 담배 냄새가 풀풀 풍기며 다짜고짜 반말을 하긴 했어도 외모 하나는 잘난 사람들이었다. 그런데 지금 언니의 남자친구는 키도 언니와 비슷했고, 얼굴도 그다지 잘난 구석을 찾아볼 수 없었다. 그렇다고 특별한 다른 장점이 있는 것은 아니었다. 그저 언니를 극진히 대접해주고 나에게 무척 친절하게 대한다는 게 장점이라면 장점이었다. 금방 헤어질 줄 알았건만, 언니와 남자친구는 꽤나 오랜 시간동안 관계를 유지해오고 있었다. 하루는 내가 언니에게 넌지시 물어보았다.

"언니, 지금 남자친구는 뭐가 좋아서 만나?"

언니는 잠깐 고민하더니 제 딴에는 멋있어 보인다고 생각하는 표정을 하고서 대답했다.

"너도 살다보면 어떤 사람이 진국인지 알게 될 거야, 이 꼬맹아."

언니는 턱을 괴고 앉아 허공을 응시했다. 아마도 지금 자신의 모습이 무척 멋지다고 생각하고 있는 것 같았다. 그런 언니가 조금 우습기도 하고 귀엽기도 해서, 나는 옆에서 수긍하는 척을 했다.

*

"야, 공단 1차 발표 떴다!"

지루한 수학 수업이 끝나자마자 어떤 아이가 동네방네 소리를 질러댔다. 그 말을 들은 아이들은 일제히 자신의 휴대폰으로 합격자 공고를 조회했다. 내 이름은 없었다. 이제는 익숙해질 만도 하건만 불합격 사실은 언제 마주해도 빠져나오기 힘든 우울감을 안겨주었다.

"어, 윤지 붙었다!"

누군가 한 마디를 내뱉자 모두의 시선이 한 아이에게로 집중되었다. 방금 이름이 불린 아이였다. 아이는 지금의 상황이 당황스러운지 어쩔 줄 몰라 하고 있었다.

순간 분위기가 침체되었다. 모든 아이들의 주목을 받던 아이가 더욱 어쩔 줄 몰라 하고 있었다. 더 이상 분위기가 가라앉는 꼴을 두고 볼 수 없었기에 나는 큰 소리로 외쳤다.

"아, 배고프다. 오늘 급식 뭐냐?"

"오늘 맛있는 거 나와. 닭다리치킨이었나?"

"야, 공혜림, 넌 이 상황에서 급식 타령이냐."

주위 아이들이 나에게 핀잔을 주며 순식간에 분위기가 반전되었다. 다시 소란해진 아이들 사이 안심한 듯 보이는 한 아이가 보였다. 그 아이는 나를 향해 어색한 미소를 지어보이고 있었다. 고마움을 표현하는 방법을 잘 모르는 것 같았다. 그래서 나는 그 아이를 향해 씁쓸하게 웃어보였다.

집에 들어가자 웬일로 언니가 먼저 집에 들어와 페디큐어를 하는 중이었다. 평소 언니는 이 시간 즈음 남자친구와 시간을 보내기 바빴기에 나는 이유를 물었다. 그러자 언니의 입에서 나온 대답은 꽤나 충격적이었다.

"나, 헤어졌어. 남자친구랑."

그 말을 내뱉는 언니의 얼굴은 마치 오늘 아침 메뉴를 말하는 것처럼 평온했다. 나는 놀라서 물었다.

"왜?"

"그냥, 구질구질하잖아. 구질구질한 사람들끼리 만나서 구질구질하게 연애하는 게."

"그럼, 차였어?"

"미쳤어? 당연히 내가 찼지."

"아쉽다. 그래도 지금껏 본 언니 남자친구 중에 제일 괜찮았는데."

"아, 그 얘기는 이제 그만. 너는 무슨 소식 없어?"

언니가 찾는 소식은 나의 취업에 관련된 것이었다. 기울 대로 기운 우리 집을 조금이라도 돕기 위해서는 하루빨리 취직을 해야만 했다. 나는 말없이 고개를 저었다. 그러자 언니는 별 반응 없이 돌아누웠다. 꽤 오랜 시간 정적이 이어지고 얼마 지나지 않아 옆에서 또 코 고는 소리가 들려왔다. 오늘 코 고는 소리가 큰 것으로 보아, 오늘 일은 꽤나 고되었던 모양이었다.

*

“야, 혜림아. 우리 놀이동산 가자.”

도서관에 가려고 짐을 싸던 참에 친구들 무리가 느닷없는 제안을 해왔다. 아이들이 말하는 놀이동산은 아마 언니가 근무하는 놀이동산일 것이 틀림없었다. 나는 언니가 그곳에서 일하게 된 이후로 놀이동산을 한 번도 가본 적이 없었다. 일하는 언니를 그다지 보고 싶지 않았던 것도 있었지만, 제일 큰 이유는 언니가 놀이동산에 절대 오지 말라고 나에게 신신당부를 해왔기 때문이었다. 아이들을 향해 되물었다.

“애도 아니고, 난데없이 웬 놀이동산.”

“야, 같이 가자. 말은 그렇게 해도 막상 가면 되게 재밌어.”

“혜림아, 너 빠지면 재미없단 말이야. 같이 가자. 응?”

내가 아무리 난처한 기색을 내보여도 아이들은 물러설 것 같지 않았다. 결국 나는 아이들의 제안을 수락했다. 약속 날짜는 다음 주 토요일이었다.

집에 돌아갔더니 언니가 혼자서 텔레비전을 보고 있었다. 확실히 오늘의 언니는 좀 이상했다. 언니가 입고 있는 수면바지에 묻은 김치 얼룩이 언니를 궁상맞아 보이게 만들었다.

“야, 혜림아. 여기. 내 옆에 앉아봐.”

갑자기 언니가 방에 들어가려던 나를 불러 세웠다. 나는 순순히 언니가 시키는 대로 자리에 앉았다. 내가 엉덩이를 붙이기 무섭게 언니는 일장 연설에 돌입했다.

"혜림아, 언니가 너무 힘들어. 비정규직이지, 박봉이지, 관리자라는 사람은 은근히 몸을 더듬고…… 그중에서 제일 힘든 건, 그렇게 힘들어도 늘 웃어야 한다는 거야. 울어서도 안 되고, 찡그려서도 안 돼. 넌 진짜 열심히 해서 좋은 데로 취업 가라. 우리 집 형편 알잖아. 엄청 궁한 거. 너라도 잘 돼야지."

"……"

"넌 진짜 나처럼 살지 마. 어른들이 하지 말라고 하는 거, 다 이유가 있는 거더라."

평소 언니가 입에 잘 담지 않던 이야기였다. 언니가 말을 하던 도중 한숨을 푸, 하고 내뱉었다. 곧 술 냄새가 온 방에 퍼졌다. 곧 거실이 적막으로 가득 차올랐다. 나는 이 분위기가 소름끼치게 싫어 언니에게 억지로 말을 건넸다.

"요즘, 많이 힘들어?"

"그럼, 힘들지. 언제는 안 힘들었니."

"힘내. 그래도 언닌 공주잖아."

그 말을 들은 언니가 피식, 하고 웃었다. 마냥 밝은 웃음은 아니었다. 웃으며 언니는 내게 말했다.

"야, 너 진짜 웃긴다. 예전부터 그러긴 했지만. 넌 참……."

언니의 웃음소리는 공주의 웃음이라기엔 너무나 경박했다. 옷차림도 공주라고 불리기엔 무리가 있었다. 세상에서 제일 초라한 공주가 내 앞에서 술 냄새를 풍기고 있었다. 그 공주가 너무 가여워 얼굴을 잠시 바라보았다. 그러자 공주가 나를 잠깐

응시하더니 뭘 봐, 하고 나를 향해 발을 휘둘렀다. 그 발길질을 피해 방에 들어왔다. 얼마 지나지 않아 드르렁, 하고 코 고는 소리가 들려왔다. 그 방 안에서, 아까 언니가 지어보이던 웃음이 내가 같은 반 아이에게 지어보인 웃음과 비슷하다는 생각이 들었다.

*

"야, 혜림아, 축하해."

청소시간에 갑자기 한 아이가 말을 걸어왔다. 그다지 친하지 않은 친구였다. 영문을 몰랐던 나는 그 아이에게 영문을 물었다. 순간 그 아이의 눈이 동그래졌다.

"너 A은행 1차 통과했던데? 몰랐어?"

몰랐던 일이었다. 바로 휴대폰을 켜 결과를 조회해보았다. 그리고 그 곳에는 내 이름이 있었다. 사실 뛸 듯이 기뻤지만 내색하지 않았다. A은행은 친구들과 다 같이 서류를 넣었던 곳이었다. 그중 나만 1차에 합격한 것이다. 그것도 많은 아이들이 원하던 은행 서비스직이었다. 이후에도 결과를 확인한 친구들이 무미건조한 축하의 말을 건네며 지나갔다. 그 아이들 사이에는 전에 어쩔 줄 몰라 하던 아이도 섞여 있었다. 그 아이는 발그레 뺨을 밝히며 축하 인사를 전했다. 이번에는 나도 순수한 웃음으로 그 아이의 인사를 받을 수 있었다.

친구들과의 약속이 있는 토요일은 금세 다가왔다. 한여름의 오전은 몹시 더웠지만 아이들은 들떠 제 이야기하기에 바빴다. 그만큼 취업을 앞둔 고등학교 3학년 아이들에게는 이토록 작은 일탈도 들뜨고 설레는 일이었다.

오랜만에 타는 놀이기구는 생각보다 재미있었다. 특히 롤러코스터를 탈 때에는 너무 소리를 많이 질러 목이 아플 지경이었다. 지금은 아이들과 다음엔 무엇을 타러 갈지 상의하며 걷고 있는 중이었다.

"야, 은혜야. 너 취업 안 되면 저런 거나 해라. 키 크니까."

"야, 무슨 소리야. 나 취업할 건데."

옆에 있는 아이들이 장난치는 방향을 바라보자 웬 공주가 코흘리개 아이들을 상대하며 웃고 있었다. 집에서는 한 번도 보지 못한 웃음이었다. 짙은 화장을 하고 멋진 옷을 빼입은 공주는, 진짜 공주 같았다. 혼자 집에서 소주를 마시며 푸념하던 초라한 여자는 알지도 못한다는 듯 공주는 화려하게 아이들 사이에서 집권하고 있었다. 한참동안 그 모습에서 눈을 떼지 못했다.

"혜림아, 뭘 그렇게 열심히 봐. 너도 저런 거 하고 싶어?"

내가 언니를 바라보고 있는 사이 한 친구가 말을 걸어왔다. 그 친구를 향해 나는 이상하리만치 격하게 손사래 쳤다. 그러자 말을 건 아이가 의아하다는 듯 나를 바라보았다.

"근데 저 언니 예쁘긴 진짜 예쁘다. 몇 살일까?"

"예쁘니까 저런 알바도 하지. 아마 대학생 아닐까?"

어느새 아이들의 화제가 언니에게로 옮겨갔다. 아이들은 꽤 오랜 시간동안 언니에 대해 이야기했다. 나는 그 사이에서 입을 떼지 않았다. 왠지 입이 떨어지지 않았다. 사실, 그 사람이 우리 언니라는 것이 믿어지지 않았다. 분명 며칠 전까지만 해도 실연의 아픔 때문에 술에 의존하던 사람이 저렇게 환하게 웃을 수 있다는 사실이 믿기지 않았다.

*

내가 집에 도착한 지 얼마 지나지 않아 언니가 집에 들어섰다. 자세히 보니 더운 날씨에 군데군데 화장이 녹아 있었다. 언니는 곧장 화장실로 들어가 화장을 지운 뒤 침대에 드러누웠다. 언니를 향해 나직이 물었다.

"언니."

"응?"

"안 힘들어?"

잠시 정적이 흐른 뒤 언니가 입을 열었다.

"힘들지. 왜 안 힘들겠어."

"근데 그렇게 웃으면서 일 할 수 있어?"

"혜림아."

"응?"

"감정노동은 그렇게 하는 거야."

언니는 입을 닫았다. 자신이 방금 한 말이 꽤나 멋있었다고 생각했을 것이다. 이 정도면 병이었다. 사실 조금 멋있었다고 생각했지만 굳이 그것을 내색하지는 않았다. 언니가 우쭐해할 것 같아서였다.

"……좀 멋있었냐?"

언니가 뜬금없이 물어왔다. 나는 조금 고민하다가 솔직히 대답해주기로 했다.

"어, 조금?"

"그러면 아이스크림 좀 사와. 난 메로나."

맥락 없는 요청이었지만 언니의 속이 말이 아닐 것을 알아 못이긴 척 언니의 부탁을 한 번 들어주기로 했다. 돌아오는 길에 엄청나게 생색을 낼 참이었다. 집을 나서 슈퍼로 걸어가던 중 익숙한 실루엣이 하나 눈에 띄었다. 작달막하고 군데군데 여드름 흔적이 남아있는 남자. 언니의 전 남자친구였다. 언니의 전 남자친구는 나를 발견한 뒤 어쩔 줄 몰라 제 자리에서 서성이고 있었다. 결국 내가 먼저 말을 걸었다.

"저기, 여기서 뭐 하세요?"

그가 나의 목소리를 듣고 화들짝 놀랐다. 무안해진 나는 대답을 기다렸다.

"저, 미안한데 공주, 아니 혜주 한 번만 불러줄 수 있어? 아무리 연락해도 안 받아서……."

난감한 부탁이었다. 아마 언니는 나오려 하지 않을 것이다. 하지만 그의 부탁은 너무나도 간절하고 처절했다. 나쁜 사람

같지는 않았다. 돌아가는 길에 나의 손에는 메로나 말고도 많은 아이스크림과 과자들이 들려있었다.

"언니, 한 번만 나와봐. 내가 밖에서 꼭 할 말이 있어."

"뭔 뚱딴지같은 소리야. 메로나 사왔어?"

"메로나 말고 다른 것도 많아. 이거 다 언니 줄 테니까, 잠깐만 나가봐. 응?"

"야, 너 오늘 진짜 이상하다. 다짜고짜 힘들지 않냐고 묻지를 않나……."

"아무튼 한 번만 나가보라니까?"

나의 예상치 못한 고집에 언니는 당황한 듯싶었다. 언니는 주섬주섬 삼선슬리퍼를 신더니 집 밖으로 나섰다. 그리고 한참 동안 언니는 집에 들어오지 않았다.

*

꽤 오랜 시간이 지나고 어느새 밤이었다. 언니가 돌아오지 않는 시간이 길어지자 나는 점점 불안해졌다. 머릿속에 다양한 시나리오가 그려졌다. 언니와 언니의 남자친구가 다투는 장면부터, 서로 언성을 높이는 장면, 뉴스에 나올 만한 연인간의 보복 범죄…… 점점 상상의 강도는 높아졌다. 결국 나는 언니를 찾아 나설 채비를 하기 시작했다. 신발을 신으려 신발장 앞에 쭈그렸을 즈음 덜커덕하는 소리가 들리더니 언니가 집 안으로 들어왔다. 언니의 표정은 심하게 일그러져 있었다.

"공혜림. 너 미쳤어? 미쳤냐고!"

언니가 나를 향해 크게 소리쳤다. 나는 그 앞에서 아무 행동도 할 수 없었다. 순간 몸이 완전히 굳어버렸기 때문이었다. 언니가 나를 향해 주먹을 쥐었다. 금방이라도 나를 때릴 것 같았다. 나는 그 앞에서 무력하게 쭈그린 채 있었다. 눈을 꾹 감았다. 꽤 오랜 시간이 지나도 주먹이 날아오지 않았다. 나는 슬며시 눈을 떴다. 언니는 손을 내린 채 그저 나를 바라보며 씩씩대고 있었다. 그다음 내뱉은 언니의 목소리는 생각보다 침착했다.

"일부러…… 마음 약해질까 봐 그런 거였어."

의아한 마음에 나의 눈이 동그래졌다. 언니는 표정을 살짝 찡그리더니 말을 이었다.

"저 사람, 공장 사정이 어려워져서 얼마 전에 공장에서 잘렸대. 아직까지 변변한 일을 못 구한 상태고. 나 하나 챙기기도 버거운데 어떻게 다른 사람까지 챙기겠어. 그래서 헤어지자고 한 거야. 나도 어떻게 될지 모르는데……."

언니가 한숨을 푹 내쉬었다. 공주의 초라한 모습이었다. 공주는 목 늘어난 티에 트레이닝 바지를 입은 채 당고머리를 묶고 있었다.

"나 먼저 잔다."

언니는 비틀대며 방 안으로 들어갔다. 나는 한참동안 잠을 이루지 못했다. 계속 놀이동산에서 환하게 웃어보이던 언니의 모습과 감정이 북받쳐 오른 듯 나를 향해 씩씩대던 언니의 모습이 머릿속에서 번갈아 지나갔다. 두 표정 다 너무나도 낯선 모습이었다. 언니가 그렇게 환한 미소와 격한 분노를 동시에 표현할 수 있다는 것을 나는 오늘에서야 알았다. 언니가 내뿜는 숨소리가 들려왔다. 새근새근, 그 숨소리는 온 방을 가득 채웠다. 언니는 지금 당장이라도 일어나 누구보다 환한 미소를 지어보일 수 있는 사람이었다. 내가 그렇게 웃는 모습을 상상해 보았다. 머릿속에서 잘 그려지지 않았다.

*

언니는 다음 날 또 일어나 어린이들을 위한 변장을 했다. 변장을 끝마친 언니의 얼굴은 화려했다. 그렇게 언니는 또다시 웃음을 위해 출근했다. 아무리 슬퍼도, 아무리 힘들어도 웃어야 했다. 그것이 언니에게 주어진 일이기에.

"혜림아, 잘 하고 와. 면접에서는 인상이 중요한 거 알지? 꼭 면접관이랑 눈 마주치고. 웃어."

언니가 나에게 일러주었다. 나에게 있어 오늘은 무척 중요한 날이었다. A은행에서 면접을 보는 날이었기 때문이었다. 면접을 위해 꽤 많은 준비를 했지만 막상 면접장에 들어서자 떨리는 것은 어쩔 수 없었다. 깐깐해 보이는 면접관들이 나를 바라보며 앉아있었다. 막상 면접을 시작하자 이야기는 순조롭게 진행되었다. 좋은 느낌이 들었다. 어느덧 마지막 무렵이었다.

"자, 그럼 마지막 질문할게요. 아마 은행 창구에서 일하게 되면 흔히 감정노동이라고 하는 일을 자주 겪게 될 텐데요. 자신의 감정과 무관하게 행동해야 할 일이 많을 거예요. 할 수 있을까요?"

순간 말문이 턱 막혔다. 사실 그들이 원하는 모범 답안은 이미 알고 있었다. 하지만 나는 차마 이를 입에 담을 수 없었다. 머릿속에 은행 창구에 앉아 환한 미소를 짓는 나를 그려보았다. 그 모습이 일그러져 보였다. 여섯 개의 눈이 일제히 나를 바라보고 있었다. 나는 입에 미소를 머금은 채 질문에 대해 답하기 시작했다.

"원래 노동은 그렇게 하는 거라고 생각합니다. 제 육체만이 아니라 제 감정 또한 노동을 하는 거라고 생각해요. 그러니까 그, 괜찮아요. 할 수 있어요."

머릿속에 언니의 얼굴이 떠올랐다. 감정으로 가장 많은 노동을 하고 있는 언니의 얼굴을 굳이 머릿속에서 지우지 않았다. 그래야 무사히 면접을 마칠 수 있다고 생각했다.

전태일재단 이사장상 · 시 부문

이예니

벽

가로등 불빛이 뚝뚝 끊어져요 주황빛으로 퍼지는 아스팔트 텅 빈 골목에 밤이 켜졌어요 달빛은 차가운 아스팔트 밑으로 내 그림자를 잔뜩 밀어 넣어요 교과서를 잔뜩 집어넣은 책가방이 내 어깨를 잡아당기고 나는 길어지는 그림자를 질질 끌며 골목길을 걷고 있어요

낮은 담벼락은 세상의 오물을 모조리 받아내고 있어요 취객들은 울렁거리는 하루를 쏟아내고 악취만 축축하게 남아있는 벽 낡은 전단지들이 덕지덕지 붙어있어요 유행이 지난 폰트, 세일 기간이 끝난 상품들 모두 조금씩 바래지는데

수배 전단 속 얼굴들은 어제보다 오늘 더 흐트러져있어요 까맣게 번져있는 눈, 코, 입 삐져나온 벽돌처럼 불쑥불쑥 튀어 올라요 유성 매직으로 덮인 얼굴이 점점 낯설어지고 귀에 걸린 입꼬리 나를 보며 웃고 있어요

찐득한 청테이프 자국들이 거뭇하게 번져가는 벽 너덜너덜한 시절들이 겹쳐 붙어있어요 사람들이 버린 과거는 찢어지지도 못하고 이끼처럼 벽에 눌어붙어요 오늘 아침에 새로 붙은 전단지가 벌써, 모서리를 둥글게 말아 올리고 있다면 내 얼굴은 어제보다 오늘 더 흐트러졌을까요 나의 벽이 무너지고 있어요

까만 그림자 속에 잠겨있는 두 발은 움직이지 않고 회색빛 구름 아래로 어둠이 쏟아져요 천천히 밤으로 젖어가는 내 몸 조금씩 더럽혀지는, 벽을 따라 걷고 있어요

휴식기

침대 위에 늘어진 내 몸은
붉은 글씨로 적힌 날짜를 깔아뭉개고 있어요

내 방에 고여 있던 어젯밤이
창밖으로 흘러내리고 오래 전부터
구름처럼 떠밀려 가는 마침내 오늘
가만히 멈춰 있는 매트리스

지나가는 하루에 나의 무게는 빠진 채
이불을 머리끝까지 끌어올리며
밤을 뒤집어쓰고 있어요

지난밤은 지나가지 않은 채 더운 바람으로 머문다

요란하게 울려 퍼지는 알람 소리가
귓속에 닿지 못할 경지의 지난밤으로 파고 들고

몸은 이불 속에서 얼마나 더 깊어지나요

눈을 감으면 익숙한 골목 끝에서
어제까지 수십 번 버리고 갔을 그림자만
같은 포즈로 엎어져있을 텐데

기존의 어제를 겹친 오늘 너머,
자라난 나뭇가지는 가볍게 스쳐지나가도 되잖아요

하굣길을 달리던 어제의 두 발이
나를 앞질러 달려갈 때
발목은 차갑게 허전해졌어요

나의 휴일은
나뭇가지의 포즈로 조금씩 자라있어요

거인은 먼 곳을 응시하지 않는다

급식실의 소란을 잘라 입속에 넣고 있어요 친구들의 재잘거림을 가만히 듣고 있으면 집어넣지 않아도 저절로 입에 물려지는 대화들 혓바닥을 둥글게 말아 넣어도 삼켜지는 것은 없었어요

빈자리마다 떨어지는 밥풀들 입에서 튀어나온 말들이 가라앉아요 조용히 밥을 퍼먹는 아이가 나의 눈 속에서 한없이 부풀어요 옆자리가 비어있다는 것은 나와야 눈치 챌 수 있어도

입속에 가득 채워지는 음식들 머금고 있던 말과 뒤섞여요 곳곳의 켁켁

우리는 자주 체했잖아 누가 만든 것인지도 모른 규칙과 식단은 음식으로 섞어 먹었으니까

편식하는 음식을 삼킬 때처럼 씹지 못하고 목구멍으로 넘어가는 대화들 뱉어내지 못하고 삼켜버린 것들이 많았어요 입술을 길게 내빼고 고개를 끄덕이면 돼 멈춰 있는 급식실의 장면에 동의할 수 있지? 각각의 빈자리를 사수해야 해

빈틈없이 채워진 주변이 나를 작게 뭉쳐갈수록 나는 점점 좁아지고 음식물을 담은 두 볼은 터질 듯 터지지 않는 풍선처럼 팽팽해져요 좁아진 틈 속에서 내 몸은 중력을 잃고 떠오르기 시작해요 빈칸과 빈칸 사이에 놓인 몸이 간격을 갖고 조금씩 거대해져요

전태일재단 이사장상 · 독후감 부문

윤상인

18세의 그들

몇 달 전 김 군을 만났다. 스타벅스 앞치마를 두른 김 군은 비닐 포장된 빨대를 상자에서 꺼내고 있었다. 다른 직원들처럼 바삐 움직이고 있었지만, 눈에 힘이 풀려 있었다. 내가 김 군을 기억하게 된 건 녹차라떼 때문이었다. 나는 직원에게서 건네받은 녹차라떼를 떨어트렸다. 노트북과 공책, 필기구로 손이 가득 찼고 그중 하나를 떨어트릴까 녹차라떼를 신경 쓰지 못했다. 바닥에 컵이 떨어지며 큰 소리가 났다. 바닥에는 초록색 건더기가 섞인 녹차라떼가 흩뿌려져 있었다. 나는 컵을 줍지도 자리를 떠나지도 못하다가 빨대를 채우고 있던 김 군과 눈이 마주쳤다. 한 손 가득 빨대를 쥔 김 군은 더러워진 바닥을 보고 있었다. 입을 벌려 한숨을 쉰 것 같기도 미간을 찌푸린 것 같기도 했다. 나는 청소거리만 남겨둔 채 자리를 떴다. 공중화장실 거울을 보고서야 내 소매에 녹차라떼가 튀었다는 것을 알았다. 연두색 물이 흰 티셔츠에 물들었다. 김 군에게 창피하기도 하고, 미안하기도 했다. 그리고 나중에 들은 말이지만 김 군도 나를 마주쳤을 때 같은 생각을 했다고 했다.

아르바이트나 커피, 카페 같은 단어를 들으면 자연스레 김 군이 떠올랐다. 전태일 평전을 펼쳤을 때도 그랬다. 전태일이 어떤 사람일지 궁금했던 것보다 인물 소개에 적힌 노동이란 단어가 김 군과 겹쳐보였다. 머릿속에서 김 군을 꺼낼 때마다 어쩐지 미안했다. 카페에서 김 군은 빨대를 정리하고도 더 일이 남아 있었을 것이다. 김 군이 초췌한 눈을 하고 빨대를 채우는 모습은 내 머릿속에 깊게 박혔다. 전태일 평전을 읽은 후 김 군을 습관처럼 되새겼다. 책을 읽기 전에도 후에도 김 군에게 사과하고 싶은 마음은 여전했다.

전태일 평전을 읽기 전까지 전태일을 알지 못했다. 그 때문에 책을 읽는 와중에 자주 한숨과 우울한 감탄사가 튀어나왔다. 내가 간단히 넘어가려고 했던 1960년대는 쉽게 넘길 수 있는 때가 아니었다. 지금껏 아르바이트를 한 번도 안 해본 나는 부모님이 주신 용돈만 쓰고 다녔다. 나는 내가 본 것만 상상할 수 있었다. 김 군의 모습은 자주 볼 수 있어서 충격이 덜 했지만, 전태일은 아니었다. 전태일이 스물두 살에 항거하였으니 미성년으로 있던 날들이 더 많았다. 구두닦이만으로 생활비가 모자라면 저녁에는 신문팔이, 한밤중에는 담배꽁초 줍기, 여름이면 아이스케이크 장사, 비 오는 날은 우산장사, 때로는 손수레 뒤밀이로 돈을 벌었다. 그것이 그의 열여섯 살이었다. 지금의 나보다 두 살 어렸을 때, 전태일은 여섯 개의 직업을 가지고 있었다.

책 중 가장 분량이 적은 것은 전태일의 어린 시절이다. 나머지는 평화시장의 노동자의 이야기가 나왔다. 유년 시절이 별 의미가 없어 그런 것이 아니었다. 전태일이 하고 싶은 말은 평화시장에 있기에 그런 것이다. 재단소에 들어가면 시다부터 시작하여 재단보조를 거쳐 제단사가 된다. 전태일도 이 순서를 거쳤지만, 순서를 거치는 것은 대부분 어린 소녀들이었다. 전태일처럼 학교에 다니지 못해 일터로 내몰린 소녀들, 여공들 말이다. 전태일이 노동운동을 하게 된 계기에는 여공들이 끼어 있었다. 여공들이 신뢰했던 전태일은 그녀들의 고통을 깊게 이해했다. 여공들이 전태일의 노동운동을 편히 응원한 것은 아니었다. 전태일이 부조리한 노동환경에 질문지를 돌렸을 때 제대로 답해주지 못했다. 고용주에게 전태일이 나서서 불만을 토로했을 때도 돕지 못했다. 여공들은 재단소에서 쫓겨나면 할 수 있는 일이 없었다. 재봉틀 앞에서 소녀에서 숙녀가 되어가던 여공들은 무슨 생각을 했을까. 비성수기에는 불시에 자신들을 내몰고 문을 닫는 재단소. 청소년기를 여공으로 보내고 스물에는 비슷한 형편의 노동자를 만나 결혼을 했다. 여공들의 결혼식 때 결혼축하보다 많이 듣는 말은 이것이었다.

"평화시장의 여공은 시집가도 삼 년밖에 못 써먹는다."

이런 말을 하는 것은 그 사람의 문제도 있지만 우선 노동환경의 문제가 컸다. 전태일 평전에 적힌 대로라면 재단사의 구십오 퍼센트가 소화불량, 신경통 그리고 만성 위장병에 걸려 있었다. 몸에 이상이 있다는 것을 자각하고 있으면서도 일터에 나가는 노동자가 허다했다. 그런 일들이 반복되어서 결국 신체 일부가 결여된 것이었다. 여공들이 재단소에 출근했던 건 살기 위함이었다. 돈을 벌려면 자신의 삶을 조금씩 깎아내릴 수밖에 없었다. 일하지 않으면 살 수 없는데 일을 해도 살 수 없다. 재단사를 따라 옷감을 만지는 여공들은 조금이라도 더 오래 살기 위해서 일을 한 것이다. 죽어간다는 것을 알면서도 일을 나가야 한다는 것을 나는 이해하지 못했다.

현재가 확연하게 나아졌다고 말할 수 없다. 노동자들은 전태일처럼 노동회를 만들고 신문에 제보한다. 평화시장이 신문에 나오고 수많은 노동자가 노력했지만 그들이 원하는 쪽으로만 일이 흘러간 것은 아니었다. 오늘날의 최저임금은 칠천오백삼십 원이다. 미성년자라는 이유로 김 군은 얼마를 받았을까. 내겐 턱없이 작았던 최저시급이 더 작아진다고 하니 반발심이 절로 생겼다. 청소년이라고 제값을 받지 못했던 김 군은 육천 원쯤 받았을까. 매장 머그잔을 무료로 달라는 고객, 이미 음료가 만들어졌는데 바꾸어 달라는 고객 그리고 동난 제품을 달라고 항의하는 고객까지. 김 군이 그런 일들을 감당한 것에 비해 급여는 턱없이 부족했다. 나는 김 군이 마땅히 받아야 할 시급은 얼마일까 고민했다. 육천오백 원은, 아니 육천구백 원은 더 줘야지. 기어코 나는 김 군의 시급을 칠천삼백 원까지 만들었다. 내가 엎질렀던 녹차라떼는 칠천오백 원이었다.

2018년에는 한 시간을 일해야 녹차라떼 한 잔을 마실 수 있다. 1960년대는 열네 시간을 일해야 커피 한 잔을 마실 수 있었다. 1970년대부터 시작된 길을 따라 노동 시장은 변해왔다. 전태일은 죽음으로써 그 길을 개척했다. 부모님 세대는 그 길을 따라 걸으며 노동시장을 유지했다. 셀 수 없는 노동자들의 노력으로 전태일의 소망은 실현되고 있었다. 그렇다면 그 길의 끝에 다다르는 것이 나와 김 군 세대가 할 일이 아닐까.

같은 반이 되고 시간이 꽤 지났을 때 나는 김 군에게 미안하다고 사과했다. 김 군은 당시의 나를 기억하지 못했다. 기억한다고 했으나 거짓이라는 것이 눈에 보였다. 내가 음료를 엎질렀다고 말하며 사과를 했지만 김 군은 손을 내저었다. 전혀 사과할 필요가 없는 일이라고 말이다. 하루에 몇 번씩 일어나는 일이라고 덧붙였다. 오히려 사과를 해주는 게 고맙다고 김 군은 웃었다. 당황한 것은 나였다. 김 군은 이제 다른 카페로 옮겼다고 했다. 손님으로 카페가 다 차도 아르바이트생은 김 군 포함 두 명이었다고 했다. 급하게 일처리를 하다보니 실수를 했을 때 변명을 할 수 없었다고. 혼나는 와중에 다른 손님의 부름을 들으며 자신 때문에 더욱 바빠진 동료를 보는 게 힘들었단다. 사장에게 최저임금을 챙겨주지 않았다는 이유를 대며 김 군은 일을 그만두었다. 나중에 카페에 온다면 몰래 사이즈 업을 해주겠다고 말했다. 나는 어색하게 고개를 끄덕였다.

김 군은 갈색 앞치마를 입은 채 대걸레질을 하고 있었다. 김 군이 일한다던 카페는 가맹점 업체였고 우리 학교 주변에만 세 곳이 있었다. 김 군은 나를 보고 웃으며 손을 흔들었지만 나는 굳은 표정을 숨기지 못했다. 김 군이 이곳에서 아르바이트를 할 거라고 생각하지 못했다. 저번과 똑같이 짐을 한가득 들고 있던 내게 김 군은 친절히 자리를 안내해주었다. 과제를 하면서도 힐끔힐끔 본 김 군은 전과 달라 보였다. 계속 웃고 있는 것은 아니었지만 얼굴을 찡그리지 않았다. 손님이 부를 때 웃어주었으며 그것을 피곤해하거나 귀찮아하는 것 같지 않았다. 김 군은 즐기면서 일을 하고 있었다. 어떤 것을 시킬 거냐고 묻는 김 군에게 나는 톨사이즈의 레모네이드를 시켰다. 김 군은 멋대로 제일 큰 크기의 머그컵에 레모네이드를 담아주었다. 김 군은 레모네이드를 건네주며 내게 귓속말을 했다. 이번엔 떨어트리지 말고 다음에도 오라고 말이다.

그 웃음에 나도 슬며시 따라 웃었다. 음료만 받고 카페를 나갈 생각이었지만 나는 두 시간 정도 카페에 앉아 김 군을 살폈다. 이번 카페는 대우가 좋은 모양이었다. 다른 아르바이트생과 돌아가며 계산대를 지키거나 신중하게 카페에 틀 노래를 고르는 모습이 보였다. 동료들과도 격의 없이 지내는 것 같았다. 동료들도 어려 보였는데 모두 편히 각자의 일을 했다. 화장실을 갈 때나 얼음을 리필 받을 때, 카페를 나갈 때도 김 군의 얼굴은 한결 같았다. 김 군은 열심히 일하고 있었다. 전태일이 원했던 노동의 모습은 이랬을까. 나는 김 군을 보고 전태일의 여파가 우리에게 닿고 있다는 것을 느꼈다. 김 군의 카페도 가끔씩 들릴 것이다. 생각날 때마다 전태일 평전도 읽을 것이다. 둘을 보고 있자면 나도 모르게 안심이 되었다. 나는 김 군의 퀭한 눈을, 전태일의 상처투성이인 손가락을 앞으로 그 누구에게서 보지 않게 되길 바란다.

경향신문 사장상 · 시 부문

이준

대한통운

택배차가 골목 어귀에서 뒷걸음질하고 있다
얼굴이 빨개진 당신은 운전석에서 안간힘을 쓴다
짐칸에는 생수병 묶음과 당신의 생활이 덜컹대고,
당신은 땀자국처럼 하루가 길어질 것을 예감한다

무인양수기 앞에 서서 상자를 조심스럽게 흔들고
당신은 새삼 주변의 번쩍이는 유리들을 바라본다
태양은 검은 때가 도드라진 당신의 소매를 힐끗대고
당신은 생활이 무거워서 자주 휘청거린다

나는 문 너머와 문 바깥의 온도차를 생각한다
바람이 거센 곳과 당신에게만 거센 말을 생각한다
무엇을 머금었기 때문에 갈라지고 마모되었는지
허옇게 뜬 당신의 뒤늦은 밤에 대해서 생각한다

가끔은 계단이 많은 건물 속을 헤매는 것처럼

당신은 당신의 발바닥이 붙은 자리를 바라본다
나는 때때로 당신을 여기저기서 발견하고
물이 거의 사라진 당신의 표정을 내내 관찰한다

오늘은 언제까지 당신에게 머물러 있을까
당신의 땀이 밴 그물 조끼 성긴 구멍 사이
빛이 가득한 노동이 멍울져 있는 것을
나는 내내 보고 있었다
보고만 있었다

가장 높은 곳의 사람들
— 쌍용자동차 옥쇄 파업에 관하여

구름도 휘청이는 바람 사이
바구니가 매달린 고가다리가 있었고
헌옷 같은 사람들 그곳에 있었다

다 쓴 건전지처럼 가벼워진 채
사람들은 악을 지르고
소리는 녹이 낀 손잡이처럼
파르르 파르르 쇳가루를 쏟아냈다

우리는 산 사람들이라고
산 채로 스러질 순 없는 거라고
웅웅대던 소리가 울음처럼 번져
소나기는 밤새 내릴 비처럼
단단해지고 있었다

이마의 붉은 띠가 젖을 때까지
사람들은 구호를 멈추지 않았다
우리가 왜 이곳에서 흔들려야 할까

바라보는 사람도 고가다리의 사람도
손이 홍건해지도록 고민했다

더 나은 내일이 올 때까지
무엇이든 해낼 수 있는 사람이
고가다리 바구니에서 고개를 내밀었다

아래는 깊고 좁은 내일 같았고
위는 사람에게 혹독한 통지서 같았다
사람들은 그래도 다시 몸을 일으켰다
비가 갤 거라고, 우리도 괜찮을 거라고
주변 사람들을 다독이곤 했다

내가 본 가장 오롯한 얼굴이
바구니 안에서 빚어지고 있었다
사람들이 일제히 함성을 내질렀다

우-- 하늘이 구호를 제창했다

공회전

손톱 파내는 시간을 점심시간에서 살짝 떼어냈다
검은 때를 뭉쳐서 던져도 하루는 허리 통증처럼 더뎠다
반장이 아니어서 엄마는 내색을 못한다고 했다
바보, 나는 손톱자국 나도록 엄마를 주물렀다

공회전 하듯 엄마의 하루는 돌아갔다
아침은 거무데데한 계단 아래로 흘러가고
점심은 허물어질 것 같았던 몸을 추슬러
저녁의 구겨진 오르막길에 올려두었다

아주 힘든 날을 맞이하고 떠나보낸 참이면
엄마는 밤새 화장실로 이어지는 복도까지
신음 소리를 컨테이너 벨트 위 고무마냥
내 잠 속으로 흘려보냈다

나는 때때로 궁금해지고 안타까워져서 엄마를
고무 엉긴 것처럼 마음에서 도려내고 싶었다
그러면 울까봐, 엄마가 더 앓게 될까봐,
마음속으로만 그러다가 눈이 젖기도 했다

자꾸 같은 곳을 밟다가 고꾸라지는 엄마가
무엇 때문에 공회전하고 있는지 잘 알아서,
나는 내가 나아가는 것이 무서워지기도 하고
그래야 웃을 엄마가 슬퍼서 가끔 발을 굴렀다

경향신문 사장상 · 산문 부문

신슬기

밤의 활주로

창밖엔 새벽의 활주로가 보였다. 활주로에는 수많은 가로등이 어둠을 밀어내고 있었다. 공항에는 밤이 없다. 공항에 온 사람들의 얼굴엔 설렘이 가득했다. 개중에는 아쉬움을 잔뜩 머금은 이들도 있었다. 진숙은 그런 사람들이 다녀간 화장실을 치웠다. 모든 사람들은 화장실 앞에서 평등했다. 하얀 변기에 앉는 것도, 칸칸이 나누어진 휴지를 쓰는 것도, 진숙이 물기 하나 없이 닦은 거울을 보는 것도, 세면대 앞에서 허리를 숙이는 것도.

진숙은 공항 화장실 세 번째 칸 쓰레기통에서 국물이 담긴 채로 버려진 컵라면을 봤다. 쓰레기통 바닥은 흘러내린 라면 국물로 흥건했다. 진숙은 라면 국물이 담긴 쓰레기통의 내용물을 비운 뒤 물로 헹궜다. 진숙은 화장실 다른 칸의 휴지통도 뒤졌다. 국물과 함께 컵라면이 발견된 쓰레기통은 없었다. 진숙은 거울에 묻은 물자국을 지웠다. 거울에 비친 진숙은 많이 지쳐 보였다. 거울을 닦는 진숙 옆에 어린아이가 와 섰다. 어린이 전용 세면대에 손을 담근 아이는 작은 손에 물비누를 짜, 거품을 냈다. 진숙은 미소를 지으며 아이를 바라보았다. 손을 닦는 아이가 예뻐, 진숙은 손가락을 뻗어 아이의 찹쌀떡 같은 볼을 한 번 콕 찔렀다.

"애기야, 이름이 뭐야?"

진숙이 아이에게 물었다. 그냥 인사말같이 툭 건넨 마디였다. 아이의 엄마로 보이는 여자가 화장실 칸에서 나왔다. 여자는 아이를 바라보는 진숙을 물끄러미 쳐다보며 뭘 보세요, 하고 말했다. 진숙은 귀가 빨개졌다. 진숙은 다 닦은 거울을 괜히 한 번 더 문질렀다. 여자는 화장실에서 아이를 데리고 나갔다.

진숙이 관리하는 화장실 앞엔 벤치가 하나 놓여 있었다. 화장실 앞의 벤치는 공항과 어울리지 않는 자리였다. 많은 사람들이 그저 지나쳐 가는 자리에 불과했다. 화장실 앞, 벤치는 많은 사람들이 지나치지만 앉기엔 꺼려하는 자리였다. 그래서인지 벤치는 항상 비어 있었다. 진숙이 화장실 청소를 마치고 나왔더니, 한 여자가 벤치에 앉아 있었다. 중국인인 것 같았다. 십 년 넘게 이곳에서 일을 하다 보니 비슷한 동양인이어도 어느 나라 사람인지 얼추 눈치를 챌 수 있었다. 더욱이 여자는 강렬한 원색의 옷을 입어 시선을 끌었다. 중국 사람들은 원색 계열의 옷을 자주 입었다.

여자는 벤치에 앉아 공항을 두리번거렸다. 진숙은 그런 여자를 유심히 바라봤다. 여자의 손에 들린 빨간 여권에 한자가 쓰여 있는 걸로 봐서, 여자는 중국인이 확실했다. 나이가 젊어

보였다. 진숙은 딸이 살아있다면 저 여자의 나이쯤 되지 않았을까, 생각했다. 여자는 창밖 활주로를 멍하니 바라보고 있다가 진숙의 눈길이 느껴졌는지, 진숙을 향해 고개를 돌렸다. 둘은 눈이 마주쳤다. 여자는 황급히 시선을 돌렸다. 괜스레 민망해진 진숙은 노란 휴지통이 달린 청소용품 카트를 끌고 다른 청소구역으로 갔다.

공항 청소부들은 각자 청소용품이 담긴 카트를 끌고 다녔다. 진숙과 같은 구역, 남자 화장실에서 나온 김 씨는 진숙에게 눈인사를 건넸다. 남자 화장실을 청소하는 김 씨는 진숙과 비슷한 나이였다. 김 씨는 공항 청소부로 일한 지 이십 년이 넘은 베테랑이었다. 김 씨는 진숙과 닮은 구석이 있었다. 대부분의 공항 청소부들이 머리에 빨간 띠를 두르고 청소 카트를 밀지 않았을 때, 둘은 묵묵히 파란 두건을 두르고 막힌 변기를 뚫고, 얼룩진 거울을 닦고, 쓰레기로 가득 찬 휴지통을 비웠다.

진숙은 성에 낀 유리창을 닦았다. 창밖의 활주로엔 비행기들이 주차되어 있었다. 진숙은 그 많은 비행기 중 핀란드 국적기가 가장 먼저 눈에 들어왔다. 겨울이라 그런지 산타의 나라인 핀란드의 국적기엔 산타클로스와 루돌프가 그려져 있었다. 닦아도 자꾸만 생겨나는 성에는 진숙의 시야를 뿌옇게 만들었다. 진숙은 멍하니 핀란드의 국적기를 바라보다 딸 생각에 잠겼다.

진숙과 그의 어린 딸이 산타클로스를 기다리던 크리스마스

전날 밤이었다. 밖엔 눈이 내렸다. 진숙의 딸은 선물 받기를 한껏 기대하며 잠에 들었다. 진숙은 작은 선물 하나 준비하지 못해 미안한 마음이 컸다. 진숙의 딸은 기대감에 평소보다 일찍 일어났다. 딸은 자리에서 몸을 벌떡 일으켜 좁은 집안을 다 뒤졌다. 딸을 위해 준비된 선물은 없었다. 진숙의 딸은 실망한 기색이 역력했다. 진숙은 시무룩해진 딸을 보며, 산타 할아버지가 여긴 너무 멀어서 못 왔나봐, 하고 말했다. 엄마, 산타 할아버지는 어디에 살아? 진숙의 딸은 또랑또랑한 눈을 가지고 있었다.

"산타 할아버지는 핀란드라는 나라에 산대. 거기서 요정들하고 같이 선물도 만들고, 루돌프랑 배달도 한대."

"엄마, 그럼 우리가 선물 받으러 핀란드로 가자."

"거긴 너무 멀어서 지금은 못 가. 나중에 우리 딸 다 크면 엄마 데리고 가줘."

"그래, 그럼 나 어른 되면 같이 핀란드로 여행가자. 약속!"

진숙은 지키지 못한 약속에 핀란드 국적기를 보면 한쪽 가슴이 아렸다. 눈 오는 날의 활주로는 딸 생각에 잠기게 만들었다. 진숙은 유리창을 가득 메운 성에를 닦으며, 핀란드 국적기를 바라봤다.

진숙이 다음날 다시 화장실로 갔을 때, 중국인 여자는 여전히 화장실 앞 벤치에 앉아 있었다. 진숙이 중국인 여자로부터 시선을 거두고 화장실로 들어갔다. 라면 냄새가 화장실의 방향

제 냄새 사이를 비집고 들어왔다. 진숙은 화장실의 쓰레기통을 뒤졌다. 라면 냄새가 나는 곳은 세 번째 칸이었다. 세 번째 칸의 쓰레기통엔 먹다 남은 컵라면이 쓰레기통의 내용물을 축축하게 적시고 있었다. 지난번과 똑같은 라면이었다. 진숙은 미간을 찡그리며 쓰레기통을 들고 나왔다. 벌써 두 번째였다. 누군가 자꾸 쓰레기통에 먹다 남은 라면과 국물을 버렸다. 진숙은 한숨을 푹 내쉬며 라면 국물에 붉게 물든 휴지들을 노란 쓰레기통으로 옮겼다.

진숙이 고무장갑을 끼고 화장실을 정리하던 도중, 중국인 여자가 화장실로 들어왔다. 중국인 여자의 손엔 매운 라면이 들려 있었다. 쓰레기통에 버려져 있던 라면과 같은 것이었다. 중국인 여자는 진숙의 눈치를 살짝 살피는 듯싶더니 곧장 화장실 세 번째 칸으로 들어갔다. 화장실 칸에 들어갔다 나온 여자의 손엔 컵라면이 들려 있지 않았다. 진숙은 여자가 세면대 앞으로 오자마자 세 번째 칸으로 들어갔다. 역시나 쓰레기통에는 먹다 남은 컵라면으로 더럽혀져 있었다. 진숙은 세 번째 칸에서 쓰레기통을 들고 나왔다. 진숙은 손을 씻는 중국인 여자 앞에 쓰레기통을 들이밀었다.

"노……. 여기에 이렇게 버리는 거, 노……. 그러면 안 돼."

누군가에게 말을 건네는 것에 익숙지 않은 진숙이 손사래를 치며 말끝을 흐렸다. 진숙은 중국인 여자에게 두 팔로 몸짓까지 더하며 말했지만, 그녀는 하나도 못 알아듣는 듯싶었다. 중국인 여자는 진숙의 앞에 서서 아무것도 모르겠다는 표정으로 멍하니 서 있었다. 진숙은 다음부턴 이러지 말라고 한국어로 크게 말하며 손을 가로로 흔들었다. 그 말조차도 알아듣지 못하는 것 같아 진숙은 중국인 여자를 향해 가라고 손을 휘휘 내저었다. 중국인 여자는 뭔가 찜찜한 표정을 짓고는 화장실에서 나갔다.

화장실 청소를 마친 진숙은 2인 1조로 공항의 통유리 창을 닦는 일에 배정받았다. 진숙과 짝을 이룬 동료는 공항 청소부 중 유일한 조선족 은미였다. 은미는 나이가 꽤 어린 편에 속하는 청소부였다. 은미는 한국에 정착한 지 벌써 십 년이 된 사람이었다. 은미는 한국인 남자와 결혼을 했다. 둘은 묵묵히 창을 닦았다. 진숙의 눈엔 탁 트인 활주로가 보였다. 진숙은 공항에서 일하지만, 한 번도 비행기를 타 본 적이 없었다. 진숙은 매일 날아가는 비행기의 소리를 들었다. 그 소리는 변기 물 내리는 소리와 흡사했다. 진숙은 가끔 물 내리는 소리인지, 비행기가 떠나는 소리인지 헷갈리기도 했다. 진숙은 은미한테 중국인 여자에 대해 말했다.

"내 청소 구역 화장실 앞에 매일 있는 사람이 있어. 중국인 같던데 맨날 쓰레기통에 컵라면을 통째로 버려."

진숙은 투덜거리듯 창문을 닦으며 말했다. 진숙의 침이 통유리 창에 튀었다. 은미는 유리창에 앉은 진숙의 침방울을 닦았다. 그러고는 진숙의 말에 입술을 삐죽거리며 고개를 가볍게 끄덕였다.

“중국인 여자 맞아요?”

“빨간색 여권에 한자가 쓰여 있었는데, 그럼 중국인 아니야?”

진숙의 물음에 은미는 고개를 끄덕였다.

“근데 그 중국인이 한국말을 하나도 할 줄 몰라. 자기, 중국어 좀 할 줄 알지?”

“네, 그럼 제가 가서 라면 그렇게 버리지 말라고 말해 드릴게요.”

“고마워, 은미 씨. 근데 왜 그 여자는 계속 공항 화장실 앞에만 앉아 있는 거지?”

“그 여자도 중국인 난민인 거 아네요? 요즘 공항 곳곳에 중국인 난민이 많아요. 어디 갈 데 없으니 그냥 공항에서 지내는 거죠 뭐.”

진숙은 처음 듣는 이야기였다. 어쩌면 평소에 관심이 없어서 그랬던 걸지도 몰랐다. 진숙은 부지런히 창을 닦는 은미의 팔을 잡았다. 이거 다 닦자마자 내 구역 화장실로 가자. 은미는 알겠다며 고개를 끄덕였다. 진숙은 은미를 데리고 자신이 관리하는 화장실 앞으로 왔다. 화장실 앞 벤치엔 중국인 여자가 누워 있었다. 은미는 중국인 여자에게로 다가갔다. 은미와 중국인 여자는 둘이서 뭐라 뭐라 이야기를 나누었다. 진숙은 알아들을 수 없어, 그저 둘을 바라보며 서 있었다.

"중국인 맞고, 이름은 구심이래요, 구심. 앞으로 쓰레기통에 컵라면 버리지 말라고 했어요. 뭐, 더 할 말 있으세요?"

은미가 물었다. 진숙은 은미를 향해 고개를 내저었다.

"그럼 전 이제 가도 될까요?"

은미가 다소 퉁명스럽게 물었다.

"잠시만, 이름이 구심이라고? 구심이 무슨 뜻인데?"

"구심은 세상의 중심이 되라는 뜻이에요. 이제 전 가볼게요. 내일 봐요."

진숙은 오늘 고생 많았다고 은미의 어깨를 토닥였다. 진숙은 구심의 이름 뜻을 듣고 속으로 코웃음을 쳤다. 세상의 중심은커녕, 공항 가장 구석에 있는 화장실 앞 벤치에서 기약 없이 머무르는 처지였다. 아무도 찾지 않는 자리에 덩그러니 놓인, 그런 처지였다.

공항에 새로운 청소로봇들이 투입되었다. 청소로봇은 양쪽 아래에 커다란 솔을 갖고 있었다. 로봇은 공항 바닥의 먼지를 빨아들였다. 진숙은 움직이는 로봇을 보며 신기해했다. 심지어 가까이 다가가면 말도 거는 로봇에 진숙은 며칠간 로봇 구경을 했다. 청소로봇은 구심의 앞을 서성였다. 구심은 청소로봇에 관심을 가졌다. 청소로봇은 공항 곳곳을 돌아 다녔다. 공항 밖을 못 나가는 청소로봇의 처지는 구심과 비슷했다. 진숙은 혼자서 척척 움직이는 로봇 옆에 서서 유리창을 닦았다. 진숙의 옆에서 유리창을 닦던 은미는 청소로봇이 마음에 들지 않는 눈치였다. 은미는 저런 로봇들이 청소부들의 입지를 줄이는 거라며 기껏 닦은 유리창에 침을 튀기며 말했다. 진숙은 은미의 말을 귓등으로도 듣지 않았다. 사람들이 뭐라 하던 그들을 잘 피해 다니며 바닥만 닦는 로봇이 그저 신기했다.

진숙은 구심의 이름을 알고 나니, 그에게 더욱 눈길이 갔다. 구심은 화장실을 청소하러 온 진숙과 마주치면 종종 눈인사를 건넸다. 중국어를 못 하는 진숙은 그런 구심에게 말을 걸 엄두가 나질 않았다. 진숙은 괜히 구심이 신경 쓰였다. 그냥 지나가도 될 길을 굳이 구심을 한 번 쓰윽 훔쳐보며 다녔다. 진숙이 카트를 끌고 청소 시간에 맞춰 화장실 앞으로 갔다. 매일 있던 자리에 구심이 없었다. 진숙은 두리번거리다 구심이 보이지 않자 어디 갔지, 하고 중얼거리며 화장실 안으로 들어갔다. 화장실은 세 번째 칸만 잠겨 있었다. 화장실은 누군가 구역질을 하는 소리로 가득 찼다. 진숙은 묵묵히 거울을 닦았다. 변기가 막힌 것 같은 소리가 들렸다. 진숙은 카트에서 뚫어뻥을 꺼내 들었다. 화장실 세 번째 칸의 문이 열렸다. 그 칸에서 나온 사람은 구심이었다. 구심은 세면대 앞에서 진숙과 마주치자 뚜이부치, 하고 읊조리며 급히 화장실을 나갔다. 진숙은 뚫어뻥을 앞세워 세 번째 칸으로 들어갔다. 이 일을 하면서 몇 번이고 봤던 막힌 변기였지만, 진숙은 볼 때마다 비위가 상했다. 하얀 변기 안엔 구심이 쏟아낸 토사물이 있었다. 진숙은 뚫어뻥을 변기 안에

집어넣어 심폐소생술을 하듯 눌렀다. 하나, 둘, 셋, 넷, 다섯, 여섯, 일곱, 여덟, 아홉, 열……. 진숙은 변기를 살려내려 애썼다. 퍽, 퍽, 퍽, 소리와 함께 뚫어뻥은 변기 속 토사물을 진숙의 옷에 묻혔다. 진숙은 더럽혀진 자신의 옷을 힐끔 바라봤다. 진숙은 손을 멈추지 않았다. 변기는 진숙의 손길이 닿자 시원하게 물이 내려갔다. 진숙은 거울 앞으로 다가갔다. 몇 없는 머리칼이 두건 위로 흩뜨려져 있었다.

진숙이 화장실 청소를 마치고 나오자, 구심은 벤치에 파리해진 얼굴로 누워 있었다. 진숙은 구심에게 다가갔다. 구심의 얼굴엔 식은땀이 서려 있었다. 구심은 진숙이 다가오자 힘겹게 몸을 일으켰다. 구심이 진숙을 향해 입을 열었다. 구심이 입을 열자, 훅 끼치는 옅은 토사물 냄새에 진숙은 미간을 살짝 찡그렸다. 구심은 쉿소리를 내며 말을 이었다. 구심은 한 마디만을 반복했다. 뚜이부치, 뚜이부치. 진숙은 뚜이부치가 뭐지, 하고 잠시 생각에 잠겼다. 이내 진숙은 잠깐, 잠깐만, 하면서 어디론가 뛰어갔다.

진숙은 빠른 걸음으로 은미에게 갔다. 진숙은 은미에게 구심이 아픈 것 같다고 말했다. 은미는 근데요? 하고 물었다. 진숙은 말문이 막혔다. 어…… 그러니까…… 화장실에 다 토해놓고, 식은땀으로 흥건했어. 진숙이 눈알을 이리저리로 굴리며 말했다. 은미보다 나이가 많은 진숙은 은미의 눈치를 봤다. 은미는 진숙이 말을 마치자, 아…… 그래요? 근데 전 오늘 바빠서 못 도와드릴 것 같아요. 죄송해요. 그럼 먼저 가볼게요, 하고 자리를 떴다. 진숙은 떠난 은미의 뒷모습을 봤다. 은미는 어딘가 진숙에게 거리를 두는 것 같았다.

진숙은 자꾸만 자신과 아무 상관도 없는 구심이 신경 쓰였다. 진숙은 이미 청소를 끝낸 화장실 앞으로 돌아갔다. 벤치엔 여전히 구심이 누워 있었다. 저…… 구심 씨, 일어나 봐요……. 진숙은 투박한 손으로 구심의 어깨를 두드렸다. 구심은 진숙의 말에 눈을 슬며시 떴다. 구심과 진숙은 눈이 마주쳤다. 진숙은 구심의 이마에 손을 짚어 보았다. 진숙은 자신의 머리에 두른 두건을 풀러 구심의 이마에 맺힌 땀을 닦아주었다. 진숙의 휑한 머리가 고스란히 드러났다. 진숙은 구심에게 어디 아프냐고 물어봤지만, 구심은 그의 질문을 알아듣지 못했다. 둘은 말이 통하지 않았다. 진숙은 자신의 청소복 주머니를 뒤져 꼬깃꼬깃한 천 원짜리 지폐 세 장을 꺼내어 구심에게 건넸다.

"가서 약이나 밥 사 먹어. 응?"

구심은 놀란 표정을 지으며 손사래를 쳤다. 구심은 진숙이 건네는 돈을 받으려 하지 않았다. 진숙은 구심의 손에 억지로 지폐를 쥐어주곤 얼른 화장실 안으로 들어갔다. 구심은 진숙이 건넨 삼천 원을 주먹에 꽉 쥐었다.

진숙은 공항철도를 타고 집으로 돌아갔다. 공항철도는 매번 여행에서 돌아오는 사람들로 가득했다. 진숙은 여행을 떠나본

적이 없으니 여행에서 돌아오는 사람들의 마음을 알지 못한다. 집은 전등 하나 켜져 있지 않아 어두웠다. 진숙이 어두컴컴한 방을 더듬어 전등 스위치를 켰다. 진숙이 오래간만에 찾은 집은 냉기가 돌았다. 진숙은 집에 발을 들이자마자 보일러를 켰다. 진숙은 화장실로 곧장 가 물걸레 하나를 가져왔다. 거실 탁상에는 액자가 있었다. 진숙은 쪼그려 앉아 물걸레로 먼지가 앉은 액자를 닦기 시작했다. 액자 속 사진엔 젊은 진숙과 여섯 살 된 진숙의 딸이 있었다. 진숙의 딸은 어린아이다운 원색의 체육복을 입고 머리를 양 갈래로 곱게 땋은 채 진숙과 같은 곳을 응시하고 있었다. 둘은 토끼 귀 모양 머리띠를 쓰고 있었다.

진숙은 이른 아침 일어나 밥을 안쳤다. 뚝배기에 찌개를 올리고 베란다에 있는 쌀통을 내다보았다. 아직은 쌀이 좀 남아 있었다. 진숙은 작은 냄비를 꺼내 죽을 쑤기 시작했다. 쌀과 참기름만 들어간 흰죽이었다. 진숙은 찬장에서 오래된 보온병 하나를 꺼내 설거지 했다. 죽이 든 오래된 보온병을 들고 공항 철도에 올랐다. 평일인데도 공항 철도는 캐리어를 앞세운 승객들로 앉을 자리가 없었다. 진숙은 자리에 앉아 다리를 동동거리는 여자아이를 봤다. 머리를 양 갈래로 묶은 여자 아이는 제 몸집보다 큰 캐리어를 앞에 두고 있었다. 가르마를 정확히 나눠 묶은 머리칼은 다리의 흔들림에 맞춰 찰랑였다.

그날은 딸과 진숙의 처음이자 마지막 여행이었다. 진숙은 딸이 좋아하는 옷을 입히고, 머리도 빠른 손놀림으로 땋아줬다.

진숙은 딸과 함께 집을 나섰다. 둘의 첫 여행이나 다름없었다. 진숙의 딸은 놀이공원에 들어서자마자 입을 다물지 못 했다. 진숙은 그런 딸이 귀엽기도 했지만, 한 편으로는 안쓰럽고 미안했다. 딸은 진숙의 손을 잡고 이곳저곳을 누볐다. 진숙이 땋아준 머리칼은 딸의 발걸음에 맞춰 흔들렸다. 그 토끼 귀 머리띠가 어디 있더라. 진숙은 기억을 되짚어봤지만 마땅히 떠오르지 않았다. 진숙의 기억은 빠진 머리털만큼 꽤나 새나갔다. 딸에 관한 것이라면 다 기억하고 있다고 생각했는데…….

진숙은 공항에 도착하자마자 곧장 보온병을 들고 화장실 앞 벤치로 갔다. 벤치엔 구심이 없었다. 진숙은 놀란 얼굴로 곧장 화장실에 갔다. 세면대 앞에 구심이 쪼그려 앉아 있었다. 진숙은 구심의 앞으로 갔다. 진숙은 한껏 움츠린 구심에게 보온병을 건넸다. 왜 여기에 있어? 진숙의 말이었다. 구심은 그저 안절부절못하며 보온병을 받아 들었다. 보온병의 뚜껑을 돌려 열자, 고소한 향과 뜨거운 김이 올라왔다. 진숙이 수저로 떠먹는 시늉을 하자, 구심은 조심스레 죽을 입 안에 넣었다. 죽이 많이 뜨거웠는지 구심의 눈가엔 눈물이 고였다. 구심은 죽을 후후 불어 퍼 먹었다. 진숙은 오물거리며 죽을 먹는 구심을 뚫어져라 쳐다봤다. 구심의 눈꼬리엔 눈물이 매달려 있었다.

청소로봇은 매일 같은 시간에 정해진 길을 청소했다. 새벽이 되면 꼭 구심이 앉은 벤치 앞을 지나갔다. 새벽엔 공항 직원들이 대부분 퇴근을 해, 구심은 화장실 밖에 나와 있었다. 유리창을 닦는 진숙과 은미는 서로 아무 말도 나누지 않았다. 그들은 새벽 유리창에 반사되어 비치는 청소로봇과 구심의 모습을 보곤 했다. 매일 구심의 앞을 지나치던 청소로봇이 갑자기 멈춰 섰다. 구심은 당황한 얼굴로 어, 어, 하고 소리를 냈다. 진숙은 뒤를 돌아 청소로봇과 구심을 바라봤다. 진숙은 은미의 팔을 두어 번 쳤다. 저…… 청소로봇이 멈췄어, 고장 난 거 아니겠지? 진숙의 물음에 은미는 그게 고장 난 거랑 나랑 무슨 상관이냐며 톡 쏘았다. 진숙은 입을 삐죽이곤 홀로 청소로봇 앞으로 갔다. 가까이에서 본 구심의 얼굴엔 당혹감이 잔뜩 묻어 있었다. 진숙은 청소로봇의 버튼을 이것저것 눌러보았다. 청소로봇은 반응하지 않았다. 구심은 진숙에게 중국어로 말했다. 알아듣지 못하는 말은 소음과 같았다. 진숙이 구심의 말에 대답하지 않자, 은미가 한숨을 푹 내쉬며 다가왔다.

진숙, 구심, 은미, 청소로봇은 한 자리에 모였다. 서로는 모두 다른 곳을 바라보고 있었다. 그들 사이엔 어색한 공기가 감돌았다. 충전이 안 된 청소로봇은 제자리에 멈췄다. 진숙은 그저 손이 가는 대로 이것저것을 막 눌렀다. 구심은 당황한 얼굴로 중국어를 뱉어냈다. 은미는 계속 한숨을 내쉬며, 청소로봇 관리자를 찾으려 공항을 두리번댔다. 넷은 서로가 따로 놀아, 하나도 맞지 않는 불협화음 같았다. 청소 카트를 끌고 지나가던 김 씨는 한 자리에 멈춰 있는 넷을 봤다. 김 씨는 은미에게 청소로봇이라면 학을 떼는 사람이 무슨 일이냐며 시비조로 말을 걸었다. 이게 멈춰서요, 은미의 퉁명스러운 말이었다. 밥줄 다 끊기게 만드는 청소로봇을 왜 들여놓는 거야. 그게 뭐 좋다고 쫓아들 다니는지 원. 은미는 작게 읊조렸다.

커다란 청소 카트를 끌고 화장실로 향하는 진숙의 눈에 이륙하는 비행기가 보였다. 진숙은 이륙하는 비행기 뒤로 보이는 구심이 신경 쓰였다. 구심은 이제 거의 제 집이다 싶은 벤치에 앉아 청소부 진숙을 기다렸다. 진숙은 구심의 앞을 지나다니며 눈인사를 건넸다. 진숙은 자신을 빤히 쳐다보는 구심에게로 갔다. 구심의 머리는 빗지 않아 제법 엉켜 있었다. 진숙은 손가락으로 구심의 엉킨 머리칼을 풀어주었다. 구심은 진숙의 손길을 거부하지 않았다. 구심의 환하게 웃는 모습은 사진 속 밝게 웃던 딸의 얼굴과 닮았다.

공항엔 빨간 띠를 머리에 두른 청소부들의 목소리가 커졌다. 진숙은 은미와 둘이 닦던 유리창을 이젠, 혼자 닦게 되었다. 은미는 유리창을 진숙을 바라보며 더욱 목청을 높였다. “10년 일한 사람이나 어제 들어온 사람이나 다 똑같은 비정규직 청소부란 게 말이 되냐.” 은미는 목소리를 키웠다. 진숙은 그런 은미가 보이지 않는 듯 매일 물 자국이 가득한 화장실 거울과 활주로가 보이는 통유리 창을 닦았다. 진숙은 하늘색 바탕의 유니폼을 입고 있었다. 그 옷엔 얼룩 자국이 남아 있었다. 진숙의 정수리는 휑했다. 머리는 전체적으로 희끗희끗했다. 진숙은 자신의 머리를 가리려 항상 두건을 썼다. 진숙에게 두건은 없어선 안 될 존재였다. 아무리 닦아내도 거울 속 진숙의 모습은 변하지 않았다. 그저 더 선명히 추레한 진숙의 모습을 보여주기만 했다. 화장실 거울을 닦는 진숙의 옆엔 구심이 와 있었다. 매일 한 자리에만 앉아 있던 구심은 진숙을 졸졸 따라다녔다.

화장실 밖에는 무장한 공항 직원들이 둘씩 무리를 지어 순찰 중이었다. 구심은 그들을 보더니 바로 화장실로 들어갔다. 진숙은 이게 무슨 일인가 싶었다. 진숙은 바들바들 떠는 구심을 두고 이제 막 출근을 했을 은미에게 갔다. 공항 직원들이 왜 갑자기 돌아다니지? 구심이 그 사람들 무서워하던데, 뭐 아는 거 있어? 진숙은 캐비닛 앞에 서서 하늘색 옷을 갖춰 입는 은미를 향해 물었다. 은미는 캐비닛 문을 닫으며 말했다. 내가 구심 씨 신고했어요. 공항에 중국인 난민이 아주 판을 치고 있다고요. 은미는 크게 한숨을 쉬곤 자리를 떴다. 진숙은 은미를 이해할 수 없었다.

구심은 무장 직원들의 눈을 피해 화장실 세 번째 칸에 숨어 있었다. 진숙은 창을 닦으면서 구심의 얼굴을 떠올렸다. 하늘엔 밝은 달이 떠 있었다. 달은 무척 밝았지만 활주로의 빛에 가려졌다. 진숙은 노란 청소 카트를 내팽개치고 화장실로 가, 구심을 데리고 나왔다. 이렇게 달이 환했던 날, 진숙의 딸은 그의 곁을 떠났다.

진숙은 구심을 청소부 휴게실 캐비닛에 숨겼다. 진숙이 구심을 데리고 휴게실로 들어가는 것을 본 김 씨는 아무 말 않고 눈감아주었다. 진숙은 휴게실에서 나와 자연스럽게 청소 카트를 끌었다. 진숙은 사람들 사이로 섞여 들어갔다. 진숙의 주머니에 넣어두었던 휴대전화 벨소리가 울렸다. 김 씨였다. 진숙은 통화를 마치자마자 다시 휴게실을 향해 뛰어갔다.

지금 무장한 공항 직원들이 청소부 휴게실로 향하고 있어, 누가 신고한 거지? 김 씨의 말이었다. 진숙은 다급한 손길로 구심이 숨어 있는 캐비닛 문을 열었다. 구심은 어리둥절한 표정으로 진숙을 쳐다봤다. 진숙은 구심에게 손을 내밀었다. 구심은 진숙이 내민 손을 바로 잡았다. 구심의 손은 어린 딸의 손같이 작고 보드라웠다. 진숙은 구심의 손을 더 꽉 잡았다. 둘은 공항 한가운데에 서서 길을 잃은 아이처럼 어디로 가야 하나 두리번거리고 있었다. 진숙의 시선은 조금 전 깨끗하게 닦았던 창 너머의 활주로에 멈췄다. 활주로의 빛에 달빛이 먹혔다. 둘 앞엔 끝없이 밝은 활주로가 펼쳐져 있었다. 그 사이에 핀란드 국적기가 서 있었다. 둘은 가로등이 환하게 밝혀진 활주로를 달리기 시작했다. 진숙과 구심은 손을 꼭 잡고 세상의 중심을 향해 달려 나갔다.

윤정아

바보들이 만든 사회

일한 만큼 대우를 받아야 하는 건 누구나 다 알고 있는 사실이다. 하지만 내가 태어나기도 한참 전, 1960년대에는 일한 대가를 제대로 못 받는 부당한 시대였다. 내년이면 최저 임금이 8,350원으로 인상된다. 매년 최저 임금에 관한 논의들이 수차례 오갔고 그에 따른 노사간의 갈등도 적지 않았다. 이런 결과를 낳기까지 그 희생의 중심에 전. 태. 일이라는 분의 분신이 있었다는 걸 전태일 평전을 읽으면서 알게 되었다.

전태일 평전 속 그들의 삶은 참혹했고 사실이라서 더 가슴 아프게 했다. 근로기준법, 최저 임금, 노동조합, 노동자의 복지, 나와는 관련 없는 말들이라고 생각했고, 그런 것들에 대해서 솔직히 관심도 없었고 알려고 하지 않았다. 내가 사는 울산에서 데모하는 노동자들을 보아도 저 아저씨들 또 데모하네, 정도였다. 빨간 띠를 머리에 띠고 회사와 맞서 싸우는 사람들을 보면서 유별나다며 폄하했을 뿐이었다. 전태일 평전을 읽는 내내 나도 모르게 조금씩 부끄러워졌다. 편안하게 학교 다니고, 먹고 싶은 걸 맘껏 먹을 수 있고, 사고 싶은 걸 살 수 있는 걸 당연하다고 느꼈던 모든 것들은 그저 얻어진 게 아니었다.

평화시장에서 재봉하는 여자들은 나이가 평균 19~20세, 시다를 하는 여자애들은 14~18세이다. 내 또래들이었다. 아침 8시 반에 출근해서 저녁 10시에서 11시 반 사이에 퇴근을 했다. 14시간 넘게 어리고 연약한 여자들이 일만 해야 했다. 힘들게 일했다고 누가 간식을 챙겨주거나 쉬는 시간을 제공하지도 않았다. 화학물질로 만든 옷감들을 만지며 피부와 몸은 망가질 대로 망가졌다. 나는 19살에 무엇을 했는가? 고통스러운 현실과는 멀게 학교에서 친구들과 즐거움을 찾아다녔다. 책을 읽으면서 처음 느꼈던 부끄러움은 점점 부담감으로 다가왔다. 아니, 불편했다. 몇십 년 전 과거 속의 그 사람들의 아픔을 제대로 공감하기도 힘들었지만 그 시대의 부조리가 엄청 커서 믿어지지 않아 받아들이기가 더 어려웠다. 결론은 같이 아파할 수 없다, 였다. 그들이 살아온 아픔의 절반도 다 공감 못하면서 불평과 욕심만 가득했던 내 자화상을 들여다보게 돼 싫었다. 언젠가 공연을 보러 가고 싶다고 떼쓰는 나에게 엄마는 "내가 너에게 못 해주는 게 아니라 안 해주는 거야. 아빠가 힘들게 벌어오는 돈에 대한 소중함을 모르고 네가 커서 막 살게 될까 봐 다 주지 않는 거야." 그땐 그 말을 이해하지 못했었다.

한번은 엄마 생일 선물을 사기 위해 하루만 대타로 아르바이트를 했었다. 6시간 정도 일하고 42,000원을 벌었다. 일을 한 시간은 6시간이지만 이동거리와 준비 과정을 합치면 8시간이 넘었다. 그 일당이 42,000원, 나는 엄마 선물로 그 돈을 다 쓸 수가 없었다. 힘들게 번 돈이라 쓰기가 너무 아까웠다. 아르바이트를 한 후 나도 모르게 내가 바뀌어 있었다. 천 원짜리 한 장 쓰는 것도 아까워서 아껴 쓰게 되고 자주 택시를 탔던 내가 웬만하면 걸어 다니거나 버스를 타고 다녔다. 무엇보다 식당에 가서 밥을 먹게 되면 그들이 하는 고생을 알기에 조금이라도 치우기 편하게 접시를 정리해주고 나갔다. 겪어보지 않으면 절대 모른다. 힘들다고 내색 안 하는 아빠가 우리를 위해 돈을 벌어오는 게 결코 쉽지 않은 일이라는 걸 알게 되었다.

이렇게 내가 노력하고 일을 한 만큼 대가를 받는 게 당연한 일이다. 그러니 60년대 정당한 대가를 못 받는 그들이 속으로 느꼈을 울분은 짐작이 되었다. 인간다운 대접을 받지 못하고 작은방 안에서 14시간이 넘게 먼지를 마시며 기계처럼 반복되는 생활은 얼마나 힘들었을까? 어쩌면 전태일이 고통과 두려움 속에서도 불길 속에 뛰어든 건 현실이 불길보다 더 두려웠기 때문일지도 모른다. 원섭에게 보내는 편지 부분을 보면 전태일이 그들이 먹는 밥은 코끼리가 비스킷을 먹는 정도의 양뿐이 되지 않을 거야, 라는 그 말이 책을 다 읽고 난 후에도 계속 맴돌았다. 그들의 고통을 조금이나마 이해할 수 있는 표현이었을 것이다. 의식주가 충족되지 않을 때 사람은 가장 비참함을 느끼는 것 같다. 그러니 일을 하고도 배고팠던 그들이 얼마나 비참했는가.

바보회는 스스로가 바보들이라고 지칭했다. "바보답게 되든 안 되든 들이박아나 보고 죽자." 전태일의 다소 진짜 바보 같을 수도 있는 그의 다짐이 불길 속으로 들어갈 용기를 준 것이 아닐까. 모두가 바보라고 손가락질했던 사람들 중에 전태일의 반이나 따라갈 사람이 있을까? 내가 그 시대를 살았다면 난 무엇을 할 수 있었을까? 권력자들에게 대적할 용기가 있었을까? 물질 만능주의인 현실에서 부당한 권력에 맞서 싸울 수 있었을까? 책을 읽는 내내 그들이 처한 현실을 완전히 공감할 수 없는 나 자신이 부끄러워 마음이 아프기까지 했다. 참혹했던 현실의 실체를 알고 우리가 그들의 삶을 이해하면서 앞으로 무엇이 옳고 그른지 깨닫고 그들을 잊지 않는 게 우리가 해야 될 일이다.

그러려면 전태일처럼 후손들에게 더 살기 좋은 세상의 거름을 만들어주고 바르지 않은 일에 자신의 목소리를 크게 소리칠 수 있는 용기가 필요하다. 불길 속에서도 분에 차서 "근로기준법을 준수하라!" 외치던 그의 절규를 대한민국을 살아가는 국민들은 잊으면 안 될 것이다. 전태일 평전의 마지막 장에 다다르며 속에서 끓어오르는 분노와 눈물을 나는 평생 잊지 않을 거다. 윤리 시간에 배운 지식적인 앎이 아니라 사회 참여에 대한 실질적 행동이 필요함을 그는 나에게 외치고 있었다. 22살이면 고작 나와 3살밖에 나이 차이가 나지 않는다. 하지만 그는 근로기준법 책을 껴안고 불길 속으로 들어갔고 그렇게 '전태일

분신사건'은 우리 세대까지 대대로 알려졌다. 그의 모친이 전신 화상을 입은 전태일의 손을 붙잡고 근로자를 위하여 애쓰는 가엾은 목숨이라도 모두 뜻대로 되게 해달라던 기도처럼 지금 이 순간에도 사회 곳곳에선 부당함과 부조리에 대항하는 사람들이 있다. 우리는 손해 보고 당하는 사람을 바보 같다고 한다. 전태일의 부친도 부당한 사회에 강하게 저항했다가 힘듦을 직접 겪었기에 당신의 아들도 그렇게 될까 봐 노동운동하는 아들을 반대했을 것이다. 적당히 현실과 타협하고 약삭빠르게 살면서 외쳐야 할 순간에 침묵하는 사람들…… 이 세상에서 지혜롭게 산 사람으로 여겨질지도 모르지만 그런 사람들은 세상을 변화시키지는 못한다.

얼마 전 대한민국을 뒤집어 놓았던 미투 운동처럼 하나둘 용기를 내는 사람들 덕에 세상은 눈에 보이진 않지만 큰 변화를 불러일으켰다. 이제 비겁함의 침묵은 더 이상 묵인되어서는 안 된다. 그가 바랐던 것처럼 지금은 대학생이 넘쳐나는 세상이 되었다. 그렇기에 미래를 이어갈 우리들은 더 많은 것들을 배우고 전태일과 같은 사람들의 삶을 읽어내는 것이 중요하다. 사회참여의식은 세상을 더 넓게 볼 수 있는 눈을 가지게 해주고 더 큰 목소리를 낼 수 있게 해준다. 나도 바보 같았던 전태일처럼, 바보들의 행진에 같이 걷고 싶어질 정도로 그의 삶을 읽고 그를 잊지 않기를 바라는 간절한 바람이 일어나고 있다.

인터넷 블로그를 검색하면 주 5일 근무, 최저 임금 인상, 근로시간 단축이라는 단어는 이제 낯설지 않은 일상어가 되었다. 이 모두 바보들이 만든 사회이다. 전태일이 그토록 바랐던 노동자의 권리가 지켜지고 있는 사회로 변한 것이다. 이렇게 되기까지 많은 아픔과 희생을 겪은 바보들이 있었다. 불타올랐던 그의 희생과 고단했던 삶이 현재의 우리에게 많은 변화를 주었듯이 제2의 전태일, 제3의 전태일은 계속 외치게 될 것이다. 이 땅의 많은 바보들에게 그는 지금도 외친다. 인간의 존엄을 버리지 않고 인간다운 대접을 요구하며 싸우는 것이 바보인가라고! 전태일이 외쳤던 말을 다시 곱씹어 본다.

한고은

허들링

사람들이 모이자 시장이 되었다
남구로역 인력시장
두 손을 주머니에 찔러 넣고
제자리를 걷는 펭귄들이 허들링 중이다
석유난로 주변으로 동그랗게 모여
서로의 체온을 포개며
슬픈 포옹을 하고 있다

발등 위 새끼를 올리고
알이 깨져버리진 않을까
걸음마다 조심스레 움직인다
모아둔 펭귄밀크로는
다음 학기 등록금은 턱도 없는 현실
제 살점을 저며주고 싶은 마음에
담배 한 개피와 자판기 커피 한 모금 삼켜
빈속을 달래본다

봉고차가 도착하자 무너지는 허들링
모두가 바깥이 되기 위해 가슴을 편다
날개를 꺼내 힘차게 퍼득거려 보지만
우리는 알고 있다
저 날개로는 어떤 하늘도 날 수 없다는 것을
발등 위 아슬아슬하게 매달린 둥그런 알
남은 자들은 깊은 숨을 뿜어 알을 데운다

손에 쥔 종이컵이 냉기로 가득해지면
그들의 허들링은 강제종료
새벽 햇빛이 푸르게 밀려오는 아침
남구로역에는 아직도 떠나지 못한 사내들이
뒤뚱뒤뚱 걸음을 옮기고 있다

그리고 함께

벤치 위 펄럭이는 신문지들
그 안에서 꿈틀대는 잠든 몸짓
주변으로 파리들이 모여든다
어제의 신문을 덮고 과거를 꿈꾸는 노인
그의 곁에는 버려진 것들이 가득하고
손바닥이 몰아친 바람에 밀려
쉼 없이 날아왔을 파리 한 마리
노인의 숨결을 확인하는지 코끝을 맴돈다

허기가 습관이 되어버린 그들은
사람들에게 머리를 조아리고
옆구리 깨진 그릇에는 가끔씩
동정 몇 푼이 짤랑, 떨어진다
그 위에 앉아 있는 파리
딱딱한 동전에 주둥이를 들이밀지만
그의 허기를 채울 수 있는 것은 없다

노인의 가냘픈 두 다리와 파리의 얇은 날개는
그들의 몸뚱이를 짊어져야 했다

곧게 뻗어나가지 못하고 이리저리 흔들린다
정착하지 못한 채 떠도는 삶
붉게 충혈된 두 눈이 서로를 탐색한다
그리곤 함께

마치 파리의 날갯죽지처럼
노인의 낡은 자켓이 바람에 날려 펄럭거리고
파리가 노인의 주변을 앵앵거리며 맴돈다
공원을 가로지른다
그들은 더 이상 혼자가 아니었다

낙원 극장

낙원상가 옥상엔 극장이 있다
빛바랜 포스터 속 번진 배우들의 얼굴
흰 머리카락의 관객들은
낙원으로 가는 티켓을 사기 위해 줄을 선다
붉은 커튼을 열고 티켓에 적힌 자리에 앉으면
출발하는 낙원행 열차

필름이 만들어낸 선로를 따라
빛바랜 추억들을 향해 달려가고 있다
흑백 스크린 속 과거의 사람들이
손을 흔들며 알은 체를 해 온다

한 시절의 청춘으로 사는 주인공들
열차는 점점 속도를 내며 달리고
객석에 앉은 사람들의 창문으로
과거의 풍경들이 빠르게 지나간다
오드리 햅번과 마릴린 먼로를 따라
웃고 우는 사람들
해피엔딩을 바라는 두 손 사이엔

어둠이 포개어져 있다

필름이 막바지에 다다르고
종점에 닿는 낙원행 열차
자신의 이름을 찾는 것마냥
올라가는 엔딩 크레딧을 한없이 바라본다
잠시 낙원에 다녀온 사람들은 모두
얼굴에 희미한 미소를 띠고 있고
빛바랜 노을 같은 그림자가
극장을 떠나는 그들의 뒤를 따라간다

그림자

물 먹인 대걸레를 세워 바닥을 닦는 할머니
제 방보다 큰 화장실을 청소하고 있다
살아간다는 것은 숱한 문장을 쓰고 지우는 것
평생을 지우며 살아온 할머니의 등은
점점 둥글어지고 작아진다

아무리 지워도 지워지지 않는 짙은 자국 앞에서
무릎을 꿇는 할머니
손에 쥔 걸레로 변기를 닦는다
손등에 번져 있는 검버섯과
이곳저곳 튄 물이 만들어낸 옷의 무늬
변기를 닦아낼수록 그녀의 몸은 검게 얼룩져간다
제 몸에 대신 더러움을 묻히는 걸까
할머니의 옷으로 옮겨 붙는 더러움
겉과 속이 같은 지우개는
속에 숨겨놓은 마음까지 꺼내 닦아낸다

휴지통에서 구겨진 휴지조각들이 와르르 쏟아지고
제 몸보다 큰 비닐봉지를 들고 화장실을 떠난다

뚝뚝 떨어지는 지우개 가루 같은 땀들
뭉쳐도 다시 쓸 수 없는 가루들이
그림자처럼 검게 할머니의 뒤를 따라 간다

조소연

휘파람

1

어둠이 내린 골목에는 가로등의 불빛만이 가득했다. 연석은 로프 사다리를 펼쳐 담장에 비스듬하게 댄 뒤 발판을 딛고 5m 상공을 향해 두 팔과 다리를 부지런히 움직였다. 아래쪽을 쳐다보지 않기 위해, 그는 시선을 탁한 사파이어 빛을 내뿜는 하늘에 고정시켰다. 중간 지점에 다다랐을 때쯤 3층 발코니 창을 통해 주인댁 부부의 대화가 연석의 귓가를 건드렸다.

"요 앞집 경찰청장 댁 노비 말이에요. 그 댁 큰아들이랑 정분 나누다가 사모님한테 딱 걸려서 내쫓겨 났다지 뭐예요? 요새 종놈들 노비제 폐지 얼마 안 남았다고 이래저래 설치는 모양인데, 연석이 저 놈도 허튼 짓 하기 전에 얼른 내쫓으시는 건 어때요?"

주인댁 여자는 귀가 넓고 입이 큰 만큼 늘 걱정이 태산이었다. 며칠 전부터 앞집 노비가 도통 모습을 보이질 않아 내심 의문을 가지고 있었던 연석이었다. 얼굴도 꽤 반반하고 어린 것이, 앞집 사내가 먼저 그녀에게 반해 밀애를 나누게 되었다는 것은 연석에겐 꽤나 설득력 있는 추측이었다. 갑오개혁 때 잠깐 폐지되었다가 해방 이후 금세 다시 살아나더니, 가정용 로봇이라는 고철더미들의 보급 탓에 노비제의 완전한 폐지까지는 두 달도 채 남지 않은 시기였다. 딱 그 두 달만 더 버텼으면 그 여 노비가 이 지역에서 강제추방이 될 필요까진 없었을 것이다. 주인댁 식구와 노비가 사랑을 피워낸다는 것은, 엄연히 중죄에 해당되었다. 결국 최대 피해자는 그 여 노비였던 것이다.

"두 달 밖에 안 남았잖아. 그 사이에 뭔 일을 벌인다고 나 원 참. 연석이 저 놈은 애가 순해 빠져서 그런 짓은 엄두도 못 낼 애야. 곧 오갈 데 없이 방황할 불쌍한 아이이니, 아무리 눈엣가시여도 부인이 좀만 참읍시다."

주인댁 부부의 대화가 마침표를 찍어낸 그제서야 연석은 자신의 손이 담장 끝자락에 멈춘 채 한참을 있었다는 사실을 알아차렸다. 서둘러 담장 위로 허리를 뻗어 아슬아슬하게 자리를 잡은 연석은 건너편 담장 위에 앉아 자신을 등지고 있는 한 형상을 향해 휘파람을 불었다. 그제서야 뒤를 돌아본 그 검은 형상은 연석의 눈꼬리를 휘어지게 만들었다. 기다란 고동색 천 치마에 누런 땀 자국이 지도를 그려낸 흰 티셔츠, 한쪽으로 곱게 땋은 머리, 송충이 같은 눈썹은 필히 옆집 노비 한솔의 모습이었다.

"손은 왔는데 몸이 안 오셔서 귀신인 줄 알고 내려가려던 참이었네요."

"아, 내가 잠깐 다른 데에 정신이 팔렸어서 말이야. 그동안 별일 없었고?"

일요일 밤 12시, 연석이 일상에서 벗어나도 좋다고 스스로를 허락한 시간이었다. 두 집에 설치된 CCTV의 시야에서 벗어난 그 위치에서, 연석과 한솔은 6년 전에 우연히 마주쳤다. 노비 일을 시작한 지 얼마 되지 않아 하루하루가 고단함으로 가득했던 한솔은 노비로밖에 살 수 없는 자신의 처지를 매일같이 한탄했다. 생과 사의 갈림길에서 사를 택하고자 했던 한솔은 매일같이 담장을 오르고 내렸다. 어리고 슬픈 망설임의 반복 틈에서 한솔이 만난 것이 바로 연석이었던 것이다. 갓 청년이 되었던 연석은 그런 어린 한솔을 매일같이 달래주고 그녀의 생애 첫 친구가 되어주었다. 휘파람 소리는 서로에게 인사를 대신하는 것과도 같은 것이었다.

"별일이라고 하기엔 애매한 것들 투성인지라. 그냥 주인댁 막내 도련님이 요즘 들어 지나치게 일을 많이 시키세요. 빨랫감을 하루에 한 바구니씩 주시질 않나, 세차를 하루도 거르지 말라 하시질 않나…. 아, 그 소식 들으셨어요? 요 앞 경찰청장 댁 노비가…."

"응 들었지. 참나 어이가 없어서 원. 요즘이 어느 시대인데 교제를 신분대로만 해야 하냐는 말이야. 아니 우리는 뭐 일만 하다 죽어야 하나? 노비제가 폐지되더라도 우리 처진 변할 게 없어. 로봇들이 집안일을 아무리 잘한다 한들 사람만 하겠어?

얼마 못 가서 다시 우리를 불러들일 걸?"

볼이 벌겋게 상기된 채 가만 고개를 끄덕이는 한솔의 모습에, 연석은 자신이 지나치게 흥분하며 말한 것이 부끄러워져 두 눈을 질끈 감았다. 실오라기 바람이 자신의 뺨을 간지럽히는 것을 느끼던 연석은 곁눈질로 입가에 미소를 띠고 있는 한솔을 가만 바라보았다. 연석이 그런 한솔의 소녀 같은 모습에 반한 것이 어언 오 년이었다. 일반인이었으면 한창 꽃다운 연애를 할 시기에, 연석은 정원에 심겨진 관목들의 잎사귀를 다듬고, 주인댁 여자의 궂은 잔소리를 온 몸으로 받아내며 온갖 집안일을 도맡아 해야만 했다. 노비제가 폐지되면 한솔과 함께 굳은살이 잔뜩 배긴 서로의 손을 보듬어주며 이곳에서 멀리 떨어진 곳에서 새 삶을 시작 하리라하고, 연석은 매일같이 그런 꿈을 꾸었다.

2

동이 텄다는 걸 알리는 것은 주인댁 부부가 며칠 전에 새로 들인 가정용 로봇이었다. 덕분에 아침잠을 늘릴 수 있었지만 연석은 한낱 쇳덩이에게 자신의 의무를 빼앗겼다는 사실이 무엇인가 꺼림칙했다. 무엇보다도 그 로봇이 연석의 미움을 산 이유는 그런 쇳덩이마저도 연석을 노비 취급하는 것이었다. 연석을 '최 노비'라 부르질 않나, 자신의 등에 충전 콘센트를 꽂아달라며 연석을 닦달하지 않나…. 자존심이 나락으로 떨어진 연석은 이른 오전부터 다락방 구석에 눌러 앉아 창밖을 내다보았다. 티끌 하나 없이 투명한 푸른 빛이 감도는 하늘은 머지않을 연석의 신분 해방을 읊조려주고 있는 것만 같았다. 하지만 기쁜 것도 잠시였다. 해방이 된다 한들, 한솔과 함께 남은 생을 꾸릴 것이라는 희망 외엔 별다른 계획이 없었다. 이십육 년 평생을 노비로 살아온 연석은 학교를 다니지 못한 것은 물론이거니와, 제대로 된 기술 하나조차도 배운 적이 없었다. 유일하게 할 줄 아는 것이라곤 집안일, 정원 가꾸기, 심부름과 같은 허드렛일이 전부였다. 이제 와서 생이별한 부모를 찾아 나선다는 것은 기약 없을 모험이었다.

"연석아, 이리 좀 내려와보렴."

다락방 입구 쪽에서 한참 무엇인가에 앓는 소리를 내던 주인댁 여자가 급하게 연석을 불렀다. 그제서야 연석은 곧장 정신을 차리고 다락방 아래로 서둘러 내려갔다.

"부르셨어요?"

"제니가 좀 이상해서 말이야. 서비스 센터 데려가서 뭐가 문제인지 좀 알아와. 갑자기 오늘 아침부터 불러도 잘 오질 않고, 음식 간도 이상하게 해서 말이지. 서비스 센터가 바쁜 모양인지 도통 전화를 받질 않네."

제니는 주인댁 부부가 그 가정용 로봇을 부르는 애칭이었다. 눈동자를 대신하여 박혀 있는 카메라의 조리개가 반쯤 풀린 듯한 제니는 주인 여자가 말하는 것을 가만 듣더니 곧 바로 연석의 옆에 나란히 섰다.

"가장 가까운 서비스 센터는 이곳에서 약 30분 거리에 위치하고 있어. 영업 종료까지 두 시간밖에 남지 않았으니 서둘러야 해 최 노비."

마지못한 연석은 제니를 한번 흘겨보고는 곧바로 나갈 준비를 했다. 허름한 회색 추리닝에 밑이 다 닳아가는 슬리퍼, 그리고 자신이 노비임을 밝히는 갈색 가죽으로 만들어진 발찌까지. 그것이 연석이 고집하는 외출차림의 전부였다.

제니를 앞장서 대문 밖을 나선 연석의 시야에 한창 세차를 하고 있는 한솔의 모습이 들어왔다. 바퀴 주변이 온통 흙탕물로 범벅된 차는 지난 일요일 밤 한솔이 한 말에 따르면 필히 옆집 막내 아들의 차였음이 분명했다. 연석은 그녀에게 인사를 건네고 싶었지만 바로 옆에 서서 자신을 뚫어지게 쳐다보는 제니와, 거리를 지나다니는 사람들의 시선 탓에 쉬이 용기를 내지 못했다. 어쩔 수 없이 한솔을 등진 연석은 잠시 멈춰서 눈동자를 이리저리 굴리더니 입을 동그랗게 모아 그 안으로 바람을 밀어 넣었다. 그러자, 청량한 휘파람 소리가 순식간에 길가에 가득 퍼져 나갔다. 머지않아 연석의 등 뒤로 가녀리면서도 맑은 휘파람 소리가 은은하게 들려왔다.

3

서비스 센터 앞에 도착한 연석은 도저히 자신 앞에 벌어진

상황에 대한 갈피를 잡을 수가 없었다. 발목에 갈색 가죽띠를 두른 노비 수백 명이 가정용 로봇 서비스 센터 앞을 가로 막고는 시위를 벌이고 있었다. 이마에 붉은 띠를 두르고 눈가를 사납게 붉힌 그들은 목소리는 다 다르지만 모두 같은 말을 하고 있었다.

"이것들 때문에 노비제가 폐지되게 생겼는데, 그러면 우리는 어디 가서 무얼 해먹고 살아야 한단 말입니까? 정부가 내놓은 정책에는 온통 우리들에게 불리한 것들 투성입니다. 몇 푼 안 되는 돈으로 노비로 살아온 평생을 보장해준다니, 그게 다 선심 깊은 척하고 있는 겁니다! 속지 마십시요들. 가정용 로봇의 전면 보급도, 노비제 폐지도 절대 있어서는 안 될 일입니다!"

메가폰을 든 남자 한 명이 외치자 그의 주변을 감싸고 있던 모두가 환호성을 내질렀다. 연석은 고개를 최대한 위로 뻗어 서비스 센터 건물 안에서 발을 동동 구르고 있는 직원들의 모습을 관찰하였다. 그들은 혁명과도 같은 시위 앞에서 저렇게 겁에 질리는 것 말고는 아무것도 할 줄 아는 게 없었다.

"저거 다 헛수고야. 경찰들이 곧 올 텐데 얼른 저들한테 해산하라고 말해 최 노비."

연석의 옆에 서서 그 광경을 가만 지켜보던 제니는 연석에게 또 다시 명령을 해왔다. 이대로 서 있으면 저들이 제니를 한 손으로 때려부술지도 모르는 상황이었다. 연석은 자신에게 명령을 하는 제니의 전원을 당장이라도 꺼버리고 싶었지만, 주인댁 재산이 손해를 입게 가만 놔둘 수는 없는 노릇이었다. 사이렌 소리가 점점 귓가에 가까워지자 연석은 서둘러 발걸음을 돌렸다.

너무 이르게 집으로 돌아온 연석을 보자 주인 여자는 의아하다는 눈빛으로 연석에게 물었다.

"왜 이렇게 일찍 돌아와? 오늘 영업 안 하기라도 하던?"

"서비스 센터 앞에서 시위가 일어나서 말이에요. 내일 다시 다녀오겠습니다."

미간을 일그러뜨리던 주인 여자는 한숨을 크게 내뱉더니 곧바로 제니의 전원을 꺼버렸다. 얼굴이 회색빛이 된 제니는 그대로 고개를 떨구었다. 하루 종일 연석의 신경을 건드렸던 제니의 기계소리가 천천히 사그라들었다.

"하여간, 세상이 정말 말세야 말세. 이럴 때 보면 로봇이 사람보다 더 낫단 말이야."

연석에게 제니를 구석에 가져다 놓으라 시키곤 주인 여자는 유유히 안방으로 들어갔다. 작동이 정지된 제니를 유심히 바라보던 연석의 눈앞에 아까 서비스 센터 앞에서 보았던 시위 장면이 선연히 떠올랐다. 노비제 폐지가 현직 노비들에게 날벼락 같은 소리인 것은 연석도 잘 알고 있었지만, 그렇다고 해서 폐지를 물리는 것은 한솔과 함께 멀리 떠날 것이라는 연석의 소망과는 거리가 먼 이야기였다.

4

다락방으로 올라온 연석은 침대에 누워 살며시 눈꺼풀을 닫았다. 해가 완전히 지평선 너머로 떨어지려면 아직 삼사십 분은 더 남아있었다. 세상이 암흑에 물들수록 연석의 의식도 함께 저물어 갔다. 외출은 연석에게 꽤나 고단한 일이었다. 더군다나 난리통까지 맞닥트린 데다가 깊은 근심까지 얻었으니. 주인댁 소유의 차를 전부 세차했던 날보다도 연석의 어깨는 축 처져 있었다. 연석이 거의 수면상태에 들어갈 때쯤 창문 너머에서 들려오는 가느다란 휘파람 소리가 연석의 신경을 간지럽혔다.

힘겹게 눈을 뜬 연석은 창가 쪽으로 고개를 돌렸다. 연석이 귓가에 온 신경을 집중시키자, 좀 전에 들려왔던 휘파람 소리가 두 차례 더 연이어 들려왔다. 오늘 밤에 담장 위에서 보자는 한솔과 연석만이 아는 일종의 비밀 신호였다. 오늘은 수요일, 일요일 밤이 오기까진 아직 상당한 시간이 남았을 때였다. 한솔이 이렇게 갑자기 연석을 불러낸다는 것은 필히 무슨 일이 생겼음이 분명한 것이었다.

시계 바늘의 시침과 분침이 정확히 밤 12시를 가리키자마자 연석은 사다리를 펴 익숙하게 담장 위를 향해 올라갔다. 언제부터 와있던 것인지 한솔은 이미 담장에 걸터앉아 연석을 기다리고 있었다.

"왜 갑자기, 무슨 일 있어?"

입을 앙 다물고 침묵을 유지하던 한솔은 간신히 입술을 떼었다.

"오빠는 노비제가 폐지되고 나면 어떻게 사실 거예요? 저는 딱히 하고 싶은 것도 없고 잘하는 것도 없어서…. 저희 주인댁도 오늘 가정용 로봇을 새로 들이셨는데 확실히 일처리도 빠르고 똑똑하더라고요. 노비제가 폐지되기도 전에 내쳐질 것 같은데, 내쳐지는 건 무섭지 않지만 그 이후가 막막해서 말이에요. 오빠는 특별한 계획이 있으세요?"

순간적으로 연석은 심장이 벅차게 뛰는 걸 느꼈다. 아무리 친한 사이라도 자신을 데리고 멀리 도망친다 하면 한솔이 자신에 대한 거부감이 생길까 봐 연석은 쉬이 자신의 솔직한 심정을 털어놓지 못했다.

"그냥 이것저것 해봐야지. 아무 것도 안하고 남은 인생을 그냥 썩히기에는 내가 너무 젊거든. 너는 나보다 오 년은 더 젊으니 할 수 있는 게 더 다채로울 거야. 당장 공부를 시작해도 나쁜 선택은 아니지."

말은 그렇게 하면서도 연석은 내심 한솔이 자신과 함께 살고 싶다고 말해 주길 바랬다. 지긋지긋한 갈색 가죽 발찌를 끊어내고 이 담장보다 더 높은 곳으로 함께 도망치자고, 그곳에서 공부를 하든 기술을 배우든 간에 끝내는 지금처럼 서로가 함께 있자고. 연석은 한솔이 그렇게 말해주길 바랬다. 하지만 되돌아오는 한솔의 답은 연석에겐 청천벽력과도 같은 소리였다.

"그것도 좋지만, 저는 솔직히 노비제가 폐지되지 않았으면 좋겠어요. 신분이 낮긴 해도 이렇게나 자상한 주인댁에서 먹을 것도 주시고, 잘 곳 내어 주시는 데 굳이 다 박차고 나갈 필요가 있을까요? 가정용 로봇 서비스 센터 앞에서 매일같이 노비들이 모여서 시위를 벌인다네요. 저도 거기에 나가 볼까 해요. 오빠도 같이 가보지 않으실래요?"

연석은 명치에서부터 여린입천장까지 매운 공기가 턱 얹히는 것을 느꼈다. 한솔 역시 낮에 보았던 그들과 마찬가지로 노비제가 폐지되지 않길 원하고 있던 것이었다. 시위에 참여할 일가견이 거의 없었지만, 만약 연석이 시위에 나가게 된다면 한솔과 사적으로 만날 기회가 생기는 것과 다름이 없었다. 잠시 숨을 고르던 연석은 고개를 위아래로 살랑거렸다.

"당연히 같이 가주실 줄 알았어요. 그런데 나오실 순 있으세요?"

"주인댁 가정용 로봇이 상태가 이상해져서 어차피 갔어야 했어. 나갈 핑계는 충분하지."

"다행이네요. 그럼 오후 2시쯤 저 아래 횡단보도 앞에서 봬요."

옆집 남정네들 중 누군가의 기침소리가 들려오자 한솔은 흠칫하더니 급하게 담장 아래로 내려갔다. 사다리를 치우는 소리와 현관문이 닫히는 소리가 들리고 난 그제서야 연석은 간신히 들어올리고 있던 입꼬리에 힘을 내려놓았다.

5

태양은 너무나도 빨리 연석의 머리맡을 밝혔고, 세상은 금세 시끌벅적해졌다. 언제 제니의 전원을 켠 것인지, 제니는 기계음으로 콧노래를 부르는 듯한 시늉을 하며 아침을 준비하고 있었다. 물론 제니가 차리는 아침상 안에 연석의 몫은 없었다. 텔레비전 안에서 큰 소리로 떠들고 있는 뉴스프로에선 어제 본 노비들의 시위 장면은 단 일초도 나오지 않았다. 노비들이 벌이는 시위 따위는 세상 사람들의 관심을 끌기엔 터무니없는 소식이었다.

오후 2시 정각, 연석은 어제와 같은 추리닝 차림으로 제니와 함께 집을 나섰다. 연석은 한솔과 하는 나름의 첫 데이트라는 생각에 마음껏 멋을 부려보고 싶었지만, 말끔히 세수를 하고 머리를 단정히 빗는 것만이 연석이 할 수 있는 멋 부림의 전부였다.

한솔이 일러준 횡단보도가 있는 곳까지는 주인댁에서 그리 멀지 않은 거리였다. 연석은 설렘 반, 근심 반으로 밤을 지새웠지만 한솔과 함께 있는 동안에는 설레 있기만 하기로 결심했다. 낮 시간에 한솔의 얼굴을 정면으로 바라보는 것이 처음이라 쑥스러운 것인지, 연석의 두 뺨이 화끈 달아올랐다. 한솔 역시 밝을 때 보는 연석이 익숙하지 않은 것인지 도통 입을 떼지 못하였다. 어색한 정적이 겉도는 가운데, 연석은 휘파람을 불었다. 둘만이 아는 둘만의 인사법, 그제야 움츠렸던 어깨를 핀 한솔은 입을 모아 휘파람을 부르며 연석을 향해 방긋 웃어 보였다.

시위의 규모는 연석이 기억하고 있던 어제의 규모보다 배로 커져 있었다. 세력을 키운 노비들은 가정용 로봇 서비스 센터 앞을 가로막곤 '로봇 퇴치'라 적힌 피켓을 들고는 날카로운 함성을 내지르고 있었다. 그것을 본 제니는 눈을 적색으로 빛내고 있었다. 위험한 상황이라는 것을 의미하는 일종의 구조요청 신호였다.

"오빠네 주인댁 로봇 이러다 저 사람들한테 잡혀가는 거 아니에요? 그렇게 되면 오빠는…."

연석은 뒷머리가 쭈뼛 서는 걸 느끼곤 제니를 숨겨놓을 만한 곳을 서둘러 살폈다. 좁고 어둑어둑한 골목 한가운데에 오래되어 보이는 공중전화부스가 연석의 시야에 꽂혔다. 시위를 벌이고 있는 노비들의 눈에 띄기 전에, 연석은 제니를 그 공중전화부스에 앉혀 놓고 전원을 껐다. 어차피 서비스 센터까지는 너무나도 먼 거리였다.

연석과 한솔은 나란히 이마에 붉은 띠를 둘렀다. 자유는 그들의 힘이 되어줄 순 없다는 것을, 이마에 붉은 띠를 두른 모두가 알고 있었다. 하지만 그 틈 아귀에서 연석은 소리없이 울었다. 만약 노비라는 공통분모가 둘 사이에 지속된다면 연석이 한솔과 함께 떠나는 일은 영영 미지수였다. 하지만 연석은 하늘을 향해 뻗은 주먹을 선뜻 내려놓을 수 없었다. 그 주먹을 내려놓는다면, 그대로 모든 것이 끝날 것만 같아서였다.

6

시위는 다음 날도, 그 다음 날도 전혀 끝을 낼 기미를 보이지 않았다. 그들의 이야기를 들어주는 이가 없어 소강 될 법도 했지만 시위는 오히려 더 굳세어졌다.

시위를 진압하려는 공권력의 소용돌이 속에서 연석이 택한 것은 불타는 의지보다 그의 맑은 순정이었다. 등판에 피멍이 새겨져도, 매질을 당해 다리를 절게 되어도, 연석은 오로지 한솔을 지키는 데에만 힘썼다. 한솔이 평생 그의 곁에 앉아 휘파람을 불어준다면, 연석은 그보다 더한 것도 할 수 있었다.

"오빠, 오늘은 그냥 돌아가는 게 좋을 것 같아요. 상황이 너무 안 좋아요."

고통에 취해 감고 있던 눈을 떴을 때, 연석은 이미 아수라장의 한복판에 서있었다. 망신 창이가 된 노비들은 머리에 피를 흘리면서도 절대 손에 들린 피켓을 놓지 않았고, 시내를 뒤흔드는 사이렌 소리에도 굴하지 않은 채 목청을 더욱더 높였다.

넋이 나간 연석의 곁에서 발을 동동 구르던 한솔은 얼른 도망치자며 그를 재촉했다. 그제서야 연석은 한솔의 손목을 잡고 쏜살같이 시위 현장의 바깥을 향해 달렸다. 사람들 틈 사이사이를 비집고 밀치며 겨우 집으로 갈 수 있는 길목이 나타났을 때, 연석은 한솔의 손목을 꽉 쥐고 있던 자신의 손에 아무것도 잡혀있지 않다는 걸 깨달았다. 그저 저만치 떨어진 곳에 주저앉아 선홍색 물줄기가 흐르고 있는 오른손을 꽉 움켜쥔 한솔을 시야에 들일 뿐이었다.

7

그날 이후 연석은 한솔의 모습을 볼 수 없었다. 시위에서도, 일요일 밤 담장 위에서도, 한솔은 그림자의 일각조차 연석에게 드리우지 않았다. 연석이 밤낮으로 휘파람을 불어 댔지만 되돌아오는 것은 고요한 정적뿐이었다. 연석은 자신의 무능함에 대해서 한솔에게 용서를 구하고 싶었지만 그에게는 늘 기회가 오지 않았다. 혹여라도 시위에 나갔던 것을 주인댁한테 들켜 한솔이 추방되었으면 어쩌나 하고, 연석은 매일 밤을 전전긍긍하며 지새웠다. 한솔을 그리워하는 연석의 마음은 아무리 시간을 덧대어도 나아질 기미가 보이질 않았다.

그 사이 노비들의 시위는 전국단위로 확장해갔고, 더 이상 이들을 무력으로는 막을 수 없다는 걸 알아차린 정부는 노비제 폐지 대신 새로운 기획안을 발표하였다. 노비신분 선택제. 말 그대로 자기 자신이 노비 신분을 유지하느냐 마느냐를 결정하는 것이었다. 노비신분을 지니고 있는 이백만 명 중에 백팔십만 명이 넘는 사람들이 자신의 신분을 그대로 유지하기로 하였다. 연석 역시 그 백팔십만 명이 걷는 길에 동참하기로 했다. 신분이 해방되어봤자 연석은 이미 황폐해진 자신의 인생을 다시 가꿔갈 용기가 없었다. 무엇보다도 가장 큰 이유는 한솔의 부재였다.

노비신분 선택제가 정식으로 이루어지던 날, 주인 여자는 기다렸다는 듯이 연석을 집밖으로 내쫓았다. 제니 하나로도 일손은 충분하다는 이유에서였다. 연석은 이건 부당한 해고라며 대문간 앞에서 곡소리를 냈지만 그들이 연석의 인생을 책임질 의무는 없었다.

연석은 온 동네의 대문을 두드리며 자신을 거두어 달라 부탁했지만, 그 어느 곳도 연석의 손을 잡아주지 않았다. 연석이 거절당한 그 모든 곳에서는 가정용 로봇의 기계음이 들려왔다. 안착하지 못하고 공중을 떠다니는 민들레 홀씨처럼 동네를 부유하던 연석은 놀이터 벤치에 축 늘어져 있는 이웃집 남자 노비와 마주쳤다. 눈자위가 시뻘겋게 부풀어 올라있는 것을 보아하니, 그도 역시 연석과 같은 처지임이 분명했다.

"우봉, 너도 쫓겨난 거야?"

땅을 응시하던 우봉은 천천히 고개를 끄덕였다. 연석은 그런 우봉의 옆에 살포시 앉아 강렬한 빛을 토하며 죽어가는 태양을 바라보았다. 저리 죽어도 내일이면 다시 환하게 떠오르겠지. 연석은 태어난 이후로 자신이 단 한번도 빛을 발해본 적이 없다는 사실에 쓴웃음을 지었다.

"그런데 김 판사 댁 여 노비는 어떻게 된 거야? 너 그 애랑 같이 떠난다 하지 않았어? 걔는 그 집에 그대로 있던데, 너는 왜 이러고 돌아다녀?"

김 판사 댁 여 노비는 한솔을 일컫는 말이었다. 한솔을 봤다는 말에 연석은 두 눈을 부릅뜨고 우봉에게 달려들 듯이 되물었다.

"그 집에 그대로 있다고? 너가 어떻게 알아?"

"노비로 받아 달라고 이곳저곳 돌아다니다가 어쩌다 보니 그 집 대문을 두드렸지. 그런데 웬 낯익은 여자가 문을 열어 주더라고. 보니까 그 여 노비였어."

한솔이 여전히 그 집에 있다는 말에, 연석은 자신의 다리가 성하지 않다는 것도 잊고 한솔이 일하던 집으로 냉큼 달려갔다. 그 집의 조명에서 흘러나오는 따스한 불빛들이 연석의 눈동자 안을 환하게 어지럽혔다.

다시 원점으로 돌아온 연석은 자신이 걸쳐 앉아 있었던 담장의 꼭대기를 하염없이 올려다보았다. 적갈색의 벽돌로 단단히 쌓아 올려진 담장, 그 위로 뻗어 있는 소나무 잎을 제니가 한창 손질하고 있었다. 삐뚤삐뚤하게 모양을 내어 늘 주인 여자의 구박을 받던 연석과 달리, 제니는 수준급의 가위질로 소나무의 잎을 뭉게구름 모양으로 단정하게 오려내고 있었다. 그때, 깔끔하면서도 매정한 가위질 소리 뒤로 주인 여자와 앞집 여자 둘이서 속닥이는 소리가 연석의 귀를 쫑긋하게 했다.

"김 판사님 댁 막내 아들 말이에요. 글쎄 그 댁 노비였던 여자랑 얼마 있다가 결혼한다지 뭐예요? 어쩌다 보니 눈 맞아서 노비신분 선택제가 시행될 때까지 집 안에 들여놨었나 보더라고요. 그 댁 부부가 워낙 인심이 좋아서 망정이지, 손도 병신이라서 집안일 시키기도 어려워 보이던데요? 노비로 거두어도 손해일 판국에 며느리로 거두다니 원…….”

8

연석은 두 발이 감당하기 힘들 정도의 속도로 그 담장 아래에서 최대한 멀리 도망쳤다. 기껏 도망친 곳이라곤 한창 시위를 벌였었던 가정용 로봇의 서비스 센터 앞이었다. 연석은 그곳으로 도망친 자기 자신이 어이없었지만, 그 상태로 있다가 혹여라도 한솔을 마주치게 되는 것보단 차라리 이 편이 나았다. 화려한 장신구에 요란한 빛깔의 원피스, 연갈색의 머리카락. 우봉이 보았다던 한솔의 모습은 평소 한솔이 연석에게 버릇같이 말하던 그녀의 소원이었다.

“난 이제 어디로 가야 하나…. 난 이제 무얼하고 살아야 하나….”

홀로 울부짖던 연석은 고개를 치켜 들고 입술을 둥글게 모아 휘파람을 불기 시작했다. 한솔에게 보내는 연석의 마지막 작별 인사였다.

얼마 지나지 않아 서비스 센터 주위는 휘파람 소리로 가득 메워졌다. 그 소리들 모두엔, 하나같이 갈색 가죽 띠가 발목에 둘러져 있었다.

한국작가회의 이사장상 · 독후감 부문

신승희

당신의 죽음을 헛되이 하지 않기 위해

반성한다. 나는 전태일이라는 사람에 대해 알고 있다고 생각했다. 평화시장에서 노동 착취를 당하는 여공들을 대신해 노동 운동을 하다 분신 자살을 한 남자. 내가 알고 있던 전태일이라는 사람에 관한 모든 것이었다. 그러나 『전태일 평전』을 읽으면서 나는 내가 무지했고 오만했다는 걸 깨달았다. 나는 그에 대해 아무것도 몰랐다. 내가 모두 안다고 생각했던 그에 관한 이야기는 사실 그의 일부분, 지극히 단편적인 면에 불과했다.

책은 전태일이 직접 쓴 일기를 토대로 그의 생애를 조명한다. 나는 이 책을 읽은 독자들이 한 번씩은 모두 깊은 탄식을 했을 거라 믿어 의심치 않는다. 이유는 그가 아주 어린 시절부터 겪어야 했던 온갖 수난 때문이다. 밥 한 번 배불리 먹지 못하던 어린 시절을 거친 후 형편이 나아지나 했으나 아버지의 사업이 망하면서 다시 가세가 기운다. 가출과 방황 끝에 그가 거의 처음으로 맞이한 행복인 청옥고등학교에서의 생활은 현실의 벽에 부딪혀 막을 내린다. 결국 그는 학업에 대한 열망으로 동생과 함께 가출을 감행하지만 학업은커녕 길거리 생활을 전전하다 여동생을 시설에 맡기기에 이른다.

나는 그가 견뎌야 했을 가난의 무게를 알지 못한다. 나는 며칠을 굶어본 적이 없으며 그렇기 때문에 바다에 떠 있는 양배추의 속고갱이를 먹기 위해 이성을 잃고 뛰어든 전태일의 심정을 모른다. 또한 내게 학교의 존재는 너무나 당연한 것이었으므로 코피로 대야를 물들이면서까지 공부를 하고 학업을 그만두라는 아버지의 말에 가출을 감행한 그의 심정을 알지 못한다. 그가 겪어야 했을, '부한 환경'에 대한 박탈감과 상실감 또한 나는 결코 알지 못할 것이다. 그뿐인가. 그가 겪었던 길거리 생활의 고단함도, 맏이로서 막내 동생을 남의 손에 맡겨야 했던 그 순간의 좌절감과 상실감도 나는 모른다. 하루 끝에 몸을 뉘일 곳이 있고 매 끼니마다 먹을 음식이 있는 나는 감히 그의 비애를 이해한다고 말할 수 없는 것이다.

전태일의 성장 과정을 읽은 이라면 누구나 그가 고통을 감내하면서까지 부조리한 현실에 투항한 이유를 어렴풋이 알게 된다. 그는 자신의 수기에서 '조금만 불쌍한 사람을 보아도 마음이 언짢아 우울한 편'이라 이야기하면서 그 이유를 '내 자신이 너무 그러한 환경들을 속속들이 알고 있기 때문인 것 같다'고 썼다. 나는 이 말을 흔히들 말하는 '남일 같지 않다'는 말로 이해했다. 훗날 평화시장에서 일을 하게 된 전태일이 여공들에게 풀빵을 사주느라 자신은 몇 시간을 걸어서 집에 가고, 모아둔 돈을 부어 아픈 여공을 병원에 데려갔던 것은 그야말로 남일 같지 않았기 때문이라고 나는 생각한다. 평범한 집안에서 태어나 자란 내가 만약 그 시대의 노동자였다면 주인과 협조해 여공들을 착취하는 데 일조했던 일부 재단사들처럼 행동했을지도 모른다. 나는 그들의 고통을 모르는 사람이며 너무나도 쉽게 그들의 고통을 '남일'이라 치부할 수 있는 사람이기 때문이다. 또한 그렇기에 다른 이의 고통보다는 당장 내 삶의 안위가 더 중요한 사람이기 때문이다.

그러나 전태일은 그들의 삶이 남일 같지 않은 사람이다. 자신의 삶이 가난에 의해 조각나고 찢겨지는 경험을 했던 사람이다. 그 고통이 얼마나 쓰라린지 몸소 체득한 사람이다. '부한 환경'에서 유리된 자들은 인간으로서의 존엄과 가치를 잃고 살아갈 수밖에 없었던 현실을 체감한 사람이다. 그런 현실 속에서 전태일은 모든 희망을 포기하고 당장 자신의 안위를 택하는 대신 모두를 위해 가시밭길을 걷기로 선택했다. 나는 자신의 이익이 아닌 여공들의 근무 환경 개선을 위해 재단 일을 배우기로 했다는 그의 수기를 읽을 때면, 또 부조리한 현실을 개혁하기 위해 바보회를 만들기로 결심했다는 그의 수기를 읽을 때면 자꾸만 눈물이 난다. 이유는 두 가지인데 첫 번째는 그에게 너무 감사해서고 두 번째는 그런 그가 너무나 안쓰러워서다. 나랑 고작 몇 살 차이도 나지 않는 그를 생각하면 책에 수록된 어딘가 개구지면서도 듬직한 그의 사진을 보면 안쓰러운 마음에 자꾸 화를 내고 싶어지는 것이다. 이제 겨우 길바닥 생활에서 벗어나서 어머니도 다시 만났는데, 이제 스스로만 생각할 때도 되지 않았느냐고. 어쩜 그리 바보처럼 남들 생각만 하냐고. 한창 자기만 생각하며 살아갈 젊은 나날에 게다가 그토록 고생 끝에 얻은 생활(물론 그조차도 부조리한 것이었지만) 속에서도 어쩜 당신은 그렇게 이기적일 줄을 모르냐고. 그러나 나는 안다. 그는 그럴 수밖에 없었다는 것을. 나 같은 범인은 감히 상상할 수 없을 만큼 커다란 의무감이 그를 추동했다는 것을.

인간이 겪는 가장 큰 고통이 작열통이라고 한다. 그는 그 고통 속에서도 근로기준법을 준수하라고, 우리는 기계가 아니라고, 노동자들을 혹사하지 말라고 목 놓아 소리쳤다. 인간의 가장 근원적이고 근본적인 욕구라 일컬어지는 자기 보존의 욕구를 넘어선 그의 의지를 뭐라고 표현해야 좋을까. 그토록 스스로를 밀어붙인 전태일의 행동을 뭐라고 정의할 수 있을까. 그러나 이윽고 나는 적절한 단어를 찾아내는 데 실패한다. 전태일. 이 석 자만큼 극한의 의지를 잘 나타낼 수 있는 단어는 없다는 생각이 들었기 때문이다. 또 나는 한편으로는 그를 위인이라고 함부로 말해도 되는 것인가 노파심이 든다. 그는 분명 위대하고 숭고한 일을 했지만 전태일과 같은 사람이 또 한 번 나타나선 안 되기 때문이다. 아니, 보다 정확히 말하면 전태일과 같은 사람이 나타나는 사회가 되어서는 안 되기 때문이다. 그가 남긴 자신의 죽음을 헛되이 하지 말라는 말은 내가 듣기에 다시는 자신과 같은 사람이 나타나지 않도록 하라는 말처럼 들린다. 몸을 불사르며 노동자들의 삶을 개선한 사람은 나 하나로 끝이어야만 한다고, 다시는 이런 죽음이 되풀이되어선 안 된다고 말하는 것처럼 들린다.

전태일은 떠났다. 내 죽음을 헛되이 하지 말라, 라는 말을 남기고 그는 떠났다. 나는 가슴이 따끔거린다. 내가 그의 죽음을 헛되이 하고 있는 것은 아닌가 반성한다. 부끄럽고 또 부끄럽다. 전태일의 죽음을 헛되이 하는 것은 다른 이의 고통을 '남일'로 치부하는 것이라고 나는 생각한다. 지금도 어딘가에는 불합리한 노동 착취의 피해자들이 고통받고 있다. 임금 체불과 저임금, 안전하지 못한 노동 환경에 고통받는 이들이 있다. 인격체로 대우받지 못하는 감정노동자들이 있고 산업 재해를 인정받지 못해 고통받는 피해자들이 있다. 내가 할 수 있는 일은 많이 없다. 한 개인으로서 그들의 목소리를 지속적으로 듣고 관심을 갖는 것뿐이다. 그러나 역설적으로 그들에게 가장 필요한 것은 나 같은 평범한 시민들이 그들의 이야기를 들어주고 관심을 가져줘서 그들의 이야기가 수면 위로 떠오르도록 하는 일이다. 모두가 그들의 목소리를 들을 수 있도록 해주는 것이다. 전태일이 무력감을 느꼈을 때는 자신의 목소리가 묻혔을 때다. 노동청에 대한 진정이 묵살되었을 때 그는 분노와 함께 무력감을 느꼈을 것이다. 억울한 피해자들에게, 수면 밑에서 자신의 목소리를 내지 못하는 사람들에게 발언권을 줘야 한다. 그리고 그것은 나와 같은 시민이 힘을 모으면 할 수 있다. 그들을 어차피 내 일이 아니라는 이유로 외면해버린다면 전태일은 더욱 서

슬 퍼런 목소리로 외칠 것이다. '나의 죽음을 헛되이 말라'고.

전태일은 떠났지만 곳곳에 전태일의 형상은 남아 있다. 몇십 년간 김밥을 팔아 모은 돈으로 기부를 한 어느 시민, 봉사활동을 하러 온 자원봉사자에게 작은 간식을 챙겨주던 쪽방촌의 노인, 지하철에 낀 사람을 위해 지하철을 민 불특정 다수의 시민들. 전태일의 혼을 이어가는 것은 이처럼 따뜻하고도 끈끈한 연대의 정신이 아닐까. 타인의 고통을 모르는 체하지 않을 때. 나아가 부조리를 타파하기 위해 움직일 때, 전태일은 편히 쉴 수 있을 것이다. 어디선가 그의 목소리가 들리는 것만 같다. 그의 말이 메아리가 되어 우리에게 전해진다. "내가 앞장설 테니 뒤따라 오게."(『전태일 평전』에서)

사회평론사 사장상 · 시 부문

고수정

언니의 반달

반복되는 마트의 노래 소리를 따라
언니는 흘러내리는 머리 두건을 쓴 채
만두들을 서툴게 굽기 시작했다

언니는 기울어가는 집을 시식대 위로 올렸다
잠시 들어온 햇빛으로 긴 밤을 버텨내는 집
곰팡이가 퍼져나가는 벽지 사이에서
우리는 무릎을 웅크리곤 했다
다음날 아침으론 어제 꾼 꿈을 차가운 밥처럼 꺼내 먹었고

항상 뜨겁게 달아오르는 곳에서 견뎌내는 것이 일과였다
언니는 반달같은 표정을 아무렇지 않게 지어보였다
밝게 웃고 있으면서도
가려진 옆얼굴에 어두운 가난을 숨겨두고 있을 언니

만두 위로 기름이 튀어오르는 것처럼

언니는 다가오는 고통을 몸으로 머금었다
크레이터는 자꾸만 늘어나기 시작하고
물집은 아플수록 환하게 떠오르는 달

언니의 말은
후라이팬의 궤도 주변을 맴도는 중이고
가벼운 명찰 속으론
매일 밀린 가스세와 전기세가 스며들어간다
물집은 가장 뜨거웠던 상처에서 돋아난 달

들고 있던 집게에 사람들이 물고기처럼 모여들면
녹말 이쑤시개들은 빠르게 휩쓸려 사라져갔다
버려진 녹색의 그림자들을 모아 하루를 정리하는 언니

언니는 점점 반달이 되어가고
둥근 입꼬리는 점점 잘 보이지 않기 시작했다
귀가길 하늘에는 반쯤 탄 반달이 떠올라 있었다

달, 팽이가 자라나는 밤

밤, 온 몸을 어둠으로 두른 시간
매일 한 각도씩 등을 굽히도록
우리의 방은 궤도를 따라 돌아갑니다

검은 얼굴의 우리는
끝나지 않을 공장 속에서 많은 표정들을 누르며
하루의 무거움을 견뎌내요
지나온 자리마다 미끄러운 점액질의 모국어가 남겨지면
밤의 끝에서 글자들을 모아 모자란 일기를 완성시켜요

빛이 들어오지 않는 지하방,
우리는 어둠이 묻어있는 등을 숙이고
축축한 나뭇잎을 먹으며
달빛에 자라는 하루의 일기를 남겨요

환한 거리 속에서
사람들의 시선은 항상 변하지 않아요
마치 떨어질 생각이 없는 지구가
등 위에 올라와있는 것처럼

자연스럽게 섞여드는 나무 아래서
낮잠 한 번을 꿈꿨을 뿐이었는데
사방에서 흩날리는 봄의 가루들은
우리와 다른 색의 발목으로 걸음을 옮겨요

우리는 어둠을 향해 모국어를 둥글게 품은 채
아슬아슬하게 흔들리는 달을 얹고
언덕을 향해 기어올라가는 중입니다.

지하 속에서 산다는 것은
매일 밤 조금씩 기울어지는 몸의 소리들을
귀속으로 담을 수 있다는 이야기

무겁게 젊어진 달이 밤의 태엽을 조금씩 감기 시작하면
등 뒤가 환하게 부풀어갑니다

달콤

너를 위해 각설탕 하나를 넣어둘게
너의 꿈이 외롭게 떠있지 않도록
오늘은 뒷맛이 씁쓸해도 괜찮은 날이야

나뭇잎 뒤에 그림자를 같이 세워두는 건 너의 습관이지
구름이 가린 밤 속으로
빠져들어가는 발소리가 들려와
내가 눈을 뜨면 우린 좋은 친구가 될 수 있을까

찻잔 위로 떠올라있는 달은
침대에서 천천히 녹아가는 중이야

둥근 모서리에 부딪혀 끝에서부터 각도를 머금어가는 일
너의 몸도 사라지지 않았으면 좋겠는데

달콤하다는 것은 오래도록 껴안아주는 일
달이 밤하늘 속으로 스며들기 시작하면
주변에 있는 별들이 더 환하게 떠오를지도 몰라

달이 부풀어오르면
스쳐가는 너의 목소리를 가까이서 들어볼 수 있을까
잡아주길 바라는 너의 손을 기다릴래

서로 마주보는 날이 오게 된다면
제일 먼저 도장을 찍어보자
내 지문 안에 너의 지문이 스며들도록
너의 비밀을 지켜줄 약속을 하는 거야

우리의 얼굴은 반쪽짜리 상현달이지만
밤새 말하는 시간엔
보름달이 뜨고 있을 거야
따뜻한 담요와 차를 준비해놓고 있을게

사회평론사 사장상 · 산문 부문

강예은

노래를 못 하면 장가를 못 가요

남자는 눈을 감은 채 손을 뻗어서 달력을 집었다. 하우스 천장에 매달린 조명은 원래 오이를 키우는 하우스에서 쓰던 자외선램프다. 눈이 시릴 정도로 밝은 조명 아래서 오이들은 낮에도 밤에도 쉴 틈 없이 계속 자랐다. 저번 달에 두 명이 도망친 이후 감독은 잘 때도 전등을 끄지 말라고 했다. 온종일 전등을 켜두자 전등은 더 자주 깜박거렸다. 일꾼들은 수건이나 낡은 옷가지로 눈을 덮고서야 간신히 잠에 들 수 있었다. 남자는 눈을 가느다랗게 뜨고 달력을 넘겼다. 빨간 사인펜으로 동그라미가 쳐진 날짜에는 별이 다섯 개나 그려져 있었다. 남자는 날짜를 엄지손가락으로 자꾸만 쓸어내렸다. 다섯 명의 동료들은 각자 저마다의 언어로 잠꼬대를 했다. 동료들의 코골이가 점점 커졌다. 부풀었다 꺼지는 이방의 꿈 너머, 남자가 울고 있었다. 그가 바라보고 있는 날짜는 5월 9일. 여자의 생일이었다. 조명이 깜박거릴 때마다 남자는 잠시의 어둠을 틈타 눈물을 닦았다.

*

야, 꼴통! 뭐 하고 있어 빨리빨리 안 움직여?

남자는 한동안 한국어로 자신의 이름이 꼴통인 줄 알았다. 자신의 이름인 꼬르또를 한국어로 부르면 그렇게 발음되는 거라 생각했다. 아니란 걸 알게 된 이후에도 꼴통이 무슨 뜻인지 굳이 묻지는 않았다. 아마 남자를 부르는 또 다른 이름들, 야, 인마, 새끼야, 그런 것과 다를 바 없는 단어겠지.

남자는 파란 용달차에서 비료를 내려 등에 지고 농가의 창고로 옮기는 일을 반복했다. 등줄기가 땀으로 젖어오고 창고에 쌓은 비료의 높이가 자신의 머리를 훌쩍 뛰어넘을 때까지 남자는 한 번도 쉬지 않았다. 잠시 한숨을 돌린 남자는 제초제와 성장촉진제가 든 통을 찾아 분주히 움직였다. 달마다 뿌려야 할 약의 종류와 양이 달랐으므로 남자는 분주함 속에서도 신중을 기해야 했다. 감독의 말은 빨랐고 약의 이름도 어려워 기억하는 게 쉽지는 않았다. 다시 한 번 천천히 말해줄 수 없느냐고 물었을 때, 감독이 농약들을 코앞에 들이대며 정 안 되면 냄새나 맛으로라도 구분해보라고 윽박지른 적이 있었다. 약통들에는 하나같이 커다란 해골 그림이 그려져 있었다. 한국말은 몰라도 그건 무슨 의미인지 알 수 있었다. 그 이후로 남자는 질문을 포기했다. 같은 크기와 같은 색을 가진 통들 사이에서 남자는 용케 석회보르도액을 찾아냈다. 비가 오기 전에 빨리 농약을 쳐야 했다. 남자가 농약 통을 들고 창고를 나섰을 때, 점심시간이 되었다. 남자의 입에서도 단내가 났다. 벌써 다른 동료들은 큰 오동나무 아래 정자에 자리를 잡고 있었다. 다들 남자를 향해 빨리 오라며 손짓을 했다.

휴식시간에 꼬르또가 없으면 섭섭하지.

남자는 꽤 노래를 잘하는 편이었다. 고향에서도 마을의 축제나 행사가 있으면 꼭 남자에게 노래를 시키곤 했다. 동료들은 지쳐서 땀을 식히는 동안이나, 하우스에 들어가 잠을 청하기 전 남자의 노래를 듣길 원했다. 고향에서의 유행가, 한국에서 자주 들은 트롯, 그런 걸 불렀다. 남자는 노래를 부를 때마다 살짝 몸을 여자 쪽으로 기울여 부르곤 했다. 사랑을 고백하는 가사에는 여자를 지그시 바라보기도 했다. 여자는 이 진절머리가 나는 시골바닥에서 유일하게 빛나는 사람이었다. 여자는 남자가 부르는 노래에 맞춰 박수를 치고, 남자의 목소리가 가끔 음에서 어긋나면 까르르 웃기도 했고, 노래를 듣다가 고향 생각이 나면 울었다. 비가 오려는지 하늘의 빛깔이 심상치 않았다. 남자는 그걸 보며 고향의 우기에 대해 생각했다.

*

몇 번을 빨아도 옷에서는 물비린내가 났다. 숨을 쉴 때마다 입에 모기나 각다귀 같은 날벌레가 들어가지 않게 조심해야 했다. 커다란 잎사귀에 타닥타닥 빗물 떨어지는 소리가 났다. 남자는 두 귀에 이어폰을 끼고 한 손에는 전공 책을 들고 있었다.

남자가 여자를 처음 본 건 교양 수업에서였다. 한국 문화의 이해라는 강좌였다. 남자는 전자기기부터 옷, 신발까지 한국의 것을 사용하고 있었다. 아빠에 대한 증오는 한국에 대한 호기심으로 바뀌었고 곧 그 호기심은 한국에 대한 막연한 동경으로 이어졌다. 여자는 남자보다 뭐든 잘했고 뭐든 한발 앞서 있었다. 여자는 새로 뽑힌 대통령이 이끈 교육정책의 수혜자였다. 서민 출신이면서 행동에 거침이 없던 대통령은, 누구나 배움의 기회가 필요하다며 저소득층을 대상으로 한 장학생을 무더기로 선발했다. 남자는 그런 여자가 왜 한국에 관심을 갖게 되었는지 궁금했다. 여자의 이름이 '다우'라는 것도 한참이 지난 조별 발표 시간에 알게 되었다. 여자는 발표 시간에는 교수의 칭찬을 받을 만큼 똑 부러졌지만 그 외의 시간에는 언제나 멍한 표정으로 창밖을 응시했다. 남자는 여자의 당참과 무기력함을 동시에 사랑했다. 그녀의 당참은 그녀가 새롭게 습득한 의지였고, 그녀의 무기력함은 그녀가 견뎌온 시간의 관습이었다. 남자는 용기를 내어 여자에게 고백했지만 여자에게 애매한 답을 들었다. 여자는 코끝을 찡긋거리며 우린 친구 사이가 좋겠어, 라고 말했다. 남자는 여자의 가장 친한 친구가 되기 위해 항상 여자의 곁을 맴돌았다. 사설 업체에서 진행하는 농업 유학생 프로그램을 여자에게 소개한 것도 남자였다.

네 고향을 살리는 데에 많은 도움이 될 거야.

여자는 남자가 내민 종이에 쓰인 내용을 읽고 아무 말이 없었다. 남자는 초조하게 기다렸다. 어서 긍정의 답이 들려오길 바랐다.

한국에 가는 거야?

남자가 고개를 끄덕이자 여자는 또 한참 동안 종이를 들여다봤다. 코를 찡긋거리는 습관도 잊은 채였다. 여자는 무기력하지도, 그렇다고 씩씩하지도 않은 목소리로 얘기했다.

아버지의 나라야.

그 대답은 긍정도 부정도 아니었다. 그래서 간다는 거야, 만다는 거야. 남자는 여자에게 이 말을 보채며 묻기 전에 자신의 아버지도 그렇다고 먼저 답했다. 여자의 눈이 커졌다. 남자는 그제야 여자의 생김새를 좀 더 자세히 뜯어보기 시작했다. 옆으로 좀 째진 듯한 눈, 눈을 감았다 뜰 때 가끔 사라지는 겹 쌍꺼풀, 조그만 코와 입술. 약간 거무스름한 피부, 한국인의 외형과 이렇게나 가까웠는데 왜 그동안 몰랐을까.

너희 어머니도 말라떼의 골목 쪽에서 일하셨니? 여자가 물었고 남자는 고개를 저었다.

아니. 그냥 앙헬레스에서 유학 중이던 아빠를 만나서 날 낳았다고만 들었어.

남자의 대답에 여자는 입술을 앙다물었다. 여자의 얼굴이 붉어졌다. 남자는 자신이 뭘 실수한 게 있나, 하고 생각해봤지만 딱히 달리 떠오르는 게 없었다. 여자는 자신이 먼저 엄마에 관한 이야기를 꺼낸 것 때문에 자존심이 무척 상한 모양이었다. 어쨌든 남자와 여자의 아빠는 둘 다 한국에서 태어난 사람이고, 잠시 필리핀에 왔었고, 지금은 여기 없었다. 사실 남자는 여자에게 모든 것을 말하진 않았다. 어머니가 고향에서 제법 큰 마사지숍을 운영하고 있다는 것, 거기서 일하는 여자들은 종종 손님들과 가게를 나가 어딘가로 사라졌고, 돌아오면 누구랄 것 없이 가게 뒤편의 수돗가에서 울었다는 것, 어머니는 그런 여자들을 다독거려 다시 방으로 돌려보냈다는 것. 좁고 기다란 침대가 있고, 어두침침한 조명이 켜져 있고, 항상 향이 피워져 있는 방과 남자의 어머니도 원래 거기에서 일했었다는 것까지 굳이 말할 필요가 없는 것들은 말하지 않기로 했다.

좀 더 생각해보고 답 줄게.

남자는 황급히 일어서는 여자의 뒷모습을 보며, 여자는 자신과 달라도 한참 다르다고 생각했다. 그 뒤로도, 대학 수업료를 위해 악착같이 장학금에 매달리는 모습이나 무의식적으로 엄마 이야기에 움츠러드는 모습을 발견할 때, 남자는 여자를 무시하면서도 동정했고, 그러면서도 사랑했다. 며칠이 지난 어느 날, 농업 유학생 프로그램 신청 마감을 이틀 앞두고 여자는 남자를 찾아와 말했다.

나도 갈래. 한국.

남자는 여자가 발음하는 코리아라는 발음이 귀에 박혔다. 여자의 입안에서 혀가 구르는 소리가 좋았다. 그날따라 남자는 유독 공기가 습하고 후텁지근하다고 생각했다. 꼭 우기가 시작해서만은 아니었다.

*

남자가 한국에 와서 제일 처음 들은 노래는 한국의 권주가였다. 얼굴이 빨개져 흥에 취한 사람들이 술을 건네며 이런 노래를 불렀다.

노래를 못 하면 장가를 못 가요. 아, 미운 사람.

남자는 고향에서 느낀 케이팝 열풍을 떠올렸다. 생각 없는 여자애들은 그 가수들을 보며 열광했고, 더 생각 없는 남자애들은 자신들도 비슷한 춤과 노래를 배우겠다고 애를 썼다. 한국에서는 노래를 잘하는 게 좋은 신랑감의 기준일까, 하는 생각을 하며 여자를 힐끔 쳐다보기도 했다. 남자는 노래라면 자신 있기 때문이었다.

몇 번의 술자리를 거치며 남자는 어딘가 점점 이상하다는 것을 느낄 수 있었다. 남자가 받아든 계약서는 영어로도 타갈로그어로도 적혀있지 않았다. 온통 한국어로 작성된 계약서에 미적미적 서명하자, 농장주는 패스포트를 달라고 했다.

잃어버려. 킵킵. 집에 못 가. 유 홈.

용달차 짐칸에 타고 한참 동안 비포장도로를 달려 도착한 곳에는 논과 밭과 하우스밖에 없었다. 기숙사라고 안내받은 곳은 그물장막을 씌운 비닐하우스였다. 그 안에 평상을 깔고 이불을 펼쳐둔 게 전부였다. 비가 오는 날이면 찢어진 비닐 틈으로 물방울이 떨어졌다. 도시에 있을 때만 해도 친절했던 농장주는 완전히 다른 사람이 되었다. 남자는 비료를 나르고, 농약을 뿌리고, 건초 더미를 쌓아두고, 핀셋으로 진딧물을 잡았다. 여자들은 열매를 따고 크기별로 분류하는 일을 했다. 남자는 그제야 자신들이 완벽하게 속았다는 걸 깨달았다.

왜 노래를 못 하면 장가를 못 간다고 하는 거야?

둘이서만 이야기하고 싶을 때면 여자는 타갈로그어로 이야기를 했다. 그럴 때면 다 같이 있어도 둘만 따로 방 안에 들어가 있는 것 같아 남자는 기분이 좋았다. 여자는 남자의 노래를 들을 때마다 그 질문을 했다. 남자도 이유를 잘 알지 못했다. 여자의 관자놀이를 타고 땀이 흘러내리고 있었다. 남자는 그 땀이 햇빛을 받아 반짝이는 것을 지켜보았다. 여자가 자리를 털고 일어났다. 다시 일을 하러 간다고 했다. 남자는 자신의 목에 걸린 수건을 내밀고 싶었으나 자신의 땀 냄새가 잔뜩 배어 있어 이내 포기하고, 멀어져가는 여자의 뒷모습을 바라만 보았다. 여자는 남자를 탓하지 않았다. 왜 자신을 한국으로 데려온 것이냐고 따져 묻지 않았다.

내 탓도 있어. 학교에서 정식으로 하는 교류 프로그램도 있는데, 돈 많이 준다고 해서 굳이 사설 업체로 온 거잖아.

여자는 미안해하는 남자에게 그렇게 말하고, 계약 기간만 얼른 채우고 돈을 벌어 돌아가자고 했다. 남자는 자신이 모르는, 여자가 살아온 시간을 보았다. 체념할 건 일찌감치 체념하고 살기 위해 어떻게든 억척스럽게 버텨온 시간이 눈에 그려졌다. 애초에 여자의 무기력함은 그녀의 선천적인 결함 같은 거였다. 남자는 여자의 차고 넘치는 매력 때문이 아니라, 뭔가 부족해 보이는 결핍 때문에 그녀에게 끌렸던 것이다.

한국에서는 그들이 자국에서 어떤 신분이었는지, 어떤 위치의 사람이었는지는 전혀 관심 없었다. 오로지 그들이 제공하는 노동력만을 볼 뿐이었다. 남자는 자신이 배운 학문과는 관계도 없는 단순 노동을 하고 있는 현재가 부당하게 느껴졌다. 처음에는 남자도 묻고 따졌다. 그러나 감독들은 타갈로그어는 물론이고 영어도 전혀 몰랐다. 한국에서 오래 일한 동료들의 입을 빌리는 것도 한계가 있었다. 그들은 모두 피곤했고 남의 부탁을 매번 들어주기에는 한계가 있었다. 결국 남자가 한국어를 더듬더듬 배워가는 수밖에 없었다. 여자는 감독들에게 아빠가 한국인이라고 말했다.

니네 애비도 재수 드럽게 없었네. 저기 언덕 너머 소 키우는 최 사장은 마을 단체 관광으로 캄보디아 몇 주 놀러갔다가 임질 걸려서 한바탕 뒤집어졌어야. 마누라한테 작살나게 혼났다니까. 나라가 더러우니까 안 씻어서 그러나?

남자는 감독이 줄줄 늘려놓은 한국말이 무슨 뜻인지 여자가 묻지 않기를 바랐다. 여자는 그냥 옆에 서 있던 남자를 물끄러미 쳐다봤다. 그 눈빛이 꼭 자신에게 대답을 요구하는 것 같아서 남자는 눈을 피했다. 정확히 알 수 없어도 알 것 같은 단어들이 있었다.

*

비가 쏟아지고 있었다. 남자는 빗방울을 보자마자 밥을 입에 쓸어 담다시피 쑤셔 넣고 급하게 일어섰다. 모두가 일사불란하게 흩어졌다. 비가 오면 해야 할 일이 많았다. 그때 감독이 남자에게 달려와 다짜고짜 멱살을 잡았다. 덜 씹힌 찬밥이 목구멍을 막자 기침이 컥컥 터져 나왔다.

이 씨발, 꼴통 새끼야! 비 오기 전에 농약 다 뿌려놓으라고 했잖아!

남자의 얼굴에 주먹이 날아와 꽂혔다. 여자는 손으로 비를 막으며 뛰다가 남자가 맞는 소리에 뒤를 돌아보았다. 감독이 욕지거리와 함께 침을 내뱉고 자리를 뜨자 남자도 바닥에 침을 뱉었다. 여자에게 부끄러웠다. 피가 섞인 침이 빗물을 따라 흘렀다. 남자는 침을 잔뜩 끌어모아 빌어먹을 감독의 입에 처넣고 싶었다. 여자에게 보란 듯이 나, 이런 것도 할 수 있다고 항변하듯이.

남자는 터진 입술의 상처를 매만졌다. 모두가 단잠에 빠져 있었다. 남자는 달력에 고향의 국경일이나 어머니의 생일을 표시했다. 고향으로 돌아가는 날을 표시하기 위해 달력을 여덟 장 정도 더 넘겼다. 달력은 열두 달밖에 없었으므로 남자는 달력을 끝까지 다 넘기고 나서도, 고향으로 돌아갈 날짜를 표시하지 못했다. 마지막으로 남자는 올해 여자의 생일을 표시했다. 자신의 처지에 자존심이 상했다. 그러나 생각보다 자신은 어렸고, 이 모든 일에 대해 적극적으로 대응할 만한 힘도 없었다. 자신을 원망하는 것도 지겨웠다. 남자는 쉽게 다리를 뻗고 잘 수 없었다.

답답한 마음에 몰래 하우스를 빠져나왔다. 아무도 문을 잠가두지 않았지만 아무도 도망치지 않았다. 그들이 모두 이곳에서 도망쳐봤자 어디 갈 데도, 갈 수도 없다는 걸 스스로가 잘 알고 있기 때문이었다. 낡은 문을 열고 시골 새벽의 공기를 마셨다. 축축하고 쌀쌀한 바람이 남자의 머리칼을 스쳐 갔다. 남자는 몸을 부르르 떨었다.

꼬르또.

그때 누군가 남자의 이름을 불렀다. 남자는 익숙한 목소리에 고개를 일부러 돌리지 않았다. 여자에게 엉망이 된 자신의 얼굴을 보여주고 싶지 않았다.

괜찮은 거야?

남자는 그냥 여자가 가줬으면 좋겠다고 생각했다. 그러나 여자는 끈질기게 남자의 얼굴을 살폈다. 남자는 괜찮다며 고개를 끄덕였다.

나도 대학에선 나름 에이스였는데.

여자는 자꾸 고향에서의 일을 들먹였다. 고향에서의 그들은 이미 이곳에 없다는 걸 알면서도, 우리가 어떤 사람이었든, 뭘 얼마만큼 배웠든 우리가 할 일은 이미 정해져 있다는 걸 알면서도. 여자는 그게 남자를 위로할 수 있는 방법이라 여기는 것 같았다.

처음엔 이 나라에 대해선 별생각 없었어. 근데 이 나라 사람들이 우리를 뭐로 보는지, 우리가 어떤 존재인지 알고 나니까. 이 나라가 증오스러워.

너희 아버지도 이 나라 사람이잖아. 저 사람들이 우리를 코피노라고 부르는 거 못 들었어?

그래. 들었어. 근데 난 아니야. 코피논가, 코프논가, 그거.

여자는 코를 찡긋거리며 남자를 쳐다보았다. 더 이상 아무 말도 하지 않았다. 남자는 자기 자신이 확실히 여자와는 다른 삶을 살아왔고, 이 나라 사람들이 부르는 코피노라는 것과는 다른 질의 인간이라고 생각했다. 한 번도 가난해 본 적 없고, 엄마는 사창가의 여자가 아니었고, 그저 한국인 남자를 잘못 만나 나쁜 놈에게 사기 비슷한 걸 당한 거니까.

풀벌레 소리가 싫어. 장화가 벗겨질 정도로 질퍽한 진흙이 싫어. 농약에서 나는 역한 냄새가 싫어. 이 공기가 싫어. 부르튼 내 손바닥이 싫고 욱신대는 허리와 뼈마디가 싫어. 나는 이 나라가 싫어.

남자는 여자의 말을 듣다 이렇게 물었다.

그럼 나는? 멍청하게 너보고 여길 함께 오자고 한 내가 증오스러워?

적막이 찾아왔다. 무겁고 텁텁한 공기가 둘 사이를 채웠다. 마주 보고 있었지만 다른 곳을 바라보고 있는 것 같았다.

그때, 누군가 걸어오는 소리가 들렸다. 손전등의 불빛이 드리워질 즈음, 남자와 여자는 잽싸게 일어나 뒤의 덤불로 숨었다. 감독이었다. 감독이 긴 하품을 하며 멀어져가자 둘은 안도의 한숨을 내쉬었다. 덤불에는 새로운 푸른 잎이 돋아나고 있었다. 동이 터오고 있었다. 남자는 지금이 아니라면 평생 못할 것 같은 말을 어렵게 꺼냈다.

다우. 결혼하자.

여자는 남자의 말에 드물게 놀란 표정을 지었다. 남자는 멋있게 한마디만 하고 싶었으나 대답이 들려오지 않자 자꾸만 사족을 붙였다.

천천히 생각하고 답해도 괜찮아. 네가 결혼에 대해 어떤 생각을 하고 있는지 잘 알아. 돈은 걱정하지 않아도 돼. 고향에 가면….

꼬르또.

여자가 눈을 깜빡이자 겹 쌍꺼풀이 사라졌다.

너는 왜 날 사랑한다면서 나를 무시해?

남자는 당혹스러웠다. 남자는 답하기 힘들었다. 그러다가 화가 났다. 남자는 여자가 자신에게 늘 저자세이길 바랐다. 자신의 진심이 무시당하는 듯한 기분이 들었다. 우린 결혼 못 해.

왜?

너도 결국 코피노잖아.

그들은 여권을 빼앗겼다. 농장을 벗어난다면 그들은 불법체류자가 될 테고, 그렇게 해서 경찰에 잡히면 고향으로 강제 출국 당할 것이다. 그들이 고향에 돌아갈 수 있는 길은 그것뿐이었다. 여자는 일어섰다. 아침 이슬이 여자의 등에 맺혀 있는 것 같았다. 남자는 여자를 끝까지 잡지 못했다.

*

남자는 매일 같은 일을 반복했다. 별다를 것 하나 없는 일상이었다. 비료를 나르고 농약을 뿌렸고 쉬는 시간엔 틈틈이 노래를 불렀다. 노래를 흥얼거리다 가끔 감독에게 뒤통수를 맞기도 했다. 간밤 이후 여자를 만난 적은 없었다. 점심시간에도 여자는 보이지 않았다. 남자는 여자를 굳이 찾지 않았다. 남자는 화장실에 들러 손에 묻은 흙을 씻어냈다. 거울에 비친 자신의 까무잡잡한 얼굴이 보였다. 벌어진 콧구멍과 선한 눈매를 보며, 남자는 외면하던 자신의 정체성에 대해 생각했다. 입으로 낯선 단어를 뱉었다. 코피노. 여자가 발음하던 코리아의 발음이 꽤 섹시했다는 게 갑자기 떠올랐다. 나는 다우를 사랑한 게 아니었나? 남자가 스스로에게 물었지만 남자는 여자를 사랑했다. 그것도 오래, 열렬히. 여자의 입에서 나온 코피노라는 말이 왜 그렇게 기분 나빴던 걸까. 자신은 늘 다른 코피노들과 다르다고 생각해왔으니까. 속으로 은근히 무시하고 가엾게 여기던 그 사람들과 자신이 같다고 생각하니 남자는 그게 열이 받았던 것이었다. 여자는 남자에게 아빠를 찾고 싶다고 말한 적이 있었다. 찾아서 어쩌게? 하고 묻는 남자에게 여자는 모른다고 답했다. 늘 그런 식이었다. 그냥 그렇다고 했다. 그다음은 아빠의 얼굴을 마주 본 이후에 생각할 거라고 했다. 여자는 자신의 아빠를 미워하면서도 동시에 그리워하고 있었다. 얼굴 한 번 본 적 없는 자신의 피붙이를 그리워한다는 건 어떤 느낌인지 예상할 수 없었다. 남자는 눈 주위를 꾹꾹 눌렀다.

여자가 갈 만한 곳을 뒤늦게 찾아보았지만 여자는 보이지 않았다. 여자뿐만이 아니었다. 다른 여자 노동자들도 몇몇 보이지 않았다. 동료들은 남자에게 보이지 않는 여자의 행방을 물었다. 남자는 어깨를 으쓱할 뿐이었다. 점심시간에 모여 밥을 먹던 그들 중 한 명이 조심스럽게 말했다.

여자 몇 명을 감독이 팔아넘겼대.

모두가 웅성거리자 말을 꺼낸 사람이 그들을 진정시키며 말했다.

마사지를 하는 곳이래. 고향에서도 많이 하던 일이잖아. 여기처럼 힘들지도 않고, 팁도 많이 받을 수 있다고 그랬어. 몇 명은 자기가 가고 싶다고 했다고 들었는걸.

동료가 말을 끝내기도 전에 남자는 자리를 박차고 일어났다. 매일 비료를 지고 걸었던 길을, 무거운 농약 통을 들고 가다 떨어뜨려 발등을 찍혔던 언덕을 바람처럼 뛰어갔다. 남자는 숨이 가빠지는 것을 느끼며 오랜만에 고향을 생각했다. 어머니가 운영하던 마사지숍과, 더러운 돈이라며 어머니가 준 돈을 던지던 할머니와, 수돗가에서 눈물을 흘리며 뒷물을 하던 여자들을 생각했다.

감독이 보이자 남자는 더 힘차게 달음박질을 했다. 고추 밭에서 노동자들을 감독하고 있던 고용주의 멱살을 잡았다.

뭐야! 이 미친 꼴통 새끼가!

남자의 눈은 곧 튀어나올 듯 혈관이 튀어나와 붉어져 있었다. 남자는 모국어로 감독에게 될 수 있는 한 많은 욕을 했다. 남자가 먼저 감독에게 주먹을 날렸지만 감독은 휘청이다 남자에게 발길질을 했다. 남자와 감독은 뒤엉켜 싸우기 시작했다. 사람들이 몰려와 남자와 감독을 뜯어놓으려 애를 썼다. 남자의 얼굴은 피와 땀, 그리고 눈물로 축축하게 젖어 들었다.

남자는 눈을 감으며 다시 한 번 고향의 우기에 대해 생각했다. 이 땅 어딘가에 살고 있을 자신의 아버지와 여자 아버지의 생김새를 상상했고, 안마 시술소의 여자를 상상했다. 또 다른 꼬르또와 다우가 이 세상에 태어나게 될지도 모른다는 생각까지 했다. 빨래 덜 마른 냄새가 코에 스치는 것 같았다. 남자가 기억하는 고향의 마지막 향기였다.

*

남자는 더 이상 노래를 부르지 않았다. 동료들도 남자에게 노래를 청하지 않았다. 남자는 여자와 결혼하려고 모아둔 몇 푼 안 되는 돈을 자신의 가방 깊숙한 곳에 넣어두었다. 남자는 여자를 다시 만날 때까지 다시는 노래를 부르지 않으리라고 혼잣말처럼 중얼거렸다. 그러다가 이내 낮은 소리로 흥얼거렸다.

노래를 못 하면 장가를 못 가요. 아. 미운 사람.

사회평론사 사장상 · 독후감 부문

신소민

살아 있는 횃불 '전태일 평전'을 읽고

일이 곧 돈이었다. 6.25전쟁 이후 우리나라 사람들은 일을 하지 않으면 먹고 살 수 없었다. 밥 먹는 것보다 굶는 날이 더 많았던 가난 앞에서 일하지 않으면 밥 먹을 자격도 없다고 했으니 하루의 노동시간이 세계 2위로 높았던 우리였다. 그러나 그 근로시간이 주 52시간으로 바뀌면서 칼퇴근하는 우리 아빠도 요즘 일찍 들어오신다. 매일 엄마랑 단둘이서 밥을 먹었다면 지금은 우리 가족 셋이서 같이 저녁밥을 먹는 날이 많아졌다. 도란도란 얘기도 하고 푸짐해진 반찬맛 자랑도 하면서 식사가 끝나면 산책을 하거나 친구들을 만나고 소파에 비스듬히 누워서 텔레비전을 시청하는 아빠의 여유로운 모습이 행복해 보여서 좋다. 예전에는 아빠가 일로 쌓인 피로 때문에 토요일과 일요일에는 거의 잠을 자다시피 보냈는데, 지금은 일하는 시간이 많이 줄어들어서 잠보다는 나와 같이 있는 시간이 늘어났다. 그 덕분에 우리 가족은 바쁘고 시간이 안 나서 가지 못했던 쇼핑도 하고 가족여행도 갈 수 있었다. 아빠가 돈을 벌기 위해 일에 지친 생활보다 이렇듯 몸도 마음도 여유롭고 즐겁게 보내는 생활이 너무 좋다.

이런 꿈같은 생활이 1960년대에는 그야말로 꿈이었을 거다. 나는 '전태일 평전'을 읽으며 모든 게 풍족하고 잘 사는 우리나라가 이런 시대를 거쳐왔다고 생각하니 마음이 무겁고 슬펐다. 꿈도 열정도 버리고 오직 나약한 사람들을 위해서 불나방처럼 자신을 던졌던 전태일은 자신의 죽음을 헛되이 하지 말라고 당부했었다. 그는 뭘 말하려고 했던 것일까? 높은 곳만 보고, 낮은 데는 보지 않으려고 하는 사람들에게 열악한 노동환경에서 일벌레처럼 일만 하다가 피를 토하며 죽어가는 사람들을 봐달라고 소리쳤던 것은 아니었을까?

아무리 불의에 맞선다고 해도 자신의 목숨을 바치기 위해서는 큰 용기가 있어야 한다. 공부도 더 하고 싶고, 친구들이랑 놀아보기도 하며, 좋은 여자를 만나 결혼하여 가정을 꾸리고 싶었을 젊은 나이에 전태일은 죽음으로써 영원한 삶을 선택했다. 우리 아빠께서 직업에는 귀하고 천함이 없다고 하셨다. 그렇지만 전태일이 속한 노동사회에는 분명 천함이 있었다. 가난한 집에서 태어나 공부도 못 하고 집안에 도움이 되기 위해서 서울로 올라온 전태일이 남자여서 버틸 수 있었다면, 평화시장 뒷골목 미싱사 보조역할을 하는 여자아이들은 결혼해서 3년도 못 써먹는다고 할 정도로 밤낮없이 일하다가 전태일의 눈앞에서 죽어갔다.

그것이 전태일로 하여금 노동운동가가 되어서 투쟁을 하게

끔 만들었다. 누구나 잘 살고 싶지, 죽고 싶은 사람은 없을 것이다. 겨우 22살에 전태일은 어머니가 왜 너여야만 하냐고, 30살까지만 참으라고 하던 것도 가슴으로 삼키고 1970년 11월 13일 근로기준법 화형식날, 평화시장 앞에서 근로기준법 책을 가슴에 품은 채, 불길이 되어서 사라졌다.

나는 전태일이 한 말 중 '배가 고프다'고 한 말이 계속 귀에 맴돈다. 마지막으로 먹은 라면 한 그릇이 맛있었을까? 지금 시대에 살았다면 근로자들의 천국 같은 우수기업체 사장이 되지 않았을까? 나는 '서로간의 사랑을 나누면서 사는 사회의 건설을 위해 목숨을 걸고 저항하기로 했다. 그 사랑의 결단은 바로 인간답게 살려는 삶의 의지의 폭발이었다.'는 것에 공감한다. 지금도 심심찮게 갑질이 일어나고 있지만, 사람답게 일할 수 있는 권리는 그의 꺼지지 않는 횃불 덕분이었다. 많은 사람들의 가슴에 살아 있는 횃불, 전태일을 그려본다.

살아 있는 횃불

살아 있는 횃불
삶은 고달프고
배고픔은 괴로웠지만
목표는 뚜렷했던

전태일의 인생

어머니를 떠나
형제를 떠나
고향을 떠나
횃불이 되어버린
전태일의 인생

어두운 그늘을 벗어나
가여운 사람들 마음속 깊이
살아 있는 횃불
일그러진 사회의 두 얼굴을
밝혀준 횃불
전태일이 깔아놓은 꽃길을 걸으며
우리가 소소하지만
확실한 행복을
마음껏 누리나보다.

제13회 전태일청소년문학상

심사평

시 부문 심사평

거의 유일하게

올해 시 부문 심사는 쉽기도 했고 어렵기도 했다. 대부분 작품에서 '지금, 여기'의 '나'를 발견할 수 없었다는 데에 그 이유가 있겠다. '전태일청소년문학상'은 '전태일'이라는 한 노동자의 생애를 기억하고, 그의 정신을 오늘날 청소년들의 가슴속에 새기기 위해 제정되었다. 그러나 그렇다고 그의 열사적인 삶이나 그가 몸담았던 노동의 풍경을 얼마나 '유사하게' 형상화하느냐를 겨루는 경연은 아니다. 노동하는 삶에 대한 이해와 공감, 고민 없이 오직 노동자를 대상으로, 노동을 소재로 접근한 소재주의 작품이 많았다. 그러다 보니 당연히 삶의 구체성이 결여된, 오늘날의 현장이 사라진 작품들이 주를 이루었다. 안타깝다.

이런 탓에 심사위원들은 이런 '노동문학' 경연에서는 공장, (이주)노동자, 남성(아버지)과 같은 '고단한' 제재를 가지고 사실주의적으로 형상화해서 비극의 정조를 조성한 후에 휴머니즘이라는 주제의식으로 귀결되어야 한다는, 마치 '공장에서 찍어낸 듯한' 작법으로 쓰인 작품들을 가장 먼저 수상권에서 제외했다. 이러한 도식에서 멀어진, 더 멀리 나아간 작품에 심사위원들의 눈길이 머물렀다. 그리하여 수상작으로 선정된 작품들은 자신의 눈으로 보고, 자신의 귀로 듣고, 자신의 입으로 말하기 시작한, 비록 서투를지언정 자신의 언어를 가지고 자신의 방식으로 지금, 여기의 '전태일(들)'에 관한 이야기를 '거의 유일하게' 꺼내놓은 작품들이다.

이예니의 「벽」 외 2편은 응모작 중에서 거의 유일하게 노동이라는 이름에 억눌리지 않고 자기 자신의 내면에 고요히 귀를 기울이고 있는 작품이었다. "내 얼굴은 어제보다 오늘 더 흐트러졌을까요 나의 벽이 무너지고 있어요"라는 실존적 고백은 그가 맞닥뜨린 벽이 단순한 감정의 벽이 아니라 감정이라는 노동의 벽임을 짐작게 했다.

이준의 「대한통운」 외 2편은 응모작 중에서 거의 유일하게 지금, 여기에 발 딛고 있는 작품이었다. 택배 노동자를 관찰자의 시선으로 지켜보는 이 작품은 "당신은 생활이 무거워서 자주 휘청거린다"라며 타인의 내면을 통과하고 "나는 문 너머와 문 바깥의 온도 차를 생각한다"라며 대상을 바라보는 자신을 사색하고 "나는 내내 보고 있었다/ 보고만 있었다"라며 끝내 관찰자로서 머무름(보고 있었다)과 동시에 나아간다(보고만 있었다). 관찰자로서 자신을 재확인하는 이 윤리적인 시선은 특별한 것이었다.

한고은의 「허들링」 외 3편은 응모작 중에서 거의 유일하게 설득되는 비유를 가지고 있었다. "남구로역 인력시장/ 두 손을 주머니에 찔러 넣고/ 제자리를 걷는 펭귄들이 허들링 중이다/ 석유난로 주변으로 동그랗게 모여/ 서로의 체온을 포개며/ 슬픈 포옹을 하고 있다"라고 인력시장에 모인 일용직노동자들의 모습을 펭귄으로 비유하고 있는 이 작품은 이미 그 특수한 메타포로부터 보편적인 설득력을 얻고 있었다.

고수정의 「언니의 반달」 외 2편은 응모작 중에서 거의 유일하게 "언니의 말은/ 후라이팬의 궤도 주변을 맴도는 중이고/ 가벼운 명찰 속으론/ 매일 밀린 가스세와 전기세가 스며들어 간다/ 물집은 가장 뜨거웠던 상처에서 돋아난 달"이라며 여성의 노동에 관해 목소리를 내는 작품이었다. 대형마트 시식 코너에서 일하는 저임금 감정노동자를 다정하게 칭하며 언니(들)의 '어두운 미소'를 또렷하게 보여주고 있다.

취업난과 실직, 비정규직 노동, 빈곤과 빈곤의 대물림 그로 인한 가족 붕괴는 물론 여성, 난민, 장애인, 성소수자 혐오와 차별 등과 같이 복지와 인권의 사각지대에서 일어나고 있는 일들을 우리는 연일 '경험하고' 있다. 바라건대, 아름다운 청년, 열사 전태일이 자신의 생명을 던짐으로써 한국노동운동에 새로운 역사를 열었듯이 내년에는 당신들의 목소리로, 당신들의 삶을, 당신들이 보고 듣고 느낀 타인의 삶에 관하여 더 적극적이고 구체적으로 의문을 가져주면 좋겠다. 일테면, 직업계고 현장실습생들이 기업에서 처음으로 듣게 되는 말은 무엇일까? 대학은 꼭 가야 하는 걸까? 기차와 비행기에서 우리가 만난 노동자들은 어떤 사람들인가? 청소년들은 무슨 이유로 기능성 콘돔을 살 수 없는가? 왜 나의 겨드랑이털은 자랑이 될 수 없는가? 선생님의 그 말은 문제가 있지 않습니까! 지금, 여기에서 당신에게 벌어지고 있는 삶을 우리도, 전태일 역시도 더 듣고 싶어 할 테다.

허나 그런데도 아직 무슨 이유로든 시와 문학을 자신의 생활 곁에 두고 애쓰며 사는 모든 청소년 창작 노동자들에게 동지애를 담아 응원을 보낸다. 경연은 경연일 뿐. 당신의 미래는 심사의 영역 밖에서 더 환하게 빛날 것이다.

심사위원

김현(시인), 박소란(시인), 신철규(시인)

산문 부문 심사평

이 시대 허점을 인식하게 하는 문학의 일

올해 전태일청소년문학상 산문 부문에는 128명이 133편을 응모하였다. 노동자의 열악한 처우를 개선하고자 했던 청년 전태일이 자신의 몸을 태우며 평화시장을 달렸던 1970년 이후 40여 년이 흐른 지금, 미래의 주인인 청소년들이 그 이름으로 어떤 글을 보내왔을지 궁금했다. 아니, 그보다는 아직 그 이름을 알고 있고 알려 하는 청소년들이 있다는 게 경이롭기만 했다. 아니다. 그것도 아니다. 일단은 그저 고맙다는 마음이 컸다.

전태일이라는 이름이 갖는 무게와 권장도서였던 조영래의 『전태일 평전』의 영향 때문이었는지 응모된 산문의 상당수는 시험이나 왕따, 부모님이나 친구와의 갈등 같은 청소년 세계의 주요 소재에서 확장하여 외국인 노동자라든지 다문화가정, 비정규직의 현실 등 사회전반의 다양한 문제를 다루고 있었다.

강예은의 「노래를 못 하면 장가를 못 가요」는 필리핀에서 온 노동자의 이야기를 다루었다. 그런데 전형적인 노동자의 이미지에서 벗어난 인물 창조라는 점에서 호감을 샀다. 필리핀 대학 교양수업에서 만나 한국행을 약속한 남자와 여자, 생명에 대한 책임을 저버린 한국인 아빠를 원망하기보다 호기심을 감추지 못하는 남자의 성격 등은 우리의 고정관념을 사뿐히 넘어서며 우리 시대에 당도한 외국인노동자에 대해 다시 질문하게 하는 것이다. '한국에서는 그들이 자국에서 어떤 신분이었는지, 어떤 위치의 사람이었는지는 전혀 관심 없었다.' 작품에 인용된 이 구절을 읽으면서 나, 그리고 우리의 선입견을 돌아보게 되었다.

조소연의 「휘파람」은 신분제도와 노비가 남아 있는 가상의 (근미래)세계를 시종 재치 있는 입담으로 형상화했다. 기발하고 독창적인 발상인데, 이 발상이 발상에서만 끝나지 않고 인공지능 로봇에 일자리를 뺏기는 불안한 우리의 미래와 연결하며 결국엔 인간적인 삶에 대해 묻고 있다는 점에서 더 신뢰가 갔다. 현재도 아니고 미래에 노비를 자청하는 노비, 이 아이러니한 설정은 우리로 하여금 무엇이 더 인간을 인간답게 하는지에 대해 묻고 있는 것이다.

신슬기의 「밤의 활주로」는 공항 화장실에서 일하는 비정규 노동자의 이야기를 담았다. 스스로도 언제 해고될지 모르는 비정규직인데도 불법체류가 의심되는 중국인 여성을 연대의 품으로 안아주는 주인공 '진숙'의 진실한 모습이 인상적이었다. 서사도 훌륭했지만 무엇보다 공항의 청소로봇을 보고 신기술에 감탄하기보다 그 뒤편의 풍경, 언제라도 일자리를 뺏길 수 있는 구체적인 인물을 상상한 응모자의 진솔한 자세가 오랫동안 기억날 듯하다.

마지막으로 문학체육관광부 장관상의 영예를 안은 전수현의 「언니의 감정」은 놀이공원에서 일하는 언니를 바라보는 화자—그리고 그 역시 곧 취업을 앞둔 고등학생이다—의 현실 적응기가 시종 애틋하게 서술되었다. 애틋함이라는 감정이 빚어진 건, 아마도 화자가 보여주는 거짓이나 과장 없는 태도에서 비롯됐을 것이다. 친구들이 화자의 언니인 놀이공원의 아름다운 노동자를 가리키며 대학생일 거라고 추측할 때 침묵하는 모습이라든지 은행 면접에서 언니를 떠올리면서도 감정노동을 감수할 준비가 되어 있다고 말하는 모습 등이 그러하다. 그 침묵과 위장의 태도를 그 누가 탓할 수 있을까. 아무도 탓할 수 없는 열아홉 살 화자의 힘겨운 현실 적응기는 독자인 우리에게 이 세계의 허점을 인식하게 한다. 그리고 그것이, 문학의 일일 것이다.

모든 수상자들에게 축하를 보낸다. 그리고 응모자 모두에게도 고마운 마음과 응원을 보내고 싶다. 영원한 청년 전태일이라는 이름에 기댄 모든 청소년들이 문학뿐 아니라 실제의 삶에서도 당당하고 멋지고 근사하게 제 몫을 다해주길 바란다.

심사위원

김대현(문학평론가), 신혜진(소설가), 조해진(소설가)

독후감 부문 심사평

인식과 성찰 그리고 변화를 위한 독후감

독후감이란 책을 읽고 난 후의 소감을 말한다. 그러나 독후감이 단지 책의 내용에 대한 감상만을 말하는 것이 아님은 분명하다. 이미 충분히 다루어진 책의 내용을 단순히 복기하는 것이라면 굳이 새로운 글로 쓸 필요는 없을 것이다. 그러므로 좋은 독후감이란 책을 읽은 후에 자신의 삶 속에서 무엇이 어떻게 변화되었는가를 다루며, 또한 그 과정이 자신의 언어로 육화되는 경우를 말한다. 특히 그 책이 많은 사람들의 삶을 변화시킨 『전태일 평전』이라면 더욱 그럴 것이다. 전태일청소년문학상 독후감 부문 수상작으로 올라온 작품들은 이 조건을 모두 만족시키는 훌륭한 작품들이었다.

윤상인의 「18세의 그들」은 청소년보다 기성 세대의 목소리에 근접한 것이 마음에 걸렸지만, 자신의 실수로 가외 노동을 하게 된 청소년 노동자에게 사과하고 친구가 되는 계기로 『전태일 평전』을 매개로 한 점, 그로 인해 자신의 삶뿐만 아니라 타인의 삶으로 관심을 확장시키는 글의 짜임새가 눈길을 끌었다. 또한 전태일의 희생으로 인해 개선된 노동환경이 다시는 과거의 야만적인 노동환경으로 돌아가지 않기를 다짐하는 마무리도 좋았다.

어떤 사건이나 사물을 알 때 두려운 것은 모르는 것이 아니라 조금 아는 것이다. 모르는 것은 새로 알 수 있는 기회가 있지만, 조금 아는 것은 그렇지 못하기 때문이다. 신승희의 「당신의 죽음을 헛되이 하지 않기 위해」는 자신의 무지를 인식하고 전태일 평전을 통해 자신과 얼마 차이 나지 않는 곳에 자신과 전혀 다른 삶을 살아가는 사람들에 대한 새로운 성찰을 담고 있다. 동시에 연대를 통해 세상을 변화시키자는 전태일 정신을 읽어 내고 있는 좋은 독후감이었다.

윤정아의 「바보들이 만든 사회」는 현재 우리 사회의 주요 의제인 근로시간 단축, 최저임금제, 미투운동 등의 기원을 전태일과 그의 동지들에게서 찾는 독후감으로, 오늘날 우리가 당연한 듯 누리는 삶의 조건들이 과거 다른 사람들의 희생 위에서 이루어졌다는 것을 인식하는 멋진 독후감이었다. 나아가 우리의 행동이 내일의 다른 사람들이 누릴 수 있는 결과이므로 행동을 요구하는 소리 또한 인상적이었다.

신소민의 「살아 있는 횃불 '전태일 평전'을 읽고」는 중학교 저학년 학생이 쓴 글로, 노동시간 단축으로 아빠가 개인 시간이 늘어나자 엄마와 자신을 비롯한 가족 모두가 삶의 질이 좋아졌다는 내용을 담은 독후감이다. 어른의 소리를 흉내 내지 않고 자기가 속한 세대의 언어로 진솔하게 이야기하고 있는 것이 좋았다.

이 외에도 전태일 정신을 되새기고 그를 닮고자 하는 많은 독후감들이 있었다. 모두 하나하나 허투루 읽을 수 없는 사랑스러운 독후감들이었다. 그 마음을 유지할 수 있다면 언젠가 더 눈 밝은 사람들이 반드시 그 빛을 드러나게 할 것이라 믿는다.

심사위원

신지영(아동청소년작가), 유현아(시인)

전태일문학상 제정 취지

"노동자는 기계가 아니라 인간이다!"

"내 죽음을 헛되이 하지 말라!"

전태일이 스스로를 노동해방, 인간해방의 횃불로 불사르면서 외쳤던 이 피맺힌 절규들은 오늘도 우리들 가슴속에서 뜨겁게 고동치고 있습니다. 노동이 있고 싸움이 있는 곳이라면 그 어디에서나 폭풍처럼 해일처럼 메아리치고 있습니다.

죽음마저도 넘어서 버린 전태일의 불꽃은 바로 '인간선언'의 불꽃이었습니다.

불의의 힘이 아무리 강하더라도, 그리하여 그것이 아무리 인간을 억누르고 소외시키고 파괴한다 할지라도, 인간은 끝끝내 노예일 수 없으며 기필코 일어서 스스로의 주체적 삶을 실현시키기 위해 싸울 수밖에 없다는 진실을 밝힌 인간선언의 불꽃이었습니다.

전태일기념사업회에서는 노동해방, 인간해방의 횃불을 높이 든 전태일을 기념하고자 '전태일문학상'을 제정합니다.

우리는 인간을 억압하고 착취하는 모든 불의에 맞서 그것을 이겨내려 노력하는 모든 사람, 모든 집단의 목소리를 한데 모으려는 뜻에서 제정된 이 전태일문학상이 노동운동을 그 핵심으로 하는 우리의 민족민주운동과 문학운동에 새로운 활력과 힘찬 응원가로 자리 잡을 것임을 믿어 의심치 않습니다.

전태일문학상이 공장에서, 농촌에서, 학교에서, 각각의 삶터와 일터에서 인간이 인간답게 살 수 있는 사회를 건설하기 위해 노력하는 모든 사람들이 함께 참여하고 함께 나눠 갖는 문학상이 될 수 있도록 많은 분들의 관심과 격려를 부탁드립니다.

1988년 3월

전태일기념사업회